Ferdinando Leonzio

Lentini 1892-1956
Vicende politiche

prefazione di Pippo Centamore

ZeroBook
2018

Titolo originario: *Lentini 1892-1956 : Vicende politiche* / di Ferdinando Leonzio

In copertina: "Lavandaie" di Franco Condorelli. Acrilico su tela, 40x57 cm, opera dell'ottobre 2017. Per gentile concessione del Maestro Condorelli. Rielaborazione grafica copertina a cura di ZeroBook.

Questo libro è stato edito da ZeroBook: www.zerobook.it.
Prima edizione ZeroBook: aprile 2018
ISBN 978-88-6711-138-1

Tutti i diritti riservati in tutti i Paesi. Questo libro è pubblicato senza scopi di lucro ed esce sotto Creative Commons Licenses. Si fa divieto di riproduzione per fini commerciali. Il testo può essere citato o sviluppato purché sia mantenuto il tipo di licenza, e sia avvertito l'editore o l'autore.
Controllo qualità ZeroBook: se trovi un errore, segnalacelo!
zerobook@girodivite.it

Indice generale

Prefazione di Pippo Centamore..7
   Prefazione dell'autore..12
PARTE I: DAI FASCI DEI LAVORATORI ALLA GRANDE GUERRA..17
PARTE II: DALLA GRANDE GUERRA AL FASCISMO.............63
PARTE III: IL PERIODO FASCISTA..115
PARTE IV: IL RITORNO DELLA DEMOCRAZIA....................167
BIBLIOGRAFIA..264
SINDACI DI LENTINI 269
   SINDACI 1860/2018...271
Indice dei nomi..289
Nota di edizione..303
   Questo libro..303
   L'autore..303
   Le edizioni ZeroBook..305

Prefazione di Pippo Centamore

Ho temuto, quando Ferdinando Leonzio mi ha chiesto di accompagnare questo suo lavoro con qualche mia riflessione in libertà, di poche righe, che la lunga amicizia e l'altrettanto lunga comunanza politica che ci legano, risalenti la prima ai tempi ahimè! lontani della scuola media e la seconda al 1956, avrebbero potuto spingermi a dire acriticamente bene di **"Lentini 1892- 1956. Vicende politiche"**.

Dopo averlo letto, prima che venisse dato alle stampe, ho però sentito di doverne dire bene non per l'amicizia con l'Autore, ma per la passione civile e politica che emerge dalle sue pagine e per il profondo amore, anche se mai apertamente confessato, che traspare per Lentini e per la sua grande storia.

L'impianto storiografico dell'opera è ambizioso e, credo, riuscito: la storia di Lentini dal 1892 al 1956 attraverso la più vasta storia e i rivolgimenti politici e sociali dell'Italia e gli effetti di questa più grande su quella per dimensioni e tragicità più piccola, raccontata attraverso i documenti dell'epoca e i ricordi di qualche vecchio sopravvissuto, senza alcun compiacimento agiografico e senza alcun revisionismo di comodo e oggi tanto di moda.

Sono pagine di storia di una Lentini grande nelle sue rivendicazioni politiche e sociali, sanguigna nelle lotte per la conquista del progresso economico, culturale e democratico negato dalla miope politica conservatrice e reazionaria di una piccola classe borghese agraria egoista e parassita e senza alcuna capacità imprenditoriale.

Se è vero che la storia non insegna nulla, Ferdinando Leonzio ci consegna tuttavia una Lentini alla quale, con affetto e umiltà, dovrebbe rivolgersi l'odierna per riappropriarsi dei valori della politica partecipativa, oggi completamente scomparsa, e dei principi di democrazia, di dialogo e di tolleranza, oggi ignorati perché ritenuti a torto inutili e superati.

Ma queste sono le crisi che inevitabilmente avvengono quando alla vita pubblica i cittadini non partecipano, ma si limitano a delegare le terze e quarte file o i nani e le ballerine di turno, forti solo di smisurato individualismo e di grande incapacità di confronto sui temi che non siano quelli particolari della propria sopravvivenza. Salvo poi a lamentarsene.

In appena sessant'anni, dal 1892 al 1956, è racchiusa gran parte della nostra storia: è del 1892 la nascita del Partito Socialista, la grande utopia dell'uguaglianza, della libertà e della giustizia che dava alle masse proletarie, organizzandole per la prima volta in un partito politico, la speranza d'essere un giorno padrone del proprio destino; è del 1956 la rivoluzione d'Ungheria contro l'imperialismo sovietico, stroncata nel sangue dai carri armati del patto di Varsavia, ovviamente in nome della libertà e del popolo, perché (fu detto) controrivoluzionaria, che segnò l'inizio del dissolvimento del grande impero del socialismo reale, burocratico e oppressore, come tutti i regimi totalitari, e l'inizio della crisi dei partiti comunisti europei.

In mezzo ci sono le guerre coloniali dell'Italia per l'affermazione d'uno Stato nazionalista voluto dalla destra, la prima guerra mondiale, la rivoluzione sovietica, la scissione del partito socialista da cui derivò quel grande partito di massa che è stato il P.C.I., la conquista del potere da parte del regime totalitario fascista, alleato e succube del nazismo dei forni crematori, la seconda guerra mondiale, le luminose pagine della Resistenza, guerra civile di liberazione, la cacciata di una monarchia imbelle e complice del fascismo, la Costituzione repubblicana e le altre (ma quante sono state!) scissioni socialiste.

Tutti questi avvenimenti, grandi e tragici, sono stati intensamente vissuti e partecipati nella Lentini di quegli anni, vertice culturale, politico e sindacale di quel triangolo rosso della Sicilia orientale con Carlentini e Francofonte, presto imbevutasi d'un socialismo laico, anarcoide e libertario, oscillante fra il massimalismo e il riformismo, ma sempre schierato a difesa dei più deboli e bisognosi.

Non mi pare opportuno richiamare qui i tanti fatti della storia di Lentini concomitanti o legati ai grandi fatti politici dell'Italia e alle grandi idee di quell'inizio di secolo; l'ha fatto, e molto bene, Ferdinando Leonzio facendoci conoscere la vicenda sociale e politica di un popolo proletario che cerca il proprio riscatto nella dignità del lavoro attraverso le dure lotte contadine, il movimento cooperativo, la repressione fascista, l'occupazione delle terre incolte, la conquista democratica di quel segno del potere rappresentato dal Comune, in ciò guidato da contadini analfabeti e da artigiani autodidatti, ricchi d'ideali, pronti a pagare per le loro idee e per i loro errori, giganti a confronto dei tanti nani edonisti e compiaciuti d'oggi.

Ma mi sia consentito richiamare, fra le tantissime meritevoli d'attenzione, almeno una pagina, quella in cui l'Autore riporta il verbale della seduta consiliare nella quale si insediò al Comune il primo Sindaco socialista:

> *«Fu comunque nella veste di Capo dell'amministrazione e anche del socialismo che egli, nella stessa seduta, espose il programma che la nuova maggioranza intendeva attuare. In merito alla pulizia e alla viabilità, al servizio mortuario e a quello annonario veniva*

preannunciata inflessibilità "contro tutti gli sfruttatori, camorristi e speculatori, in modo tale che spariscano gli atti delittuosi di gente che vive d'illeciti guadagni; ci impegneremo per fare funzionare la scuola in quanto i bimbi dei lavoratori debbono imparare per essere liberi e coscienti artefici della civiltà futura, in una scuola che deve e dovrà mantenersi laica perché nella scuola si dovrà studiare. Le preghiere si fanno in chiesa"».

Sembrano alcuni degli argomenti e dei problemi d'oggi; era invece il 1920 e quel Sindaco socialista era un modesto artigiano autodidatta.

Non avrebbe, fra l'altro, saputo mai che, ottant'anni dopo, il primo governo d'Italia a guida post comunista, fra le tante cose fatte e le tante non fatte, avrebbe aperto la strada al finanziamento della scuola privata, minando l'uguaglianza e la laicità dell'insegnamento e vanificando decenni di lotte per conquistarle, e non, purtroppo, per l'affermazione d'un socialismo europeo democratico e riformista ma per qualche voto in più in Parlamento e per qualche mese in più al potere.

Oggi, lo sappiamo bene, non esistono quelle condizioni sociali e storiche che portavano istintivamente alla divisione classista della società e alle consapevoli lotte di riscatto di cui ci documenta Ferdinando Leonzio nel suo lavoro, ma sappiamo anche che il liberismo selvaggio e la globalizzazione sfruttatrice porteranno prestissimo al sorgere di nuove povertà e di nuovi bisogni e alla formazione di nuove (o di nuovo?) classi sociali in cui i ricchi saranno sempre più ricchi e i poveri sempre più poveri.

Se la storia non è maestra di vita, perché gli uomini ripetono ciclicamente gli errori del passato, ci insegna però come attrezzarsi per impedire che quegli errori abbiano poi conseguenze drammatiche.

Ma facciamolo presto, prima che sia troppo tardi.

Pippo Centamore

Prefazione dell'autore

L'idea di scrivere queste pagine è venuta subito dopo la pubblicazione del mio precedente lavoro, in cui, partendo da personali esperienze, narravo le vicende del PSI di Lentini, ovviamente inserite in un quadro politico più generale, dal 1956 al 1999.

Mi chiedevo, con curiosità via via crescente, quali potevano essere stati i precedenti storici di quegli avvenimenti.

Ciò si aggiungeva alla mia convinzione di sempre che è giusto e doveroso coltivare la memoria storica di fatti e personaggi senza i quali assai probabilmente nessuno di noi sarebbe quello che oggi è.

C'erano quindi sufficienti motivazioni che mi sollecitavano ad intraprendere un lavoro che fin dalle prime battute si è presentato alquanto oneroso, soprattutto per la difficoltà di reperimento di fonti scritte ed orali.

Il primo problema che ho dovuto risolvere ha riguardato il punto da cui iniziare la ricerca.

Ho ristretto il mio raggio d'azione alle vicende contemporanee e, alla fine, ho scelto come punto di partenza il 1892.

Fu infatti quello l'anno in cui venne costituito in Italia il partito socialista e in Sicilia sorsero i Fasci dei Lavoratori.

Due avvenimenti questi che contribuirono a sviluppare una dialettica politica per molti aspetti assimilabile a quella che viviamo ai nostri giorni. E in effetti, prima di allora, in assenza di partiti organizzati e a causa del suffragio elettorale assai limitato, la "politica" era appannaggio di gruppi ristretti, spesso di "consorterie", che si contendevano il potere a livello locale e condizionavano, attraverso deputati più o meno trasformisti, anche le scelte nazionali. Le grandi masse, quelle che oggi chiameremmo i ceti produttivi, erano invece tagliate fuori da ogni possibilità di influire sulla cosa pubblica.

Mi sono fermato al 1956 per due motivi.

Anzitutto perché quell'anno segnò, per una serie di avvenimenti, l'inizio della frattura fra le forze di sinistra che per molto tempo erano state protagoniste delle vicende politiche di Lentini e ciò mise in movimento uno scenario che d'allora sarà molto più animato e nel quale irromperanno, con ruoli anche determinanti, forze politiche diverse, in primo luogo quelle democratico-cristiane.

Un altro motivo, che potrei definire di ordine sentimentale, si basa sul fatto che il mio precedente lavoro partiva appunto da quell'anno e quindi fra i due scritti si può, in certo qual modo, individuare un collegamento ideale, quasi una continuità, nonostante la diversità di impostazione.

La presente trattazione, per una mia precisa scelta, privilegia rispetto ad altri gli avvenimenti politici e non ha la minima pretesa di completezza, ma si pone solo come tentativo di illustrare in modo, si spera, organico, le vicende relative al periodo considerato.

Il lavoro, pur sofferto, per le varie difficoltà via via presentatesi, è stato affascinante perché mi ha consentito di portare o di riportare alla luce le radici più recenti, e stranamente meno conosciute, della mia città, una città attraversata da una passione civile, da una volontà di riscatto e di progresso che l'hanno reso spesso protagonista e proiettata più volte sullo scenario politico nazionale.

Sono state privilegiate, e non poteva essere diversamente, le fonti scritte, sia di carattere generale che più specificamente attinenti ai fatti locali, fra le quali mi preme segnalare gli studi di alcuni giovani laureati e i preziosi contributi lasciati da Filadelfo Nigro e Natale Vella.

Non sono naturalmente mancate, relativamente ai fatti più recenti, le interviste a varie personalità che, con gentilezza e pazienza, hanno risposto alle mie domande e soddisfatto le mie curiosità, e alle quali sono immensamente grato.

Un particolare ringraziamento voglio qui rivolgere al personale dell'Archivio Storico, a quello della Biblioteca Comunale e a quello dell'Ufficio Stato Civile di Lentini che, con alta professionalità e cortese disponibilità, mi hanno molto aiutato nella ricerca.

Ai lettori chiedo di scusare gli inevitabili errori e le lacune che essi certamente non mancheranno di riscontrare nella presente ricostruzione o, se si preferisce, nel presente tentativo di ricostruzione.

F. L.

Lentini 1892-1956:
Vicende politiche

PARTE I: DAI FASCI DEI LAVORATORI ALLA GRANDE GUERRA

Nell'ultimo decennio dell'Ottocento le condizioni economiche e sociali della Sicilia non si possono che definire tragiche.

L'economia dell'isola era allora caratterizzata dalla presenza di vasti latifondi, i cui proprietari, per lo più nobili, nella maggioranza dei casi, preferivano vivere nel lusso e nell'ozio, dando le loro terre in affitto ai gabellotti, che a loro volta le ripartivano a subgabellotti.

L'ultimo degli affittuari si avvaleva di una sua propria guardia di campieri o di soprastanti, per sfruttare senza pietà il lavoro dei poveri "jurnatari", fossero braccianti, bovari, pecorai o zolfatari.

Lo sfruttamento del lavoro femminile e minorile, la promiscuità, l'assenza di minime condizioni igieniche, i bassi salari, spesso in natura e per giornate lavorative lunghissime, pesavano sulla vita della gran massa della popolazione.

E come se ciò non bastasse, su questa massa, che già viveva in condizioni sub-umane, gravavano le angherie dei Comuni, tutti in mano, grazie al suffragio ristretto, alle "consorterie" intorno a cui ruotavano rapaci categorie di "galantuomini", esponenti di una media borghesia che viveva ai margini del latifondo, al servizio del barone di turno e sfruttando le amministrazioni comunali e le cariche pubbliche.

Inoltre una particolare negativa congiuntura economica, causata dalla politica protezionistica dei governi centrali (che se da un lato tutelava la nascente industria del nord, dall'altro provocava ritorsioni da parte di altri Stati che avevano ridotto le importazioni dei prodotti agricoli dall'Italia e quindi dalla Sicilia) rendeva ancora più drammatiche le condizioni della popolazione isolana, anche perché la crisi veniva scaricata per intero sulle masse popolari, con incrementi della disoccupazione e riduzioni dei salari, il tutto aggravato dalla mancanza di ogni legislazione sociale.

Ove si tenga dunque conto dell'esosità del sistema fiscale, della questione dei beni demaniali, riserva di caccia di varie consorterie, dell'oppressivo sistema di produzione latifondistico, della crisi vitivinicola aggravata dalla filossera, della recessione produttiva del 1892-93, non può meravigliare come il grave stato di disagio delle masse popolari avesse finito col risvegliarle da un torpore secolare, provocandone un impulso all'azione.

E alla volontà di agire naturalmente si collegava la necessità di organizzarsi, sicché erano dapprima sorti in vari centri Federazioni di mestiere e Circoli con finalità prevalentemente mutualistiche.

Ma queste associazioni operaie restavano ancora divise e oscillanti tra scopi umanitari e tutela delle categorie.

Più spesso esse costituivano dei circoli elettorali infeudati da elementi della borghesia democratico-sociale o radicale, quindi un terreno fertile da sfruttare elettoralmente.

Fu per opera di alcuni pionieri che tali associazioni acquistarono coscienza del fatto che la loro unità avrebbe potuto costituire una grande forza d'urto capace di imprimere una svolta nella società siciliana, fino ad allora fatalisticamente rassegnata ad un destino di fame e di miseria senza domani, come ci rivela anche l'assenza del verbo al futuro nel dialetto siciliano.

Emerse dunque l'esigenza di un'azione non solo economica, ma anche politica, che comportasse quindi la partecipazione alle lotte elettorali; nacquero e si diffusero a questo scopo i Fasci dei lavoratori. Fra gli artefici della svolta Rosario Garibaldi Bosco, ragioniere trentenne e socialista fin dal 1886 che sarà presidente del Fascio dei Lavoratori di Palermo; Bernardino Verro, impiegato comunale di Corleone, che era stato licenziato per le sue idee ed era diventato un infaticabile organizzatore; Giuseppe De Felice Giuffrida, deputato di Catania, del cui Fascio divenne presidente; il medico Nicola Barbato, che con la sua predicazione di apostolo socialista a Piana dei Greci era riuscito a far sollevare dinanzi al padrone il contadino prima ricurvo e con la coppola in mano; l'avv. Giacomo Montalto, presidente del Fascio di Trapani; Luigi Leone, presidente di quello di Siracusa.

Un fatto di notevole importanza per la diffusione dei fasci in tutta l'isola e per una loro coordinazione regionale, sulla base di una precisa piattaforma politica, fu il congresso di Genova, tenutosi il 14 e il 15 agosto 1892, da cui scaturì il partito socialista (Partito dei Lavoratori Italiani), in seguito ad una rottura col movimento anarchico e al superamento della cultura operaistica, rappresentata dal P.O.I. (Partito Operaio Italiano).

L'avvenimento fu importante per il movimento isolano, sia per la partecipazione di dirigenti siciliani, come Rosario Garibaldi Bosco, che fu eletto alla presidenza del Congresso e si schierò con la componente marxista, rappresentata soprattutto dalla Lega socialista milanese, sia perché il Congresso fornì un fondamento su cui costruire ed allargare quanto si era già fatto.

Si cominciò quindi a passare dalla incerta ideologia che caratterizzava i Fasci sorti spontaneamente prima del 1892 ad un lucido tentativo di organizzare il movimento, che ebbe il suo sbocco nel Congresso socialista siciliano, tenutosi a Palermo il 21 e 22 maggio 1893.

I Fasci sorgevano, quindi, e si sviluppavano sulla base di una distinzione sempre più netta dalle posizioni anarchiche e da quelle rappresentate dagli elementi borghesi più avanzati, come repubblicani e radicali; si voleva con ciò segnare il distacco sia dalle posizioni velleitarie che escludevano la partecipazione alla lotta politica, sia da influenze esterne al movimento classista che invece, proprio con la creazione del Partito dei Lavoratori Italiani, si orientava verso una completa autonomia organizzativa.

In effetti, dopo il Congresso di Genova, il movimento dei Fasci cominciò a caratterizzarsi come fenomeno regionale di massa, in cui si ritrovavano le forze popolari delle varie realtà locali.

In esso erano presenti operai, artigiani, elementi della piccola borghesia; in alcune zone prevalevano gli zolfatari, ma era soprattutto il bracciantato agricolo a fornire la gran massa delle adesioni.

Anche se, a livello di base, nel movimento convivevano la tradizione risorgimentale e un certo sovversivismo che trovava le sue radici nella tradizione anarchica dei tempi della Prima Internazionale, la scelta fu per il socialismo organizzato di ispirazione marxista, che in Sicilia trovò la sua base di massa soprattutto nel movimento contadino, sempre presente in tutti gli avvenimenti rivoluzionari dell'isola.

Questa presenza, se da un lato metteva in discussione le posizioni un po' schematiche del socialismo nazionale che considerava la sola classe operaia industriale motrice della rivoluzione socialista, dall'altra poneva all'ordine del giorno il problema dell'alleanza della classe operaia con quella contadina.

E in effetti lo stesso Garibaldi Bosco si rendeva conto di ciò quando dichiarava: «... bisogna francamente riconoscerlo: noi non potremo completamente trionfare se gli agricoltori, che in Italia costituiscono la maggioranza degli sfruttati, non si uniranno a noi»[1]

---

1   Cit. In R. Marsilio *I fasci siciliani* Edizioni Avanti, 1954, pag. 24.

La stessa problematica era del resto ben presente a livello nazionale, in dirigenti come Filippo Turati e Costantino Lazzari e in altri partiti socialisti, quelli francese e tedesco in particolare[2]

In Sicilia il processo di saldatura tra operai da un lato e proletariato agricolo dall'altro, con l'adesione di notevoli settori intermedi del mondo contadino, avvenne in modo esemplare, perché erano i contadini stessi che quasi spontaneamente aderivano al socialismo.

Come requisito di ammissibilità ai Fasci era richiesta la condizione di lavoratore del braccio o della mente che vivesse del proprio lavoro senza sfruttare l'altrui.

Nel Siracusano promotori dei Fasci furono per lo più intellettuali o piccoli proprietari di formazione garibaldina o radicaleggiante, che si posero obiettivi di riformismo progressista e di cooperativismo, in contrapposizione ai detentori del potere economico, senza però abbracciare una rigida concezione di classe.

Ai primi di novembre del 1892 venne eletto deputato a Catania Giuseppe De Felice Giuffrida, il quale verso la metà del mese tenne un affollato comizio a Siracusa.

Pochi mesi dopo si costituì nel capoluogo aretuseo il Fascio dei lavoratori, diretto da Luigi Leone.

Era questi un avvocato, che si dilettava anche di poesia di ascendenza rapisardiana, di carattere mite e di grande sensibilità, uomo colto e intelligente, proveniente dai gruppi liberal-democratici e poi radicali di Siracusa, ma, secondo la polizia, «pericoloso alquanto»[3].

---

2 F. Renda *I Fasci siciliani 1892-94* Einaudi, 1977, pag. 27.
3 Luigi Leone (1858-1938),avvocato, scrittore, poeta e politico repubblicano e socialista, fondo' edresse le riviste *L'Alba*, *Il Convivio* (1883), *La Domenica* (1897) e *Rassegna di Cultura*. Fu consigliere comunale di Siracusa.

La situazione di Lentini non differiva da quella di tanti altri comuni dell'isola.

> «Il popolo, in gran parte analfabeta, era formato da contadini, giacché il paese era eminentemente agricolo. Esso abitava a piano terra, in case composte di una sola camera con una sola porta, simile ad un antro, dove dormiva una numerosa famiglia e anche l'asino che, costituendo il mezzo di lavoro, era considerato un componente della famiglia»[4].

> «All'altro estremo delle classi sociali c'era la classe dei "nobili" o "cavallacci", così chiamati forse perché ben pasciuti come cavalli che vivevano ancora in una atmosfera medioevale, giacché erano proprietari di feudi. Immensi uliveti, mandorleti, vaste estensioni di terre a seminio, agrumeti, costituivano il loro patrimonio. C'erano baroni, cavalieri, baronesse, signorine che conducevano la vita beata»[5].

> «Tutti i nobili abitavano in case precedute da villette, con stanzoni esposti ai quattro punti cardinali, con un salone in cui erano in mostra cimeli, stemmi, armi e il pianoforte su cui strimpellavano le figlie. Si riunivano nel "Circolo dei Civili" e discutevano degli argomenti più futili: balli, gioco, viaggi, donne, caccia»[6].

> «La borghesia cercava di imitare questi nobili nel modo di vestire, di vivere ..... tutti aspiravano ad essere nobili e si procuravano il titolo di "cavaliere" ...»[7].

---

[4] A. Floperla *La mia Sicilia* G. Trincale Editore, Catania, 1976, pag. 19.
[5] A. Floperla, cit., pag. 20.
[6] A. Floperla, cit., pagg. 21-22.
[7] A. Floperla, cit., pagg. 24-25.

Anche la zona del lentinese, in cui già dal 1880 il filosseramento aveva colpito 530 ettari di vigneto[8], ricca produttrice di grano, venne colpita dalla crisi, determinata dalla messa a coltura degli immensi territori statunitensi; il che comportò una caduta dei prezzi.

Notevole intuito ebbe in queste circostanze uno dei più grandi latifondisti lentinesi, il barone Beneventano, il quale introdusse la coltivazione degli agrumi nelle sue proprietà.

La depressione ebbe comunque effetti gravi sull'occupazione, mentre i latifondisti, grazie alla crescente domanda di terra, riuscirono a mantenere alti i prezzi degli affitti, e i gabellotti fronteggiarono l'emergenza riducendo la parte spettante ai contadini. La crisi non risparmiò neppure i piccoli proprietari indebitati per le trasformazioni intraprese sulla scia del barone Beneventano.

C'erano quindi tutte le premesse per una reazione organizzata delle classi più disagiate.

Già da tempo nella città di Lentini erano emersi fermenti progressisti, forse più avanzati rispetto ad altre realtà.

Dal 14 marzo 1869 al 28 novembre 1870 era stato pubblicato il settimanale *La Voce del Popolo*, razionalista in filosofia e repubblicano in politica e dal 14 novembre al 12 dicembre 1875 il quindicinale *Il Circolo dei cittadini*. Erano i primi tentativi che gruppi di intellettuali avanzati facevano per risvegliare i lavoratori, abbrutiti dal lavoro, quando c'era, e dalla miseria, per spingerli alla creazione di una loro organizzazione autonoma. E proprio in questo periodo sorse a Lentini un Circolo Operaio di tendenza repubblicaneggiante[9].

---

8   G. Micciché *I Fasci dei lavoratori nella Sicilia sud-orientale* Sicilia Punto L. „Zuleima" Edizioni, Ragusa, 1981, pag. 20.
9   G. Micciché, cit., pag. 52.

A dare impulso decisivo a questo risveglio e a favorire l'incontro fra intellettuali illuminati e ceti operai fu inizialmente Giuseppe De Felice Giuffrida[10].

Il tribuno catanese, candidato di bandiera alla Camera nel 1892 per i circoli democratico-radicali di Siracusa, svolse un giro di propaganda in provincia, tenendo vari comizi con lo scopo principale di diffondere le idee socialiste; fu anche a Lentini, dove riportò 68 voti.

Il seme era sparso e il 25 dicembre 1892 venne costituito il Fascio dei Lavoratori di Lentini. In seguito, il 10 maggio 1893, fu costituita la sezione carrettieri e il successivo 1° ottobre venne inaugurata la bandiera.

Promotori ne furono Vincenzo Consiglio Zappulla, avvocato, e Alfio Scatà, scritturale, entrambi consiglieri comunali eletti nel 1891.

Il Fascio, comprendente varie sezioni, a seconda del mestiere esercitato, si proponeva di:

«1) Combattere ogni forma di sfruttamento economico.

2) Combattere ogni forma di sudditanza politica.

3) Combattere tutti i privilegi»[11].

e di favorire:

«1) La solidarietà dei lavoratori.

---

10 Giuseppe De Felice Giuffrida (1859-1920), dottore in legge e giornalista, fu deputato dal 1892 per otto legislature, sindaco di Catania e Presidente del Consiglio Provinciale etneo dal 1914 alla morte. Dapprima socialista indipendente, aderí in seguito al PSI, da cui uscí, in quanto interventista, per aderire al movimento socialriformista di Bissolati.

11 A. Curcio *Gruppi sociali ed élites politiche a Lentini dai Fasci siciliani ai Fasci dicombattimento* Tesi di laurea, pag. 44.

2) Il mutuo soccorso.

3) La cooperativa di consumo.

4) L'assicurazione collettiva dei soci.

5) L'istruzione e l'educazione dei soci»[12]

Nella sua massima espansione esso conterà 650 soci.

Il comitato era composto dall'avv. Vincenzo Consiglio, presidente, ex ufficiale dell'esercito e da Alfio Scatà, scritturale, Vincenzo Ragazzi, sarto, Alfio Aricò, calzolaio, Francesco Scamporrino, contadino, Saverio Noto, carrettiere, Gaetano Zacco, calzolaio e Rosario Crisci, murifabbro.

Secondo una relazione del 13 giugno 93 del Prefetto al Ministro dell'Interno, il Fascio era da considerare una società pericolosa per l'ordine pubblico perché sovversiva, tendente alla rivolta contro le istituzioni monarchiche, le autorità e la borghesia. Sempre secondo la relazione le più importanti deliberazioni del Fascio erano state le seguenti:

> «1) Quella che riguarda la fondazione della società essendosi dichiarato essere scopo del fascio di tendere alla rivoluzione sociale, ed alla distruzione del Governo.
>
> 2) Quella che approva la condotta dell'onor. De Felice Giuffrida in risposta alla deliberazione del fascio di Militello.
>
> 3) Quella che riguarda l'adesione alla inaugurazione delle bandiere di Vittoria, nella quale si fecero voti per il conseguimento dei comuni ideali tendenti ad abbattere le attuali istituzioni.
>
> 4) Quella con cui protesta per gli arresti di Piana dei Greci e di S. Giuseppe Iato, e biasima la condotta delle Autorità.

---

12 A. Curcio, id.

In tale riunione si tennero discorsi violenti contro il Governo e si manifestarono speranze del trionfo della rivoluzione.

5) Quella che riguarda la nomina della commissione per rappresentare il Fascio al congresso socialista che si tenne in Palermo il 21 Maggio u.s.»[13].

Un'altra relazione di un inviato del governo Crispi affermava che il Fascio di Lentini «è pericoloso per l'ordine pubblico. Mantiene con le sue teorie la discordia fra contadini e proprietari»[14].

Poco prima (19 maggio 1893), tuttavia, il prefetto aveva definito Vincenzo Consiglio «poco pericoloso».

Che cosa aveva fatto cambiare opinione al prefetto in meno di un mese?

Per il 22 e 23 maggio 1893 era stato indetto, su iniziativa del Fascio di Palermo un Congresso, che in realtà ne comprendeva due: uno era quello dei Fasci dei lavoratori della Sicilia e l'altro era il primo congresso socialista siciliano.

Al Congresso, a proprie spese, partecipavano 5 delegati di Lentini, tra cui il presidente del Fascio Vincenzo Consiglio e il falegname Romano Bruno Rosario, che in una riunione aveva letto «una poesia siciliana eccitante gli animi contro la borghesia»[15], secondo un rapporto della polizia di Lentini al Prefetto.

Il duplice congresso svoltosi in una Palermo blindata dalla polizia, si era concluso con la costituzione del Partito Socialista Siciliano, aderente al Partito dei Lavoratori Italiani, ma con una larga autonomia e con l'istituzione di un Comitato Centrale dei Fasci, del quale venne chiamato a far parte anche l'avv. Luigi Leone di

---

13 G. Miccichè, cit., pagg. 113-114.
14 G. Miccichè, cit., pag. 127.
15 R. Russo Draghi *Movimenti politici e sociali nel Siracusano dal 1892 al 1898,* in Archivio storico siracusano.

Siracusa. Vennero inoltre costituite le federazioni provinciali dei Fasci, con compiti di coordinamento.

La nuova organizzazione unitaria dei Fasci, la loro capacità di aggregare nuove forze capaci di realizzare un blocco alternativo ai gruppi dominanti spiegano bene il mutamento di opinione del Prefetto riguardo al Consiglio e ad altri, tanto più che per il 9 luglio 1893 si dovevano svolgere le elezioni comunali parziali (infatti i Consigli Comunali duravano in carica 5 anni, ma si rinnovavano per un quinto ogni anno).

Ed anche se in molte zone, come nel Siracusano, il programma dei Fasci mirava, in genere, ad incrementare il cooperativismo e a venire incontro alle esigenze più immediate delle masse e non a rivolgimenti sociali strutturali, i gruppi sociali conservatori e parassitari avevano paura soprattutto del risveglio delle coscienze, per cui aumentarono le loro pressioni sulle autorità per azioni di forza.

In effetti i Fasci, la cui storia può collocarsi tra il 1 maggio 1891 (costituzione del Fascio di Catania) e il 3 gennaio 1894 (decreto di scioglimento dei Fasci), si erano diffusi in tutta l'isola con un movimento che poteva contare su circa 175 organizzazioni. Loro obiettivi immediati erano: la modifica dei patti agrari, l'equità fiscale, la democratizzazione dei Comuni e la partecipazione alle lotte politiche, ove possibile, mediante la costituzione di un blocco sociale che comprendesse operai, contadini, piccoli e medi coltivatori, artigiani e studenti.

Tutto ciò aveva suscitato gravi preoccupazioni nei ceti privilegiati e nelle consorterie politiche dominanti, rappresentate perfino fra le dame di corte della Regina Margherita.

La stessa Regina, alla quale inspiegabilmente è ancora intestata una via di Lentini, non era aliena dalla «voglia di picchiare addosso a quei farabutti»[16].

A fronte dell'espansione massiccia dei Fasci montava quindi sempre più l'agitazione dei ceti privilegiati, che vedevano come il fumo negli occhi ogni forma di organizzazione proletaria a tutti i livelli, mentre le consorterie continuavano a temere che l'ingresso dei Fasci, in modo autonomo, nella vita politica e quindi nelle amministrazioni comunali, potesse mettere in pericolo la loro influenza e le loro fonti di guadagno.

La repressione si manifestò con brutalità il 20 gennaio 1893 a Caltavuturo (PA), dove c'era stata un'occupazione di terre demaniali da parte di circa cinquecento contadini, i quali al ritorno si trovarono di fronte la truppa, che sparò lasciando sul terreno 13 morti e numerosi feriti.

L'episodio suscitò un'ondata di solidarietà in tutta Italia, in particolare da parte del P.L.I. che promosse una sottoscrizione in favore delle famiglie delle vittime.

Poco dopo i grossi proprietari, riunitisi a Caltagirone, chiesero «l'abolizione dell'istruzione elementare, perché i contadini e i minatori non potessero, leggendo, assorbire le idee nuove»[17].

Alla vigilia delle elezioni comunali parziali la zona del Siracusano, pur con le sue peculiari caratteristiche economiche, non differiva politicamente dalle altre parti dell'isola.

La legge elettorale emarginava gli strati popolari, consegnando il potere ai ceti abbienti, che davano vita a gruppi politici, o meglio di potere, veri partiti clientelari che ruotavano intorno ad un notabile

---

16 R. Marsilio, cit., pag. 32 e M. Giovanbattista *I Fasci siciliani, piombo invece di pane* in *Historia* n° 430, 1993, pag. 48.

17 Cit. In G. Trevisani *Storia del movimento operaio italiano* Edizioni Avanti!, 1960, pag. 252.

e che a Siracusa prendevano il nome di "Provincia" o di "Tamburo" (giornali locali) o, più semplicemente, quello dei capi cordata.

Nepotismo e squilibrio fiscale erano il segno più evidente del loro malgoverno.

Dopo il Congresso socialista siciliano, le provocazioni del padronato e del Governo si erano intensificate, con ogni forma di vessazioni e di arbitrarie repressioni: proibizioni di cortei e di comizi pubblici, denunce all'autorità giudiziaria, licenziamenti dagli impieghi pubblici, irruzioni nelle sedi dei Fasci.

In questa situazione i fasci non potevano certo sperare in risultati elettorali di qualche rilievo.

A Lentini, dove venne rieletto Vincenzo Consiglio, l'attività del Fascio, che il 13 maggio 1893 aveva aderito al Partito dei Lavoratori, si era ridotta alla distribuzione di qualche volantino.

In quel momento era sindaco della città il dott. Rosario Consiglio, il primo ad essere eletto (30 giugno 1891) dal Consiglio Comunale, invece che nominato dal Prefetto, secondo la vecchia legge.

Nei mesi successivi nel Lentinese, a causa del filosseramento e della siccità, la situazione peggiorò ancora, essendo stati colpiti gli uliveti, i vigneti, gli agrumeti e i pascoli, provocando un ulteriore incremento della disoccupazione.

E quando, l' 1 novembre 1893, per l'inaugurazione del Fascio, vennero a Lentini gli avvocati socialisti Giuseppe De Stefano Paternò e Luigi Leone, si trovarono di fronte a donne del popolo che, mostrando i propri figli smagriti e laceri, gridavano: «Moriamo di fame!».

In tutta l'isola montava la tensione fra le masse esasperate e i ceti privilegiati, la cui risposta era una sempre più massiccia mobilitazione di forze dell'ordine e di militari.

Dall'8 al 10 settembre dello stesso 1893 si era svolto a Reggio Emilia il Congresso del P.L.I. che aveva assunto la nuova denominazione di Partito Socialista dei Lavoratori Italiani (P.S.L..I.), e a cui aveva partecipato il siciliano Garibaldi Bosco, che fu ancora una volta eletto alla presidenza del Congresso. Egli nel suo intervento, a proposito delle persecuzioni e dei soprusi contro i lavoratori ebbe a dire, fra l'altro: «Sarà una lotta, una tragica lotta, un'ecatombe; ma se la Sicilia dovrà cedere cadrà ravvolta sulla bandiera rossa».

L'allora Presidente del Consiglio Giolitti aveva resistito alle pressioni di quanti chiedevano lo scioglimento puro e semplice dei Fasci, anche se nel corso del 1893 non erano mancate le azioni repressive (più di 800 arresti). Ma quando Giolitti si dimise (24-11-1893) e, dopo la rinuncia di Zanardelli, gli subentrò il siciliano Francesco Crispi, la strada per un'azione di forza venne spianata.

Nel dicembre 1893 il generale Morra di Lariano, nominato comandante del XII corpo d'armata e reggente della Prefettura di Palermo, al comando di 40.000 uomini venne inviato in Sicilia, con l'ordine di mettere fine alle manifestazioni di piazza.

Il 3 gennaio 1894 venne pubblicato il decreto di stato d'assedio che diede inizio alla repressione. In pochi giorni il tragico bilancio fu di un centinaio di morti e di circa duemila arresti, fra cui quasi tutti i capi del movimento, compreso l'on. De Felice, nonostante l'immunità parlamentare.

Il Leone, invece, si sottrasse all'arresto rifugiandosi a Malta.

La direzione del PSLI e particolarmente Filippo Turati furono solidali con i lavoratori siciliani; furono inviati nell'isola i deputati Gregorio Agnini e Camillo Prampolini, a cui però il Morra impedì di sbarcare.

In provincia di Siracusa si ebbero, nel gennaio 1894, 73 arresti, di cui pare solo uno a Lentini.

Il sindaco di Lentini in data 5 gennaio 1894, recepì il decreto di stato d'assedio, dandone notizia alla cittadinanza con il seguente pubblico manifesto:

«MUNICIPIO DI LENTINI

CITTADINI!

Con telegramma odierno l'Ill. Sig. Prefetto mi incarica di pubblicare che con R. Decreto del 3 corrente è stato dichiarato lo stato d'assedio in tutte le provincie dell'Isola; e che il Comandante del dodicesimo Corpo d'Armata Reggente la Prefettura di Palermo, al quale furono conferiti pieni poteri civili e militari, ha stabilito fin da ora applicabili gli art. 246, 251 e 546 del Codice Penale vigente per l'esercito riserbandosi pubblicare apposito manifesto.

Le autorità civili e militari incaricate dell'esecuzione del suddetto R. Decreto, sapranno mantenersi all'altezza della loro missione.

Spetta a voi di mostrarvi sempre un popolo civile quale siete mantenendo la massima calma ed il rispetto alle leggi ed alle Autorità Costituite.

Dalla residenza Municipale addì 5 gennaio 1894

IL SINDACO

Dott. R. Consiglio»[18].

Il Fascio di Lentini, che in quel momento contava cinquecento aderenti, si sciolse.

Vincenzo Consiglio venne destituito da ufficiale di complemento[19].

---

18 ASCL (Archivio Storico Comunale Lentini), D. 674.
19 R. Marsilio, cit., pag. 29.

L'arredamento del Fascio venne sequestrato dal delegato di P.S. che il 2 febbraio '94 lo consegnò al Sindaco, con facoltà di restituirlo ai proprietari; il che avvenne il 9 successivo, come si evince dal relativo verbale, che qui di seguito si trascrive:

> «L'anno milleottocentonovantaquattro, il giorno 9 del mese di febbraio, in Lentini, Noi Filadelfo Cunsolo, assessore funzionante da Sindaco, in seguito al verbale di consegna a noi fatto da questo Sig. Delegato di P.S. in seguito ad ordine dell'Ill. Sig. Prefetto della Provincia di Siracusa, dei mobili di appartenenza al già sciolto Fascio dei lavoratori, con facoltà di poterli restituire ai relativi proprietari, in data del 2 corrente mese di febbraio, ci siamo recati nel locale dell'ex Fascio dei Lavoratori ed abbiamo consegnato al sig. Consiglio Vincenzo, Scatà Alfio, Puglisi Giuseppe e Lombardo Gaetano, quali rappresentanti del già disciolto sodalizio, i seguenti oggetti:
>
> 1° Un divano con due poltrone, 2° uno scagno impellicciato, con 9 tiretti e chiavi relative, 3° n° 79 sedie, una delle quali uso Vienna, 4° n° 4 catinaggi per due finestre con relativi [sic] cornici ed un vassoio con tre bicchieri, 5° n° 2 lampadari e saliscendi, 6° n° 2 portasteariche di cristallo. 7°: n° 4 lampade di cristallo a palla da attaccarsi ai balconi e 13 archetti di ferro per lampioncini, 8° n° 2 tavolini con cassetti ed una pedana, 9° un asciuga carte assorbente, 10° un calamaio di cristallo, 11° un campanello di bronzo, 12° una riga di legno, 13° n° 8 astucci di penna, 14° n° 2 lucchetti con chiavi, 15° una riga di legno piccola, 16° un piccolo lapis, 17° una carta con spille, 18° un pacco di palloncini alla veneziana, 19° n° 12 torce a vento di resina, 20° un quadro rappresentante l'incontro di Garibaldi con Vittorio a Caiello con relativa

cornice, 21° £ 0,95 in moneta di rame, 22° due piccoli lumi da scala.

Di quanto sopra abbiamo compilato il presente processo verbale in duplice originale da rimanere una [sic] in potere dei riceventi predetti Consiglio, Scatà, Puglisi e Lombardo e l'altra a noi funzionante da Sindaco.

Letto e confermato viene sottoscritto da noi funzionante da Sindaco e dai predetti riceventi»[20].

Seguono le firme.

Delle povere cose elencate nel verbale, il quadro di Garibaldi è un chiaro segno delle ascendenze risorgimentali che certamente dovevano essere presenti nella formazione culturale quantomeno dei dirigenti del Fascio.

Intanto, sempre a Lentini, il 19 gennaio 1894 si era verificato un fatto un po' curioso, ossia il fermo di tal Giovanni Castagna; l'episodio è riportato in un rapporto della polizia urbana al Sindaco.

«Oggetto: accompagnamento di un sospetto cospiratore nel locale Ufficio di P. Sicurezza.

Pregiami informare la S.V. Ill.ma che verso le ore tre p.m. di oggi presentavasi in questo ufficio di P. Urbana tal Castagna Giovanni da Castrogiovanni, il quale domandava del Sindaco per domandargli soccorso di viaggio onde trasferirsi nella patria nativa; però la guardia qui di piantone, Pisano Gaetano avvedutosi trattarsi di qualche mistero, credette opportuno rivolgergli incalzate [sic] e reiterate domande, il quale non poté nascondersi di essere apportatore di una carta del Presidente del Fascio dei

---

20 ASCL.

lavoratori di Comiso, nella quale si raccomandavano tutti gli altri sodalizi dell'isola in questi termini.

"Aiutate il vostro fratello Castagna Giovanni", indi ne seguiva la firma del presidente del Fascio dei lavoratori di Comiso, e relativo timbro.

La guardia suddetta e suo simile Magno Antonino senza perdita di tempo l'accompagnava dal locale Delegato di P.S. dove dichiarò chiamarsi Castagna Giovanni, e che per missione affidatagli dal Presidente del fascio dei lavoratori di Comiso, doveva recarsi nella sede di tutti i fasci a lui conosciuti, col dire loro che, se per il giorno 25 (apertura della Camera dei Deputati) non sarebbe uscito il già arrestato De Felice Giuseppe, tutti i socialisti dovevano fare una rivoluzione generale per il giorno 26 andante mese.

Tanto le rapporto per di lei norma ed intelligenza»[21].

Segue la firma del puntiglioso comandante, molto amante dell'ordine costituito, meno della grammatica, che aveva così sventato... un pericoloso tentativo rivoluzionario!

Quando il 20 febbraio 1894 si riaprì la Camera, ovviamente senza il De Felice, i pochi deputati socialisti presentarono una mozione di sfiducia al governo, illustrata dall'on. Badaloni, il quale mise a nudo l'egoismo di classe del governo Crispi, violatore della Costituzione con queste parole: «Sciolti i Fasci dei lavoratori, arrestati i capi e un buon numero di membri del Partito Socialista, malmenati e percossi gli arrestati, la polizia ha fatto da strumento delle vendette e delle prepotenze dei signorotti. I miseri che tumultuando chiedono pane e armati di sassi credono di difendere il proprio diritto all'esistenza vengono fucilati...».

---

21 ASCL.

L'ordine del giorno socialista, votato dai soli proponenti, venne respinto e la reazione continuò.

Il 7 aprile successivo si aprì il processo ai dirigenti dei Fasci, che si concluse con la condanna di De Felice a 22 anni di reclusione, di Barbato e di Verro a 14 anni, di Bosco a 12, di Montalto a 10, ecc.

Karl Kautsky, leader e massimo ideologo dell'Internazionale Socialista scrisse ai socialisti siciliani: «La Sicilia è oggi al centro della simpatia e dei pensieri del proletariato internazionale».

Nella provincia di Siracusa non vi fu alcuna manifestazione di protesta ed anche il 1° maggio di quell'anno passò sotto silenzio.

Nel 1894, tuttavia, l'attività di Vincenzo Consiglio Zappulla continuò in seno al Consiglio Comunale di Lentini.

Già il 28 febbraio egli chiese l'iscrizione di 44 cittadini nelle liste elettorali ma, col suo solo voto a favore, la proposta venne respinta e solo 3 dei nomi avanzati vennero inseriti fra gli elettori.

In effetti il problema dell'elenco degli elettori era di fondamentale importanza per lo sviluppo delle forze politiche emergenti quali erano quelle socialiste e quali saranno in futuro quelle cattoliche, forze che entrambe riconoscevano nei municipi il campo più adatto alla loro attività (si pensi alle prime esperienze politiche di don Sturzo).

Il potere delle consorterie locali era infatti assicurato dal suffragio ristretto, cioè dal diritto di voto limitato, per le istituzioni locali, ai soli non analfabeti maschi.

A Lentini in particolare, con una popolazione che si aggirava intorno ai 23.000 abitanti, la lista elettorale amministrativa, approvata dal Consiglio Comunale in data 28 febbraio 1893, comprendeva solo 1071 elettori, mentre la lista elettorale politica del 29 marzo 1893 ne comprendeva 1.114, che un anno dopo (27 marzo 1894) sarebbero scesi a 738. Questa ultima delibera, frutto evidente delle direttive di carattere repressivo, venne adottata all'unanimità (assente Vincenzo Consiglio) dal consesso civico!

Vincenzo Consiglio partecipò inoltre alle sedute del 19-4-1894, del 5 e del 14 maggio e del 16 giugno dello stesso anno.

In quella del 14 maggio si svolse un dibattito a proposito di una commissione che doveva essere nominata dal Consiglio Comunale per verificare il valore della fonte Paradiso, per cui la proprietaria, baronessa Nava, chiedeva 18.000 lire. Replicando a un consigliere che proponeva di allargare la commissione anche ai cittadini non componenti del consesso civico, in quanto ven'erano di illustri, come ad esempio il barone Beneventano, che di recente sull'argomento aveva pubblicato un opuscolo[22], Vincenzo Consiglio attaccò il barone, certo il più qualificato esponente della classe nobiliare e latifondista lentinese; lo fece con toni, che, pur filtrati dal linguaggio burocratico del verbalizzante, appaiono scevri di ogni riverenza e indicatori di una totale indipendenza di giudizio:

> «Il consigliere Consiglio Vincenzo dice di ricordarsi il famoso opuscolo del sig. Beneventano, aggiungendo che esso racchiude un mondo di castronerie; si meraviglia come il prof. Pisano, tanto intelligente, possa lodarlo.
>
> Il sig. Beneventano con i suoi opuscoli intende occuparsi un seggio in Parlamento, ma l'effetto sarà sempre il contrario, perché le di lui idee al giorno d'oggi non vanno».

L'avv. Consiglio che può essere considerato il primo assertore delle idea socialista a Lentini, fu invece assente nella seduta del 17 giugno 1894, quando il Consiglio Comunale decise, sempre all'unanimità, di inviare un telegramma di solidarietà a Crispi, che il giorno prima aveva subito un attentato.

---

22 Si trattava di un opuscolo sulle condutture dell'acqua potabile, pubblicato nel 1891.

L'assenza, da non considerarsi certo casuale, era la massima forma di dissenso possibile in quel particolare momento.

Infatti l'episodio, pur condannato per principio dai socialisti, non poteva certo portarli a solidarizzare con chi, qualche mese prima, aveva colpito al cuore il movimento dei lavoratori siciliani.

La repressione crispina toccò il suo apice il 22 ottobre 1894 con lo scioglimento del Partito Socialista dei Lavoratori Italiani (che tuttavia si ricostituirà nel congresso clandestino di Parma del 13 gennaio 1895 con la nuova denominazione di Partito Socialista Italiano).

Le sentenze dei Tribunali Militari segnarono la fine per un certo periodo di ogni forma di organizzazione del proletariato a Lentini, come nel resto della provincia.

Essendosi ormai tranquillizzate le forze filogovernative, il 14 agosto 1894 venne abolito lo stato d'assedio, tanto che il Prefetto di Siracusa poteva comunicare al Ministro dell'Interno che gli arresti e le condanne avevano inculcato «un salutare timore» e che quindi anche nei centri più pericolosi si poteva constatare «un salutare ravvedimento».

Lo stato di abbandono in cui venne lasciata l'isola continuirà per anni e i vari governi che si succederanno non saranno capaci di realizzare nemmeno le condizioni minime per la creazione di un modesto apparato industriale. Tutto ciò costituirà una premessa per le future spinte separatistiche.

Comunque è da sottolineare che atteggiamento caratteristico dei Fasci del Siracusano e quindi anche di quello di Lentini era stata l'attesa di provvedimenti dall'alto e che questa impostazione ben poco aveva contribuito a suscitare uno spirito di lotta fra i lavoratori, molti dei quali preferirono emigrare nelle Americhe.

La vita politica locale tornò a svolgersi intorno ai gruppi conservatori, ormai padroni del campo, anche se in qualche modo divisi tra la borghesia (i "civili" che si ispiravano al Crispi) e l'aristocrazia che guardava al suo successore Di Rudinì, anch'egli siciliano.

Il 28 luglio 1895 si tennero le elezioni comunali a Lentini. Non vennero eletti né l'avv. Consiglio né altri socialisti.

Fu invece una vittoria del notabilato locale e soprattutto del barone Giuseppe Beneventano, eletto consigliere con 184 voti su 187 votanti. Lo stesso barone, nella seduta del 3 agosto 1895 venne eletto sindaco con 24 voti su 25 (si sarà astenuto egli stesso). L'ordine era ristabilito!

I dirigenti del Fascio scomparvero dalla scena e la vita politica continuò a ruotare intorno al ceto conservatore, una parte del quale cercò di intruppare le opposizioni sia di origine borghese che popolare.

Il nuovo sindaco esordì sciorinando l'inventario delle inadempienze del predecessore: ospedale in abbandono, scuole tecniche soppresse, cassa comunale in disavanzo, da restaurare il Monastero e il Convento di San Francesco di Paola.

Gli avversari reagirono con accuse di sperpero e di favoritismo, come la nomina per tre anni di un chirurgo per i poveri, proprio quando il Consiglio Comunale aveva soppresso dal bilancio la somma di £ 1.000 per farmaci ai poveri.

Medico sì, medicine no!

Rimaneva comunque irrisolto il problema del Biviere, causa di febbri malariche per le popolazioni non solo di Lentini, ma anche del circondario, mentre si trascinava il dibattito tra chi era favorevole al suo prosciugamento e chi alla sua trasformazione.

E rimanevano parimenti invariati i problemi dell'antagonismo tra la classe bracciantile largamente maggioritaria, ma non rappresentata nelle istituzioni, e una ristretta cerchia di latifondisti, sostenuti da un ceto borghese intorno ad essa gravitante, detentrice del potere.

Venne invece avviato a soluzione il problema dell'acqua (acquisto della fontana Paradiso e condutture) e della luce, mediante l'accensione di un mutuo di 150.000 lire.

Il 5marzo 1896 la disfatta africana di Adua costrinse Crispi alle dimissioni e il nuovo governo Di Rudinì concesse un'amnistia: furono scarcerati i dirigenti dei Fasci già condannati, sicché uno di essi (Bernardino Verro) potrà sedere alla presidenza del congresso socialista di Firenze dell'11 luglio successivo, a cui parteciperanno anche giovani emergenti socialisti siciliani come Vincenzo Vacirca di Vittoria e Francesco Lo Sardo di Messina.

Questi avvenimenti fecero riprendere ardire ai socialisti siciliani.

A Lentini l'ex presidente del Fascio, Vincenzo Consiglio, ricominciò la propaganda fra gli ex soci, riuscendo anche a formare, con l'appoggio del De Felice, una società agricola.

Nel corso del 1897 alla già esistente crisi vinicola e a quella del grano (i cattivi raccolti avevano causato un forte incremento del prezzo del pane) si aggiunse quella agrumaria; e tutte finirono, come sempre, per pesare sul ceto bracciantile.

Si ebbe in Sicilia qualche tumulto, definito " la protesta dello stomaco ", ma nulla di significativo si registrò nella provincia di Siracusa.

Sarà solo all'inizio del nuovo secolo che qualcosa comincerà a muoversi.

Intanto il 3 aprile 1898, in seguito al rinnovo parziale del Consiglio Comunale, il barone Beneventano aveva rassegnato le dimissioni da sindaco, prima respinte e poi, in seguito alla loro riconferma da parte dell'interessato, accettate dal consesso civico di Lentini.

Il barone comunque si era schierato, per la scelta del suo successore, a favore del cav. Filadelfo Mazara, il quale, dopo varie sedute andate a vuoto, era stato eletto l'8 novembre 1898.

L'amministrazione del Mazara non aveva avuto vita facile, in quanto alcuni dipendenti erano stati accusati di irregolarità e ciò aveva provocato un'ispezione prefettizia e il pericolo di scioglimento del Consiglio Comunale.

Nel mentre si erano andati profilando due schieramenti "politici" nella città: il "partito" De Geronimo che esprimeva il sindaco Mazara e il "partito" Signorelli che entrò in Consiglio Comunale in seguito al rinnovo parziale dello stesso.

Poiché permanevano le presunte irregolarità e forse anche per i cambiamenti in sede nazionale (a Di Rudinì era succeduto il generale Pelloux) nel marzo 1900 il Consiglio venne sciolto e il Comune venne affidato al Regio Commissario cav. Sante Rossi.

Le nuove elezioni del 2 settembre segnarono la vittoria del "partito" Signorelli.

La situazione del Comune era, a dir poco, deprimente almeno secondo la relazione del Commissario uscente[23]: non erano state osservate «talune tra le più importanti norme di contabilità ...», un chirurgo indisciplinato e sospeso dal servizio, l'Ufficiale Sanitario e il Veterinario mancanti di strumenti, gli animali macellati all'aperto «col sangue che imbratta le strade e vi ristagna, ed ivi, coi cascami imputridisce», le condizioni finanziarie buone «nonostante lo scempio fatto del pubblico denaro», le condutture dell'acqua della sorgente Paradiso probabilmente bisognose (già da allora!) di «continue e costose riparazioni», certe missioni di amministratori effettuate in modo un po' allegrotto.

L'11 settembre 1900 venne eletto sindaco il dott. Rosario Consiglio, che così ritornò alla guida del Comune.

---

23 A. Curcio, cit., pag. 105 ss.

Intanto, a livello nazionale si operava una svolta politica favorita anche dal nuovo re Vittorio Emanuele III, con l'avvento dei governi Zanardelli e Giolitti.

Il ruolo dello Stato nei conflitti sindacali non veniva più interpretato come quello di guardia armata degli interessi dei conservatori e degli agrari, ma solo come quello di garante dell'ordine pubblico; il che costituiva un implicito riconoscimento della libertà di organizzazione sindacale e di sciopero, anche se a volte il nuovo indirizzo non era rispettato nei piccoli centri.

Il nuovo clima politico e il seme che era stato gettato dai Fasci dei Lavoratori e che aveva fortemente scosso l'ambiente siciliano favorirono un rifiorire delle agitazioni contadine, che quasi ovunque avvennero sotto le insegne del PSI.

Già dall'epoca dei Fasci nuovi quadri dirigenti del movimento dei lavoratori si erano andati formando ed essi furono gli alfieri del risveglio delle masse all'inizio del nuovo secolo; fra questi Vincenzo Vacirca, Nannino Terranova (Comiso) e, per quanto riguarda la nostra zona, il già noto avv. Luigi Leone e l'avv. Edoardo Di Giovanni a Siracusa, l'avv. Lorenzo Cocuzza a Francofonte e l'avv. Francesco Sgalambro a Lentini.

E fu proprio per opera di quest'ultimo, in una con Vacante e il rag. Centamore, che venne fondata la Lega Contadini di Lentini.

La parola di questi propagandisti ridestò le masse e le indusse ad organizzarsi. Cominciarono a circolare le idee socialiste, attraverso un'intensa propaganda scritta ed orale e la lettura di articoli di dirigenti del proletariato.

La diffusione delle aggregazioni locali consentì di tenere a Catania, nel novembre 1902, il secondo Congresso socialista siciliano per cui, successivamente, nel marzo 1903, sorsero le Federazioni socialiste nei vari collegi; il che favoriva la formazione di un fronte unico di fronte alle resistenze padronali e un fruttuoso scambio di esperienze tra militanti delle varie organizzazioni comunali.

Uno dei temi dibattuti dal Congresso regionale era stato quello del "popolarismo". Dovevano i socialisti nelle lotte amministrative, allearsi con le frazioni borghesi di opposizione o puntare esclusivamente sui candidati iscritti al Partito?

Taluni, come i rappresentanti lentinesi, ritenevano tale alleanza indispensabile per battere le forze conservatrici, altri pensavano che essa potesse essere generatrice di confusione e di trasformismo.

Agli inizi del 1903 a Lentini, il cui territorio per poco meno della metà era occupato da ventidue latifondi appartenenti a sedici famiglie e in cui accanto alla cerealicoltura praticata estensivamente era presente un fiorente settore agrumicolo[24], la situazione del proletariato agricolo si presentava particolarmente grave, sia per i salari del tutto inadeguati, sia per le vittime che la malaria continuava a mietere.

Conseguenza di tale stato di cose fu una serie di agitazioni e di scioperi, anche contro l'impiego di manodopera forestiera, nel corso del maggio 1903.

Le trattative tra i proprietari e i rappresentanti dei lavoratori di Lentini (l'avv. Francesco Sgalambro) e di Francofonte (l'avv. Lorenzo Cocuzza) si conclusero pacificamente e positivamente e l'accordo siglato fu additato come esempio dal Ministero dell'Interno.

Nonostante questi successi le elezioni comunali del successivo settembre, grazie alle cosiddette "liste rotanti" furono vinte dal partito al potere, che poteva vantare la tanto attesa erogazione

---

24 Vedi R. Mangiameli *Officine della nuova politica*, CUEM, Catania, 2000, pag. 89.

dell'acqua potabile (17 agosto 1903) e che conquistò maggioranza e minoranza.

Il 28 settembre 1903 all'unanimità venne riconfermato sindaco il dott. Rosario Consiglio.

La nuova amministrazione fu travagliata da ricorrenti crisi che il 13 marzo 1905 si conclusero con le definitive dimissioni del sindaco per ragioni personali e la successiva (4 maggio 1905) elezione del cav. avv. Giuseppe Signorelli.

Le elezioni parziali del 6 luglio 1906 segnarono però la sconfitta del "partito" Signorelli, che il 27 successivo rassegnò le dimissioni, e l'ingresso in consiglio comunale di due rappresentanti socialisti: il farmacista Francesco Centamore e l'avv. Francesco Sgalambro.

Nella seduta del 15 agosto 1906 avente per oggetto la presa d'atto delle dimissioni del sindaco Signorelli e della sua Giunta (cav. Guglielmo Perrotta, avv. Antonino Tribulato, farm. Luigi Moncada e i sigg. Aletta e Cardillo) fu l'avv. Francesco Sgalambro ad inaugurare l'ingresso socialista in Consiglio Comunale con un discorso che il verbale così riassume:

> «Permettetemi a nome anche del collega farmacista Centamore poche dichiarazioni. Il collega Centamore ed io veniamo dalle file del partito socialista lentinese e qui in Consiglio non siamo che i mandatari dei lavoratori riuniti nelle organizzazioni politiche ed economiche di cui propugneremo gli interessi, dei cui bisogni faremo risuonare fedelmente l'eco dolorosa. Sarebbe dovere nostro esporre a voi onorevoli colleghi quale deve essere l'azione dei rappresentanti dei lavoratori organizzati all'ombra dell'ideale socialista nel Consiglio Comunale.
>
> Ma noi ci troviamo in un momento di transizione. La posizione del nostro Consiglio di fronte all'attuale Amministrazione che si sgretola e scompare è tale che

esso se vorrà fare opera utile e vitale per il paese deve sciogliersi per ricomporsi per intero in modo rispondente alla volontà dei cittadini.

Oggi noi siamo chiamati a prendere atto delle dimissioni del Sindaco e della Giunta. Il mio compagno ed io voteremo per l'accettazione di queste dimissioni. Ma occorre dire (ed è per questo che ho preso la parola), perché noi che non facciamo parte di alcun partito locale che ha per programma insito nello scopo della propria esistenza lo scalzare, non appena uscito trionfante dalle urne, dal potere il partito avverso, sia esso buono o cattivo; perché noi che non abbiamo passioni estranee all'ideale del nostro partito e che dobbiamo vagliare gli atti della vita pubblica da un punto di vista obbiettivo e attraverso solo il primo negli (recte: filtro degli) interessi concreti della classe lavoratrice;... appena messo piede in Consiglio, chiamati a dare un giudizio grave e decisivo intorno all'opera di un'Amministrazione, ci pronunziamo senz'altro per la condanna.

Gli è che noi qui, giova ripeterlo, siamo i rappresentanti di un partito che, chiamato dalle circostanze a mandare qui due dei suoi adepti ha scelto noi due; il nostro giudizio, quindi, non è che il giudizio del partito che ci ha affidato il mandato di consigliere.

Ora siccome il nostro partito ha combattuto dalla piazza, e con i mezzi di cui ha disposto, l'attuale Amministrazione, ora che esso ha conquistato questo nuovo mezzo di lotta, la rappresentanza in Consiglio, è giusto che con tal mezzo seguiti a combattere. Logico quindi deve apparire il nostro voto.

Ma perché, potrebbe ribattersi, questa lotta tenace, cominciata nella piazza séguita nel Consiglio contro l'Amministrazione?

Invero, un partito che ha una serie di interessi determinati da tutelare, non può abbandonarsi sulle rotaie dell'opposizione elevata a sistema; esso nei consessi in cui è chiamato ad esercitare la funzione delle minoranze deve approvare quando il Governo, l'Amministrazione che ha di fronte, garantisce ed attua qualcuno di quegli interessi; deve essere contrario quando ciò non avviene; deve cioè seguire il metodo del caso, teorizzato nel partito socialista da Enrico Ferri al Congresso di Bologna.

Tutto ciò sta bene. Ma quando si sta di fronte ad un organismo amministrativo che nel complesso della sua funzionalità [sic] è contrario a quegli interessi che si propugnano; quando si è di fronte a tutto un indirizzo di governo che quegli interessi avversa o trascura, allora il caso per caso è un sistema sterile e deve darsi la preferenza al metodo dell'opposizione sistematica, avente il fine precipuo ed elevato di abbattere completamente quell'organismo.

Questo caso appunto è successo per l'attuale Amministrazione.

Questa Amministrazione si è rivelata contraria per sistema preordinato non solo agli interessi specifici della classe lavoratrice, nei limiti, si intende, del compito che il Comune di fronte a questa classe è chiamato ad adempiere, ma anche a quelli generici del paese. Quasi tutti i suoi atti son là a documentarlo.

Basta ricordare l'avversione annunziata esplicitamente dal Sindaco a nome della Giunta nella seduta del 29-11-1905 a proposito dei criteri da adottare in ordine al sistema di riscossione dei dazii di consumo, al metodo della municipalizzazione che è il solo che garantisce sul serio gli interessi della collettività nella gestione del pubblico patrimonio; la tassa sul bestiame che si è applicata senza il criterio cotanto socialmente decoroso della esenzione dei redditi minimi; lo sgravio di tassa fatto ad esclusivo beneficio dei grandi contribuenti; lo storno che si è fatto delle somme stanziate in bilancio per promuovere l'assistenza agli scolari poveri onde meglio diffondere, specialmente nelle classi disagiate, la istruzione primaria, il falcidiamento della cifra stanziata in bilancio per la distribuzione dei medicinali ai poveri a domicilio, ecc. ecc. e poi l'abbandono in cui sono stati lasciati i più importanti servizi pubblici e la trascuranza nel risolvere i più urgenti problemi municipali, quali quello dell'utilizzamento [sic] dell'acqua potabile e dell'impianto della luce elettrica, ecc.

Così essendo, il nostro partito non poteva sottrarsi alla necessità di provocare con le forze che erano a sua disposizione, la caduta dell'Amministrazione.

E lo ha fatto e lo fa sino all'ultimo, come il compimento di un dovere sacro e imprescindibile.

Questi i motivi della condotta da noi tenuta di fronte a questa Amministrazione, queste le ragioni del nostro voto».

Le dimissioni, ovviamente, vennero accolte dal Consiglio Comunale ma, dato il sostanziale equilibrio fra i gruppi facenti riferimento a Giuseppe Signorelli e a Rosario Consiglio, non fu possibile eleggere una nuova Amministrazione.

Provvisoriamente a reggere le sorti del Comune venne inviato (27 settembre 1906) un Commissario Prefettizio, il rag. Salvatore

Bianco e, dopo l'inevitabile scioglimento del civico consesso, venne insediato (3 novembre 1906) come Regio Commissario il dott. Giovanni Monti.

Le nuove elezioni (30 dicembre 1906) segnarono la sconfitta dei "partiti" Signorelli e Consiglio e la comparsa di due nuovi schieramenti: quello moderato ("partito" Bugliarello) e quello conservatore ("partito" Beneventano).

I socialisti tornarono in consiglio in tre: l'avv. Francesco Sgalambro, l'avv. Raimondo Bruno e l'avv. Vincenzo Consiglio, ex presidente del fascio dei lavoratori.

Sindaco venne eletto (12 gennaio 1907) il baronello Francesco Beneventano.

Nel corso della breve durata di questa Amministrazione i socialisti si batterono per la riduzione delle spese voluttuarie a favore dell'aumento di quelle a sostegno delle classi indigenti.

In particolare, nella seduta del 22 maggio 1907 Vincenzo Consiglio propose la riduzione della spesa per la banda musicale da £.9636 a £.6000, ma la proposta fu respinta, furono anche respinte le proposte dell'avv. Sgalambro di elevare da £.500 a £.1500 le spese per l'assistenza e la refezione agli alunni poveri, per il «bisogno di venire in soccorso» degli stessi «con mezzi adeguati e non irrisori» e quella di portare pure da £.500 a £.1000 la spesa per sussidio ai poveri, «per potere rimediare al bisogno dei numerosi indigenti del Comune», i quali «hanno diritto alla vita».

La Giunta, dimostratasi incapace, incalzata dall'opposizione dei socialisti e in particolare dall'avv. Bruno, che la accusava di debolezza e di apatia, l'8 marzo 1907 rassegnò le dimissioni.

In occasione della presa d'atto i tre socialisti approvarono però «il voto di plauso all'opera amministrativa».

Nella stessa seduta venne eletto come nuovo Sindaco il cav. Giovanni Bugliarello, capo del partito moderato, con assessori Sebastiano Consiglio, Tommaso Bonfiglio, Giuseppe Scalia e Francesco Magnano San Lio.

Anche la nuova Amministrazione lasciò insoddisfatti i socialisti, ma non solo essi; sicché, quando ventidue consiglieri su trenta rassegnarono le dimissioni, il Consiglio venne sciolto e alla guida del Comune, dopo i commissari prefettizi dott. Pasquale Randone e sig. Francesco Giglio, venne nominato il Regio Commissario cav. Giacomo Plunkett; il quale, sia per la divisione persistente tra le consorterie borghesi, che per il timore di un'avanzata del gruppo socialista, la qualcosa egli sembrava particolarmente paventare, esitò parecchio prima di indire le nuove elezioni.

Comunque esse si tennero il 7 giugno 1908 e segnarono la vittoria del "partito" Beneventano. Il PSI conquistò la minoranza con gli avvocati Vincenzo Consiglio Zappulla, Francesco Sgalambro, Raimondo Bruno e Francesco Vacanti e Salvatore Leone.

Il nuovo Consiglio Comunale venne insediato il 13 giugno 1908. Dopo la relazione del Regio Commissario, la presidenza dell'assemblea venne assunta dal consigliere anziano ing. Salvatore Inserra, il quale, in seguito alla nomina a senatore del Regno del barone Giuseppe Luigi Beneventano (padre del baronello Francesco) dichiarò, fra l'altro:

> «A nome ... di questo rispettabile consesso, mi consentano i sigg. Consiglieri che mandi un reverente saluto all'illustre senatore Beneventano, onore e lustro di questa città.
>
> Egli che degnamente ci rappresenta al Senato del Regno e, col suo alto intelletto, colla sua vasta cultura e per tutte le rare qualità che lo adornano ha saputo cattivarsi la stima e le simpatie di quanti lo conoscono e lo apprezzano, oggi non può Egli non riscuotere dal suo paese quel giusto

plauso e quella meritata lode che promana dall'animo dei suoi concittadini che in Lui vedono l'Uomo che tanta parte della sua vita ha speso a tutela dei pubblici interessi; e, pertanto, Signori Consiglieri, io vi invito a mandare all'indirizzo del Senatore Beneventano il seguente telegramma:

«Barone Beneventano, Senatore del Regno. Catania

Consiglio comunale riunito assemblea per acclamazione plaude nomina Vossignoria Senatore del Regno, Degno Rappresentante Nazione, onore, lustro nostro paese»[25].

I socialisti, per i quali parlò l'avv. Vincenzo Consiglio, con qualche precisazione, si associarono:

«Anche a nome dei miei amici del gruppo consigliere socialista dichiaro che noi, quantunque militiamo in un campo politico completamente opposto, personalmente siamo lieti [di] inviare le nostre congratulazioni al b.ne Beneventano, con l'augurio che egli voglia sfruttare la sua nuova posizione politica in favore della nostra Lentini, purtroppo da tanto tempo obbliata da chi avrebbe il dovere di curarne l'interesse».

Sindaco venne eletto, nella stessa seduta, com'era prevedibile, il baronello Francesco Beneventano con 21 voti su 27 votanti e con l'astensione dei socialisti.

L'avv. Francesco Sgalambro infatti dichiarò che i socialisti «saranno ben lieti se l'Amministrazione sarà corretta e si terrà nella diritta via, facendo gli interessi collettivi», ma che «se saranno deluse le loro speranze» essi la combatteranno.

Della Giunta vennero chiamati a far parte il cav. Alfio Consiglio, l'avv. Matteo Magnano San Lio, l'ing. Salvatore Inserra e l'avv.

---

25 Verbale del Consiglio Comunale di Lentini del 13-6-1908.

Matteo La Ferla, assessori effettivi, e i sigg. Filadelfo Cunsolo e Carmelo Santapaola, supplenti.

Nel programma del nuovo sindaco erano posti in primo piano i problemi dell'acqua, della luce e delle scuole elementari.

Non mancava l'impegno di «venire in aiuto alle classi sofferenti».

Più che di paternalismo si trattava di un ponte lanciato alla minoranza socialista, che infatti rimase in benevola attesa.

Ma in seguito essa cominciò a prendere le distanze dall'Amministrazione, in ciò imitata dal partito moderato, il quale prese a svolgere un'opposizione strisciante, tendente per lo più a boicottare le sedute del Consiglio Comunale per mezzo dell'assenteismo.

Si giunse così alle elezioni parziali del 17 luglio 1910 che segnarono un arretramento del PSI, il quale vide la sua rappresentanza ridotta a tre consiglieri (avv. Raimondo Bruno, Alfio Scatà e Salvatore Leone).

Sindaco venne riconfermato il b.llo Beneventano.

L'opposizione dei socialisti, ormai insoddisfatti della conduzione della cosa pubblica, si fece sempre più esplicita verso la fine del 1910, sia nell'aula consiliare che nelle piazze.

L'11 gennaio 1911 l'avv. Raimondo Bruno presentò la seguente interpellanza: [26]

> «Il sottoscritto interpella il capo dell'Amministrazione per sapere se, di fronte all'intorbidamento delle acque potabili verificatosi da parecchi giorni, tanto nocivo all'igiene pubblica e tanto lamentato dalla cittadinanza, crede necessario stanziare nel bilancio 1911 la spesa occorrente per i filtri, necessari ad ovviare per l'avvenire al grave inconveniente, giusto i suggerimenti dell'on. Albertelli».

---

26 Il riferimento era alla cooperativa *Il Lavoro*, costituitasi nel 1905.

Quando il 23 novembre 1911 si riunì il Consiglio Comunale egli chiese che essa fosse discussa prima della trattazione del bilancio 1911, data l'importanza dell'argomento:

> «Chiesta la parola il consigliere Bruno fa rilevare al sig. Presidente che ragioni d'opportunità e motivi più urgenti reclamano che si faccia precedere alla trattazione del bilancio lo svolgimento della interpellanza da lui presentata, comechè attinente ad un interesse vitale della cittadinanza, che esige pronto rimedio al deplorato inconveniente dell'intorbidamento delle acque potabili. Dice che questa interpellanza risponde ai desideri del paese ed il partito socialista gli ha raccolti non per muovere una lotta sterile all'Amministrazione, ma perché essa sia feconda di utilità e di benessere per tutti.
>
> Più che i socialisti, sono gli stessi amici del partito al potere che non vogliono perduri l'esistenza di un indirizzo antidemocratico con cui oggi vengono esplicati gli atti del Comune, contrariamente ad un sistema di governo, che prima erasi molto bene adottato. Si sarebbero, difatti, dovuti agevolare i lavoratori della terra ed invece [essi] si sono visti aggravare nella loro condizione, colpendo con tasse la cooperativa socialista. Ciò è onta fatta alla Classe, non politica democratica. Si esentarono dalle proprie attribuzioni i consiglieri tenendosi le adunanze nelle ore antimeridiane, anziché di sera, com'era il loro insistente avviso. Le sedute della Giunta si tengono in casa del Sindaco anziché nel Palazzo del Municipio. Si fa aspra lotta ai socialisti e noi del partito socialista abbiamo il dovere di difenderli ed ecco perché ci siamo messi dal lato dell'opposizione. Fummo i primi a dare impulso per l'impianto della luce elettrica e si è riusciti ad ottenerla col concorso dell'opera nostra, ma oggi questa

> Amministrazione non ha più ragione di mantenersi al potere e deve senz'altro dimettersi...».[27]

Il problema dell'acqua potabile era certamente grave, sicché il pubblico presente prese ad intervenire con urla di approvazione per l'avv. Bruno e di censura[28] per altri consiglieri di maggioranza.

Quando il tumulto si fece troppo pesante, al baronello non restò che ordinare alla forza pubblica di far sgombrare l'aula.

L'episodio si concluse con un voto di fiducia del Consiglio Comunale per la Giunta, ma l'avv. Bruno ritornò all'attacco nella successiva seduta del 30 novembre 1911, contestando l'esattezza del verbale di quella precedente:

> «...in esso non risulta tutto quanto fu discusso...contiene delle inesattezze, in quantochè è stato rimpicciolito lo scopo dell'agitazione popolare e della opposizione dei consiglieri socialisti contro l'Amministrazione comunale...»; la cittadinanza, egli continuò, «nella sua generalità reclama le dimissioni dell'attuale Amministrazione pel malgoverno e lo sperpero fatto del denaro pubblico, per l'indirizzo antidemocratico, per le illegalità e irregolarità compiute, esautorando il corpo deliberante ed eseguendo opere senza progetti, senza deliberati ed in economia, evitando ogni controllo.
>
> La sfiducia [....] è generale e non soltanto da parte dei socialisti e dei lavoratori, i quali in un primo periodo sostennero e diedero impulso all'Amministrazione per la risoluzione del problema dell'impianto elettrico e del problema dell'acqua. La lotta dei socialisti è quindi giustificata perché l'Amministrazione da molto tempo avendo fatto macchina indietro, si è messa accanitamente

---

27 Verbale del Consiglio Comunale di Lentini del 23-1-1911.
28 Dal verbale del Consiglio Comunale di Lentini del 30-1-1911.

> contro di essi; e questa lotta è disinteressata perché i socialisti, non avendo per ora la forza di assumere le responsabilità del potere, non aspirano a conseguirlo; mentre gli amici dell'Amministrazione le muovono una guerra sorda ... per sostituirsi [ad essa] nel reggimento della cosa pubblica».

La fine dell'intervento venne accolta con grida di approvazione dal pubblico e quando il sindaco dichiarò che per il momento non si sarebbe dimesso, l'avv. Bruno rincarò la dose:

> «Il sindaco, che ha sempre detto di non tenere al comando, oggi insiste per rimanere al potere, malgrado tutto, facendosi spalleggiare dai carabinieri. La posizione dell'Amministrazione è ormai insostenibile, non potendosi continuare ad amministrare con l'agitazione popolare e con l'intervento della forza alle sedute consiliari. Ciò è contrario ai concetti della rappresentanza elettiva e della democrazia. Si accomodi pure il sindaco a volere rimanere al potere in onta agli urli e ai fischi, ma badi che fu il popolo che lo portò al potere e contro la volontà popolare non si deve resistere».

Tuttavia, successivamente (8 aprile 1911), il sindaco si dimise, ma le dimissioni furono respinte.

In realtà la distanza fra quello che oggi chiamiamo "paese reale" e il "paese legale" cominciava a pesare sempre più, e non solo a Lentini.

In effetti ormai da tempo i socialisti chiedevano ai vari governi, espressione solo di un ristretto numero di cittadini in possesso dei prescritti requisiti, l'estensione del diritto di voto, al fine di permettere, alle masse lavoratrici e contadine in particolare la partecipazione alla vita politica e quindi alla scelta dei rappresentanti.

Nel congresso di Milano (21/25 marzo 1910) del PSI ad esempio, era stata approvata una mozione in cui, fra l'altro, si chiedeva «il suffragio universale per ambo i sessi, integrato con l'allargamento delle circoscrizioni, la rappresentanza proporzionale, l'indennità ai deputati, la garantita libertà e sincerità delle urne».

Nell'aprile 1911, caduto il governo Luzzati, Giolitti ebbe l'incarico di formare il nuovo ministero e nel suo programma inserì l'estensione del suffragio a tutti i cittadini maschi che avessero compiuto i trent'anni di età, prescindendo dal censo e dall'alfabetismo, e a quelli di età superiore ai 21 anni che avessero compiuto il servizio militare e frequentato la prima elementare.

L'apertura ai socialisti era evidente, tanto che ad uno dei loro principali esponenti, che era stato il primo direttore del giornale del partito *Avanti!* e cioè all' on. Leonida Bissolati venne offerto un ministero.

Bissolati rifiutò per non attizzare discordie all'interno del partito, in prevalenza ostile ad una partecipazione diretta al Governo, ma accettò di partecipare alle consultazioni del Re, mostrando così di aver superato la pregiudiziale antimonarchica e innescando con questo gesto aspre polemiche nel PSI.

Il gruppo parlamentare socialista votò a favore del nuovo governo. Ma Giolitti, per la pressione della destra politica, rappresentata dall'Associazione Nazionale Italiana, di recente costituita, e di quella economica, desiderosa di trovare nuovi mercati per i prodotti industriali ed agricoli, ed anche in ossequio al suo tradizionale equilibrismo, cominciò a preparare la conquista della Libia ed infine, il 29 settembre 1911, dichiarò guerra alla Turchia, cui quei territori appartenevano.

Inutilmente il gruppo parlamentare socialista aveva protestato «in nome degli interessi più profondi e più veri della patria e soprattutto delle classi lavoratrici» contro l'impresa libica «gravida di disagi economici e finanziari» e sicura causa di «arresto di ogni efficace politica di democrazia e di riforme sociali» e la Confederazione Generale del Lavoro aveva indetto uno sciopero di 24 ore.

Tuttavia anche in seno al movimento socialista ci furono dei distinguo se riformisti come Bissolati, Cabrini, Bonomi, De Felice e Podrecca sostanzialmente accettarono la guerra libica per lo più con la motivazione che era necessario un incanalamento della emigrazione italiana.

E infatti nel Congresso del PSI di Modena del 15 ottobre 1911 si presentarono quattro schieramenti: quello intransigente rivoluzionario (guidato da Costantino Lazzari) quello "integralista" centrista (Pescetti), quello riformista di sinistra (facente capo a Filippo Turati) tutti per il passaggio all'opposizione e quello riformista di destra (Bissolati) favorevole alla continuazione dell'appoggio al ministero Giolitti. Quest'ultimo gruppo risultò in netta minoranza .

La guerra coloniale, quindi, vanificando le speranze riformiste, pose fine agli esperimenti di collaborazione governativa, che in varie occasioni, la prevalenza all'interno del PSI della corrente riformista, prima unita, aveva permesso.

Ma i riformisti di destra non la pensavano allo stesso modo. Di ciò si ebbero segnali nell'intervento di Bissolati alla Camera in cui egli, pur criticando la condotta della guerra e il decreto di annessione che l'aveva conclusa, implicitamente riconobbe la sua inevitabilità, ammettendo il diritto dell'Italia ad impedire che un'altra Potenza occupasse la Libia.

Inoltre, il 14 maggio 1912, in seguito ad un fallito attentato al Re, la Camera dei Deputati, sospesa la seduta, si recò al Quirinale per felicitarsi dello scampato pericolo.

Alla manifestazione monarchica non si associarono i deputati socialisti, ad eccezione di Bissolati, Bonomi e Cabrini, che seguirono gli altri deputati.

La polemica si infiammò all'interno del PSI, tanto che fu chiesta l'espulsione dei tre, che fu poi deliberata nel Congresso di Reggio Emilia del 7 luglio 1912 insieme a quella dell'on. Podrecca «per i suoi atteggiamenti guerrafondai».

Gli espulsi formarono poi il PSRI (Partito Socialista Riformista Italiano) che lo stesso Bonomi definì «una schiera di generali senza soldati».

Se ciò era vero per l'Italia continentale lo era assai meno per la Sicilia.

Nell'isola da tempo un posto di primaria importanza aveva occupato la rivendicazione del suffragio universale, poiché la classe lavoratrice era in prevalenza composta di contadini analfabeti e su di essa aveva messo l'accento la corrente riformista, che considerava come momento primario della marcia verso il socialismo la conquista dei pubblici poteri attraverso l'arma del voto.

Con l'avvento di Giolitti, si erano intensificate le manifestazioni socialiste per l'allargamento del suffragio.

A Lentini furono tenuti comizi dai tre principali leaders locali, gli avv. Raimondo Bruno, Vincenzo Consiglio Zappulla e Francesco Sgalambro e da quelli provinciali, gli avv. Luigi Leone, il vecchio dirigente dei Fasci e Edoardo Di Giovanni, astro nascente del socialismo siracusano, che sarà deputato nel 1919, nel 1921, nel 1946 e quindi senatore di diritto.

Nel mentre si intensificava a tutti i livelli e in tutte le occasioni la lotta per il suffragio universale, si sviluppava all'interno del PSI il dibattito relativo alla tattica da seguire: era preferibile l'intransigenza nei confronti della borghesia, considerata come un blocco unico da combattere o non era meglio allearsi con le frazioni di borghesia progressista (repubblicani, radicali, democratico-sociali, ecc.) per rinnovare in senso democratico la vita politica negli enti locali?

Dopo la iniziale prevalenza della prima ipotesi, presto smentita da una serie di sconfitte elettorali, i socialisti avevano finito per optare per la transigenza, inaugurando la politica cosiddetta del "popolarismo" (alleanza dei partiti popolari).

La nuova politica aveva cominciato a dare i primi frutti, con la conquista, nel 1909, di alcuni comuni, come ad esempio Francofonte (sindaco Nino Pico), e di minoranze in altri.

Si era quindi creata la "Federazione Democratica Provinciale", il cui organo in provincia di Siracusa era il settimanale *La Riscossa*, fondato dal Di Giovanni, che con la sua propaganda aveva dato impulso all'organizzazione socialista nel Siracusano, ancora insufficiente. Nel collegio di Augusta, ad esempio, esistevano solo due circoli socialisti: quello di Francofonte e quello di Lentini, che pubblicava saltuariamente *La Falce*[29].

Nei due comuni era costante la battaglia in difesa delle classi lavoratrici: a Francofonte ad opera principalmente dell'avv. Lorenzo Cocuzza, uomo di vasta cultura e di principi sinceramente democratici, e a Lentini grazie all'azione dei già noti dirigenti. Ad esempio nella seduta del 4 ottobre 1911 del Consiglio Comunale di Lentini l'avv. Bruno chiese ed ottenne un provvedimento di detassazione degli ovini in considerazione della mortalità che aveva colpito il bestiame per la rigidità dell'inverno e la scarsità dei pascoli, oltre che per le malattie, in favore di alcuni pastori che ne avevano fatto istanza, capeggiati da Mariano Raiti, che sarà eletto consigliere comunale nel 1914.

---

29 G. Miccichè *Il suffragio universale ecc.* In *Movimento operaio e socialista* n° 1 del 1967, pag. 35

In prossimità dell'approvazione della riforma elettorale del 30 giugno 1912, entusiasticamente accolta dai riformisti, i gruppi conservatori cominciarono ad usare un linguaggio pseudo-socialista per ingraziarsi i potenziali nuovi elettori e a stringere alleanze con i gruppi clerico-moderati, anticipando con ciò il Patto Gentiloni del 1913 tra Giolitti e i Cattolici.

Da parte loro i socialisti intensificarono i contatti con i gruppi più avanzati della borghesia.

A Lentini si registrò un riavvicinamento tra i socialisti e l'opposizione moderata capeggiata da Giovanni Bugliarello.

Intanto la scissione attuata dai riformisti di destra di Bissolati, che aveva dato vita al PSRI, ebbe particolare successo in Sicilia.

Nel congresso socialista siciliano del marzo 1912 era stata approvata la linea riformista di Bissolati, sostanzialmente favorevole all'annessione della Libia, considerata utile per la possibilità di assorbimento della manodopera siciliana.

Inoltre nel convegno del successivo luglio vi era stata una netta presa di posizione a favore della transigenza e del "popolarismo". Nell'ulteriore convegno dell'ottobre 1912 si ebbe il formale passaggio di moltissimi delegati nelle file del PSRI.

In provincia di Siracusa il successo organizzativo dei PSRI fu quasi totale, grazie al passaggio in blocco delle organizzazioni socialiste nel nuovo partito, al seguito di Di Giovanni e Cocuzza.

A Lentini la svolta organizzativa venne spiegata dall'avv. Pompeo Ciotti, segretario nazionale del PSRI, dall'avv. Antonio Campanozzi e dall'avv. Lorenzo Cocuzza.

La lotta contro l'amministrazione Beneventano venne intensificata fino alla sua caduta (25 febbraio 1913).

Il 9 aprile 1913 venne eletto sindaco con 15 voti su 15 presenti, il cav. Giovanni Bugliarello, leader dei moderati. Assessori titolari furono eletti Gaetano Vacanti, il cav. Alfio Magnano San Lio, l'avv. Matteo Magnano San Lio e l'avv. Raimondo Bruno (PSRI) e supplenti Mario Ielo e Gaetano Sgalambro.

Si ebbe così per la prima volta l'ingresso in Giunta del socialriformisti.

Ma la scarsa funzionalità del Consiglio Comunale e, probabilmente, la volontà di favorire i candidati governativi, visto l'approssimarsi delle elezioni politiche, portò al suo scioglimento e alla nomina del dott. Vincenzo Gueli come Commissario Prefettizio.

Lo scioglimento del Consiglio Comunale fu visto come un sopruso, tanto che la G.M., alla fine delle sua ultima lunga seduta, dopo aver deliberato un voto di plauso agli impiegati comunali, precisò di averlo fatto «prima di soggiacere a tale inqualificabile e deplorevole violenza perpetrata sotto il Governo di Sua Eccellenza Giolitti, che in tal modo si mostra[va] contrario alle leggi liberali da lui fatte dichiarare dal Parlamento nazionale».

La frase sarà poi fatta cancellare dalla delibera per decreto del Prefetto del 17 agosto 1913.

Non mancarono le rimostranze dei socialriformisti, i quali tennero un affollato comizio di protesta, con l'on. Giuseppe De Felice, l'on. Giovanni Milana, l'avv. Luigi Macchi, candidato alla Camera nel collegio di Comiso e il francofontese avv. Lorenzo Cocuzza, candidato nel collegio di Augusta, di cui Lentini faceva parte[30].

In tutta la Sicilia, nel corso della campagna elettorale per il rinnovo della Camera, i candidati socialriformisti riuscirono a coagulare intorno a sé, oltre ai consensi del proletariato, che li aveva quasi compattamente seguiti nella scissione, anche quelli dei ceti borghesi più avanzati e dei loro partiti e, quasi sempre, anche quelli dei socialisti del PSI.

---

30 A. Curcio, cit., pag. 184.

E contro questi candidati riformisti, probabilmente perché ponevano in serio pericolo la rielezione dei candidati giolittiani, si verificarono soprusi e violenze (come quelle contro l'avv. Cocuzza che fu oggetto di attentati a Francofone e ad Augusta), tanto che l'onorevole Bissolati decise di partecipare personalmente alla campagna elettorale in Sicilia per sostenere i candidati del suo partito. Nei suoi comizi egli illustrò i vantaggi del suffragio universale e della politica di collaborazione con le altre forze democratiche, oltreché le possibilità che venivano offerte alla manodopera siciliana dalla nuova colonia africana.

Il risultato elettorale fu però inferiore alle sue aspettative, anche se in Sicilia furono eletti sette deputati socialriformisti (su un totale di 26).

Ciò dimostrava che il suffragio universale non poteva considerarsi come la panacea di tutti i mali e che l'avanzata della classe proletaria non poteva essere affidata alle sole sedi istituzionali, ma doveva essere supportata da un autentico movimento di massa.

Qualche dubbio forse cominciò ad insinuarsi anche in alcuni quadri del socialismo lentinese, preludio alla svolta classista del 1919 e 1920.

Intanto per il 26 luglio 1914 vennero fissate le elezioni per il rinnovo del Consiglio Comunale di Lentini.

Ebbe la meglio l'alleanza tra i moderati del cav. Bugliarello e i socialriformisti, i quali tornarono in Consiglio con una nutrita pattuglia comprendente l'avv. Francesco Sgalambro, l'avv. Raimondo Bruno, il pastore Mariano Raiti, Matteo Fisicaro, l'avv. Vincenzo Consiglio Zappulla, il farmacista Giuseppe Bruno, Salvatore Leone e Filadelfo Castro, destinato a ricoprire un ruolo di primo piano nel socialismo lentinese e promotore della svolta del 1919.

Ad unanimità dei 24 presenti (su trenta consiglieri) venne rieletto sindaco (3 agosto 1914) il cav. Bugliarello, con assessori l'avv. Raimondo Bruno, l'avv. Francesco Sgalambro, l'avv. Federico De Geronimo, Alfio Magnano San Lio (effettivi), Giovanni Maschio e Giuseppe Amato (supplenti).

All'atto dell'insediamento del Consiglio Comunale i socialriformisti non nascosero la loro soddisfazione, come si vede dall'intervento di Raimondo Bruno, così com'è riportato nel verbale:

> «In questo giorno di letizia pel nostro avvento al potere, deve cessare ogni risentimento o rancore. La forza e la virtù manifestata da una larga onda di popolo ci ha reso vittoriosi ed è con questa forza e con questa virtù che dobbiamo iniziare un nuovo movimento storico nel nostro paese. Voi ricorderete sempre con rammarico i giorni trascorsi in cui scomparve ogni senso di giustizia per le sopraffazioni e le violenze di coloro che vollero sostituire ad ogni savio indirizzo amministrativo una politica a base elettorale di favoritismo. Si pensò prima ad umiliarci con lo scioglimento del Consiglio Comunale senza giustificati motivi, facendo subire al paese l'onta di un Commissario straordinario per ben sei mesi e poi procrastinata ancora per altrettanto tempo. In tutto questo lungo ed esoso periodo voi avete visto consumare dai vostri avversari, all'ombra di questa persona, gli atti più illegali, manomettendo ogni legge per raggruppare amici e clienti a scopo elettorale e, come conseguenza di tanto scempio, sperperare le finanze del Comune in favore dell'uno, come dell'altro degli adepti.
>
> ...Tutto si è permesso ed autorizzato da chi era preposto alla tutela e salvaguardia delle leggi.

...il 26 dello scorso luglio la coscienza di questo popolo volle e seppe rivendicare i suoi diritti, mettendo fine ai soprusi, alle mire partigiane, alle miserie di ogni genere».

Bruno, dopo aver respinto le illazioni tendenti a presentare il partito "popolare" di Lentini come «rivoluzionario, sovversivo od anarchico» presentò infine un ordine del giorno, approvato per acclamazione, di chiara impostazione riformista, nel quale si diceva che «...[il Consiglio Comunale] riafferma il principio della sovranità popolare, unico fattore pel raggiungimento graduale delle più alte idealità umane».

Da notare l'aggettivo "graduale" e l'importanza del momento elettorale ("unico fattore") tipici della concezione socialriformista della lotta politica.

L'avv. Sgalambro, da parte sua, non mancò di sottolineare che «la nuova Amministrazione dovendosi sollecitamente occupare della soluzione di importanti problemi, deve più specialmente interessarsi della classe dei contadini, i cui bisogni specifici, che costituiscono per essi condizione essenziale di vita, sono stati fin'oggi trascurati».

«L'Amministrazione», egli concluse, «saprà riparare a questo torto e ne assume formale impegno».

Su proposta di Vincenzo Consiglio, infine, venne inviato un telegramma di saluto all'avv. Cocuzza «per cui si combatté il 26 ottobre dell'anno scorso», per le elezioni politiche.

Mentre nel Consiglio Comunale di Lentini si celebrava il trionfo del riformismo, si apriva per l'Italia e per l'intera Europa un periodo di rivolgimenti rivoluzionari, che avrebbero cambiato l'assetto degli Stati e il corso delle vicende politiche.

Era scoppiata la prima guerra mondiale.

PARTE II: DALLA GRANDE GUERRA AL FASCISMO

Allo scoppio del conflitto europeo, destinato a diventare mondiale con l'ingresso in guerra degli USA e del Giappone, l'Italia proclamò la sua neutralità.

Mentre da alcuni gruppi politici la scelta neutralista veniva considerata come un fatto definitivo, per altri essa era solo una fase di passaggio in prospettiva dell'intervento a fianco dell'Intesa anglo-francese.

Tra i due raggruppamenti si sviluppò quindi un dibattito destinato ad avere grosse conseguenze alla fine della guerra.

Nel campo neutralista, maggioritario nel Parlamento e nel Paese, si collocavano: Giolitti e i numerosi parlamentari che a lui facevano riferimento, i quali ritenevano che la politica di neutralità avrebbe meglio garantito gli interessi dell'Italia; i cattolici, per motivi umanitari e comunque perché contrari al crollo della monarchia cattolica austro-ungarica; infine i socialisti, che scelsero questa posizione per i «supremi interessi materiali e ideali del proletariato» e che impegnarono il loro gruppo parlamentare a votare contro i crediti di guerra, «sicuri di avere fatto per sé, per il Paese e per la storia, di fronte all'Italia ed all'Internazionale il loro dovere».

Tale posizione fu tenuta, con molta coerenza, dal solo PSI fino alla fine della guerra, all'insegna dello slogan coniato dal segretario del partito Costantino Lazzari: «Né aderire né sabotare».

Nell'opposto fronte interventista si schierarono i nazionalisti, i quali, con disinvoltura, da un'iniziale posizione favorevole agli

Imperi Centrali, divennero accesi fautori dell'intervento a fianco dell'Intesa; interventisti furono pure i liberali conservatori che si richiamavano al Presidente del Consiglio Salandra; gruppi di sindacalisti rivoluzionari che avevano lasciato l'U.S.I. (Unione Sindacale Italiana) e fondato l'U.I.L. (Unione Italiana del Lavoro); pochi sbandati usciti dal movimento anarchico e dal partito socialista al seguito di Mussolini.

C'erano infine i cosiddetti interventisti democratici: radicali, repubblicani, socialriformisti. Questi gruppi vedevano l'intervento a fianco dell'Intesa come una specie di terza guerra d'indipendenza, finalizzata a completare l'unità d'Italia con Trento e Trieste e a liberare i popoli oppressi dall'Austria-Ungheria: obbiettivi, questi, assai lontani dai sogni di potenza dei nazionalisti.

Nonostante le diverse finalità, i gruppi interventisti furono uniti nell'opera di agitazione a favore dell'intervento e questa collaborazione, per così dire operativa, finì per attenuare le distanze fra di loro.

Il 24 maggio 1915 l'Italia entrò in guerra; per la prima volta, l'azione di combattive minoranze aveva avuto la meglio sull'effettiva volontà del Parlamento e del popolo.

Alla direzione del PSI non restò che emanare, per l'ultima volta, un manifesto: «Passerà questa guerra, terribile propagatrice di odio contro il sistema che l'ha permessa e voluta. Torneranno dai campi insanguinati i figli del lavoro, che la morte avrà risparmiati, con negli occhi e nell'animo la visione orrenda di tante barbarie compiute. E le conseguenze morali, politiche ed economiche di questo flagello in tutti i Paesi, nei vinti come nei vincitori, saranno nuovo e più forte incentivo alla lotta di classe. Per quei giorni noi prepareremo gli animi. Il proletariato socialista non disarma, attende!».

Alla vigilia della guerra la Sicilia si presentava come una regione sottosviluppata, in cui le attività prevalenti erano quelle agricole e il lavoro era spesso incerto e stagionale.

Ciò aveva spinto alla fine del secolo precedente molti lavoratori ad emigrare. E per questo molti strati popolari erano stati suggestionati dalla propaganda a favore della guerra di Libia del 1911-12.

Scoppiata la nuova guerra, il richiamo alle armi di numerose classi ridusse le forze lavorative agricole di circa il 50%. Ciò, unitamente alla forte siccità degli anni pre-bellici, determinò una forte diminuzione delle aree destinate alla coltivazione di frumento. Inoltre la difficoltà dei trasporti e la chiusura dei mercati esteri causò una forte diminuzione delle esportazioni che colpì tutta l'economia isolana. Nella zona del Lentinese un duro colpo venne quindi assestato alla produzione agrumaria, destinata prevalentemente all'esportazione.

Il conseguente aumento del costo della vita, e del prezzo del grano in particolare, colpì, come sempre, i ceti più deboli, quelli contadini, i quali si videro gravati da un aumento della disoccupazione e dal peggioramento dei patti agrari.

Tale stato di cose determinò una serie di agitazioni e tumulti in varie parti dell'Isola.

A Lentini, l'Amministrazione Comunale, di cui facevano parte i socialriformisti, si adoperò in ogni modo per alleviare le sofferenze della popolazione.

Nella seduta del 6 gennaio 1915 del Consiglio Comunale si registra un intervento assai illuminante sulla situazione, dell'avv. Francesco Sgalambro, così riportato nel relativo verbale:

> «Il tragico conflitto europeo, oltre i grandi disastri apportati a tutte le classi sociali, ha fatto risentire eziandio i suoi contraccolpi alle classi meno abbienti della

popolazione e più specialmente ai lavoratori, i quali si trovano stretti fra la disoccupazione e l'aumento del prezzo del grano, costituente questa una questione importantissima, di preoccupante attualità, in quantochè, pur essendo per i produttori l'attuale prezzo del grano largamente remunerativo, non si cessa da parte di essi, e soprattutto degli incettatori, di pretendere sempre ulteriori artificiosi aumenti, al fine di ottenere un ingiustificato guadagno, a tutto danno della grande generalità dei cittadini.

Ad infrenare l'ingordigia di tanti speculatori, è intervenuto opportuno e provvido il Decreto Reale del 20 dicembre 1914 col quale è data facoltà agli enti Provincia, Comuni e Camere di Commercio di riunirsi in consorzio volontario, per l'approvvigionamento e la distribuzione di cereali e farine entro le circoscrizioni provinciali.

In cotal modo gli Enti consorziati potranno contrarre dei prestiti con degli Istituti di emissione, ed il denaro mutuato servirebbe ad acquistare dai mercati esteri il fabbisogno di cereali e farina per rivenderli al pubblico ad una misura normale, e togliere così l'artificio al rialzo dei prezzi, che vorrebesi imporre dai produttori ed incettatori locali a scopo di illecito loro guadagno».

«E poiché anche il Comune di Lentini può essere ammesso per lo stesso R.o Decreto al consorzio provinciale di Siracusa, che sarà presto costituito, l'oratore stesso sig. Sgalambro propone che nell'odierna seduta questo civico consenso deliberi di aderire al Consorzio stesso per lo approvvigionamento e la distribuzione dei generi suddetti».

Il Consiglio, ad unanimità, deliberò

«di aderire, per come aderisce, al Consorzio Provinciale di Siracusa che si sta istituendo a norma del R. D. 20 dicembre 1914 per lo approvvigionamento e la distribuzione di cereali e farina entro la circoscrizione della stessa Provincia».

«In esecuzione poi dell'art. 2 del ripetuto Decreto, il sig. Presidente invita l'assemblea a procedere alla nomina di due Commissari che dovranno rappresentare il Comune di Lentini in seno al Consorzio Provinciale stesso.

Chiesta la parola il consigliere Castro propone che siano eletti a rappresentare il Comune da commissari il consigliere avv. Sgalambro Francesco, che pure degnamente riveste l'ufficio di consigliere provinciale e l'avv. Bruno Raimondo.

L'avv. Sgalambro, ringraziando il proponente del gentile pensiero, dice che accetterebbe l'incarico per non volersi sottrarre all'adempimento di un dovere patriottico che gli viene pure imposto dalla doppia carica di consigliere comunale e provinciale.

L'avv. Bruno ringrazia, a sua volta il consigliere Castro [...].

Stima però conveniente ed opportuno che la scelta di commissario sia fatta cadere in persona del capo della civica rappresentanza cav. sig. Giovanni Bugliarello».

«Eseguita la votazione si è avuto il seguente risultato.

Consiglieri presenti e votanti N° 18. Voti ottenuti dal sig. Bugliarello cav. Giovanni N° 18. Idem dal sig. Francesco Sgalambro».

Su quanto riportato si possono avanzare due considerazioni:

1) la piena assonanza tra l'ala socialriformista (Bruno) e quella moderata (Bugliarello) della maggioranza consiliare;

2) la mancanza di dissensi all'interno del gruppo del PSRI, in quanto la svolta di Castro verso il socialismo classista non è ancora maturata.

Alla fine della seduta e sempre con voto unanime, venne accolta una ulteriore proposta, la cui drammaticità è appena celata dallo stile burocratico del verbalizzante:

«Chiesta quindi nuovamente la parola il consigliere avv. Sgalambro si augura che lo Stato abbia a trovar modo, nel suo potere sovrano, di scongiurare, con nuovi provvedimenti, la fame alla generalità dei cittadini pel rialzo vertiginoso del prezzo del pane e della farina. Spera che l'opera dei Consorzi provinciali riesca allo intento desiderato; ma ove ciò non avvenga, egli crede opportuno proporre sin da ora, data la gravità del momento, di fare voti al Governo perché con un decreto-legge esso determini un prezzo massimo del grano, autorizzando nel contempo i Sindaci alla requisizione del genere verso quelli che si rifiutassero di venderlo al prezzo suddetto».

Il Governo in effetti promosse la costituzione di consorzi granari e stabilì prezzi d'imperio, ma con scarsi risultati, perché spesso i grossi produttori riuscivano ad eludere la requisizione e a vendere il prodotto a prezzi di mercato nero.

Astuti accaparratori incettavano, inoltre, il grano dei piccoli coltivatori e gli uni e gli altri investivano il denaro guadagnato nell'acquisto di terre, andando così a costituire un ceto di piccoli e medi proprietari, destinato a diventare forza di sostegno del conservatorismo, quando non addirittura simpatizzante di posizioni reazionarie.

Mentre a Lentini continuavano (e continueranno per tutto il corso della guerra) le agitazioni contadine, le posizioni dei socialriformisti tendevano ad amalgamarsi sempre più con quelle degli altri gruppi interventisti, a cui li accomunava un sentimento patriottico che potrebbe definirsi di ispirazione mazziniana. Ma il loro atteggiamento favorevole allo sforzo bellico li portò a un distacco sempre più grande coi sentimenti, che via via si facevano strada nella popolazione, di ostilità verso la guerra e le carneficine e la miseria che essa portava con sé.

E qualche dubbio cominciava ad insinuarsi anche nella mente di qualche dirigente, come ad esempio Filadelfo Castro; dubbio che si tramuterà in aperto atteggiamento critico poco dopo la fine della guerra, quando tutte le contraddizioni esploderanno.

Intanto, a dimostrare i sentimenti che animavano l'Amministrazione lentinese, nella seduta del Consiglio Comunale del 29 giugno 1915, a poco più di un mese dall'ingresso in guerra dell'Italia, veniva commemorato Guglielmo Oberdan, simbolo di appassionato patriottismo e di senso del sacrificio.

Si capisce, anche leggendo il resoconto ufficiale, come tutta l'assemblea vibrasse della stessa commozione patriottica, in un'unità di intenti che sembrava aver cancellato ogni differenza tra i vecchi pionieri del socialismo lentinese, ormai socialriformisti, e gli altri e come la lotta di classe, prima ampiamente praticata, ora sembrasse un ricordo lontano dissolto nell'immensa tragedia della guerra.

In quell'occasione il sindaco Bugliarello così si rivolgeva ai consiglieri:

> «Il conflitto europeo, nel quale l'Italia ha dovuto per necessità intervenire, ha fatto rievocare nella mente di tutti gli Italiani le nobili figure di quei grandi Patrioti che col pensiero e con le opere si sacrificarono e subirono

martiri per ottenere la realizzazione di quei sublimi ideali che avrebbero reso libera la Patria nostra, non solo, ma ben pure le Nazioni ed i popoli soggetti a domini stranieri ed a prepotenze dei despoti regnanti.

Quei grandi, quegli eroi prepararono l'avvenire che oggi ha il suo compimento.

L'Austria, contro cui si combatte fu secolare nemica della nostra patria; essa, con la prigionia, con la fucilazione e con la forza non lasciò occasione per reprimere qualunque sentimento ed ogni manifestazione di Italianità, minacciando l'invasione delle nostre province a lei strappate con l'eroismo della nostra gioventù.

L'ultimo sacrificato, perché sentiva ardentissimamente l'amor di Patria e più ardente ancora l'odio contro l'Austria, fu un nostro fratello: Guglielmo Oberdan, il quale pagò con l'esecrato capestro austriaco i suoi sogni purissimi, le sue visioni più lucide, i suoi sentimenti più umani, che, innati in lui, si erano pure sviluppati alla scuola del grande filosofo pensatore Mazzini.

Oggi, che stanno per realizzarsi i suoi sogni [a lui...] che poco prima della sua impiccagione chiuse il suo testamento politico con queste fatidiche parole: "Fratelli d'Italia! Vendicate Trieste e vendicatemi!", oggi [quando] la figura di quel grande, che ci additò la via del sacrificio e del martirio, appare più fulgida e più gigantesca di prima; oggi, che per mezzo dei valorosi suoi figli, l'Italia tutta in un sol pensiero unita, ammirata dal mondo e guidata dal Glorioso Monarca, degno erede della Casa Savoia che ha dato sempre prove di amare l'Italia con l'esempio delle sue virtù civili e militari; oggi che essa si è accinta alle rivendicazioni, è bene, è doveroso che a quel Santo Martire, questa Terra di Lentini, che mai fu seconda a

> nessun altra, quando si trattò di abbattere tirannidi e oppressori, non potendo elevare un monumento, come segno perenne di ammirazione e di gratitudine, mantenga qui in altro modo sempre vivo e imperituro il ricordo di lui.
>
> Propongo pertanto, che, da quinci innanzi, la via che porta il nome delle Fontanelle sia battezzata col titolo di Guglielmo Oberdan.
>
> È l'onoranza più degna che possiamo rendere alla sua memoria, sempre terrore dei tiranni, ammonimento per noi!».

Il consigliere ing. Gesualdo Angelico, pur accogliendo l'invito del sindaco, propose un emendamento, osservando che «la via Fontanelle che si propone a Lui intitolare è una via secondaria. C'è invece la Piazza Senatori in costruzione, giusta il progetto dell'ing. Gaetano Consiglio, la quale per la sua ottima ubicazione e per il modo di come sarà sistemata, sarà uno dei migliori ritrovi del paese. Ora per degnamente ricordare la memoria del Grande Martire, il quale per i suoi alti sentimenti di amore e devozione verso l'Italia, ebbe troncata dall'ignominoso capestro austriaco la preziosa giovanissima esistenza» è opportuno, continuò Angelico, «che tale piazza porti il nome di Lui, con l'augurio che il nostro Glorioso Esercito», a cui l'oratore mandò un riverente ed affettuoso saluto, «saprà vendicarlo e completarne quanto prima l'apoteosi, con lo strappare all'Austria grifagna le nostre terre irredente e fare sventolare sulla cima di San Giusto, in Trieste italiana, il suo Vessillo tricolore».

Nel successivo intervento di Vincenzo Consiglio si può notare come le posizioni dei socialriformisti si erano fatte sempre più lontane della istanze internazionaliste del PSI, convergendo invece pienamente con l'interventismo bissolatiano.

«Chiesta la parola l'avv. Consiglio Zappulla si associa a quanto bellamente hanno espresso il sig. Presidente ed il consigliere ing. Angelico, la cui proposta emendativa avrà, senza dubbio, il consenso unanime dell'assemblea.

In questa lieta occasione egli declina i nomi dei tre consiglieri assenti da quest'aula: Sebastiano Scatà di Carmelo, dott. Benedetto Signorelli fu Saverio e Pisano farm. Giovanni di Antonio, perché accorrenti alla riconquista delle terre tuttora oppresse dallo straniero. Un sentimento di simpatia esprime per essi come pure all'indirizzo della Presidenza rappresentata dal Sindaco cav. Giovanni Bugliarello, orgoglioso per aver visto tutti e tre i suoi figli amatissimi dipartirsi da Lui col sorriso sulle labbra, con fervore entusiastico e con la sicurezza di tornare a riabbracciarlo, dopo aver compiuto ciascuno il proprio dovere, splendido di vittoria e di gloria.

Vada dunque, dice l'oratore, a questi baldi giovani e ai tre consiglieri del Comune il saluto del Consiglio, con il fervido augurio di esser loro effettivamente preziosa la fortuna delle armi, per ottenere il trionfo del buon diritto dell'Italia e la giustizia per tutti».

«Il Consiglio con entusiasmo approva per acclamazione» sicché il sindaco poteva dichiarare che, «da oggi innanzi l'attuale Piazza dei Senatori porterà la denominazione Piazza Guglielmo Oberdan».

Considerazioni politiche a parte, piace rilevare all'autore di queste note come l'intitolazione di vie e piazze cittadine a seconda del particolare momento storico sia stata caratteristica delle varie amministrazioni lentinesi (e probabilmente non solo di esse) di diversi colori ed epoche, come a voler lasciare un messaggio visibile e permanente ai cittadini per ricordare loro in che direzione spirava il vento della storia.

Il 15 gennaio 1916 il sindaco Bugliarello si dimise e il Consiglio ne prese atto con 14 voti e 1 astenuto.

Al suo posto, il successivo 29 gennaio, venne eletto con 19 voti su 20 (essendosi l'interessato astenuto) l'ing. Gesualdo Angelico, il quale, dopo aver dichiarato di far proprio il programma del suo predecessore, mandò un saluto all'avv. Bugliarello e ai suoi tre figli, ufficiali dell'esercito, «giovani baldi e coraggiosi, i quali in atto corrono incontro al cimento per la grandezza e la vittoria della Patria».

La Giunta comunale (a partecipazione socialriformista) rimase immutata.

Con lo stesso linguaggio altisonante, il nuovo sindaco il 24 febbraio 1916 espose al Consiglio Comunale:

> «Fra lo strepito di tante battaglie incombenti sull'umanità e che agitano e sconvolgono gli Stati, si novera gran numero dei conterranei nostri, figli e fratelli valorosamente caduti sul campo della gloria avendo fatto olocausto di sé per la più grande Italia e per la civiltà.
>
> Spetta quindi ai superstiti onorare con umanità di sentimento e grande fervore di commozione questi cari perduti che rappresentano il sacrificio dell'eroismo più puro per altissima idealità.
>
> Perpeturarne la memoria costituirà il pegno più prezioso dell'ammirazione e riconoscenza patria e sarà di esempio e di emulazione ai superstiti e di incitamento alla gioventù del nuovo Risorgimento italico».

Propose quindi di erigere «un perenne ricordo marmoreo», al cimitero con «scolpito il nome di ogni eroe leontino».

Il consiglio adottò la proposta per acclamazione.

Non una parola fu pronunciata di condanna e di critica, sia pure larvata, per la guerra causa di tanti lutti anche a Lentini (213 morti, 214 mutilati e 55 invalidi).

Il sentimento patriottico tutto concentrato sullo sforzo bellico sembrava dominare su tutto, anche a livello nazionale, mentre il PSI, isolato da tutte le altre forze politiche, era impegnato, in tutte le sue componenti, nella lotta per la pace, promuovendo il convegno internazionale di Zimmerwald in Svizzera (5/8 settembre 1915), a cui seguì quello di Kienthal (3 aprile 1916) fra tutti i socialisti ostili alla guerra, dei Paesi belligeranti e non, in cui venne lanciato un manifesto «ai popoli che la guerra rovina e uccide».

Il 22 luglio 1916 si ebbe ancora una presa di posizione patriottica del Consiglio Comunale di Lentini. E forse perché essa traeva spunto dalla recente impiccagione, ad opera degli austriaci, del socialista irredentista Cesare Battisti, a prendere la parola fu l'avv. Vincenzo Consiglio Zappulla, «esprimendo sentimenti di vivo dolore e di ammirazione per l'Eroe Alpino Cesare Battisti, il deputato di Trento, che la ferocia austriaca il giorno 12 di questo mese ha voluto impiccare morto!».[31]

> «Così la casa Asburgo ha illuminato il suo tramonto con la luce sanguigna del martirio di questo Apostolo di redenzione, sol perché reo di italianità».

---

31 Cesare Battisti (1875-1916), italiano suddito dell'impero austriaco, deputato socialista di Trento, giornalista e geografo, patriota iredentista, allo scoppio della guerra si arruolò nell'esercito italiano (Alpini). Catturato dagli austriaci e accusato di „alto tradimento" fu condannato all'impiccagione. Quando il carnefice gli infilò al collo il laccio, questo si spezzò e l'impiccagione dovette essere ripetuta con una nuova corda: ma intanto le vertebre cervicali erano già state spezzate e dunque Battisti, presumibilmente, quando lo impiccarono con la seconda corda, era già morto!

Vincenzo Consiglio propose pertanto, «come a protesta e degna risposta» che «la piazza Savonarola di questo abitato sia intitolata da oggi col nome di "Cesare Battisti" e che infine, a nome della rappresentanza comunale fosse inviato un telegramma di condoglianze alla Illustre Consorte del Grande Martire».

Il Consiglio ancora una volta approvò per acclamazione.

In quella seduta era assente Filadelfo Castro, perché «militare in servizio», il quale ricomparirà in quella del 25 ottobre 1916 e nelle successive. Dato che i mesi di assenza per servizio militare risultano essere stati solo tre, si può avanzare l'ipotesi che egli sia stato ferito e per questo congedato.

Il 26 settembre 1916 improvvisamente morì il sindaco Angelico e il funerale fu fatto a spese del Comune.

Il 26 novembre 1916 il Consiglio Comunale, sotto la presidenza dell'assessore Francesco Sgalambro prese atto delle dimissioni dell'avv. Raimondo Bruno, al cui posto venne eletto, con 12 voti su tredici presenti, essendosi l'interessato astenuto, l'avv. Vincenzo Consiglio Zappulla.

Alla suprema carica, e ad unanimità, venne eletto l'avv. Bruno.

Per la prima volta, dunque, i socialriformisti, che fino ad allora avevano goduto del sostegno delle masse, assurgevano ai vertici del potere comunale. Tuttavia l'episodio non ebbe il sapore di una svolta, se si considera che fu lo stesso Bruno ad invocare la continuità, programmatica e d'azione, con i suoi due predecessori e con la coalizione che li sosteneva e che egli definiva «partito popolare».

Dalle sue parole si nota il grande impegno civile e democratico dell'uomo, ma anche la sua completa acquisizione alle posizioni degli interventisti, sia pure democratici.

Suona quindi un po' anomalo il suo richiamo a Filippo Turati, che certo interventista non fu:

> «Vivissimi ringraziamenti porgo a Voi Colleghi egregi, per la indulgente stima che vi siete compiaciuti manifestarmi, elevandomi all'alta carica di Sindaco del Comune.
>
> Ho titubato molto ad accettare l'onorifica carica, non per esimermi dalle gravissime responsabilità che in quest'ora tragica investono il posto assegnatomi, ma perché, ultimo tra voi, non sento di possedere i meriti e l'autorità che si richiedono per coprire l'altissimo posto di Capo dell'Amministrazione del nostro importante Comune.
>
> Ma alle vostre affettuose insistenze non ho saputo ribellarmi e, come per rispondere a un dovere militare, con tutto il bagaglio delle mie idee e dei miei principi immutabili, lungi da ogni pregiudiziale formalistica, ormai sorpassata, ho accettato il posto di prima linea assegnatomi, animato dal grande amore e dalla volontà di servire il Paese.
>
> All'arduo compito certamente sono impari le mie forze ed è perciò che confido troppo nell'ausilio vostro e nella cooperazione efficace dei colleghi della Giunta per riuscire alla retta gestione del Comune.
>
> Non programmi, non promesse altisonanti espongo a voi, mentre l'ora che volge reclama opere e non parole vane.
>
> L'indirizzo amministrativo da seguire è quello stesso che venne annunziato e spiegato alla cittadinanza dai partiti popolari, di cui noi siamo emanazione diretta, nelle ultime elezioni generali amministrative, indirizzo, malgrado le difficoltà dell'ora presente, in gran parte mantenuto ed attuato dai predecessori; dall'egregio cav. Giovanni Bugliarello e dal compianto ing. Gesualdo Angelico.

Permettete intanto che un grato e riverente saluto rivolga al cav. Bugliarello, che per il primo assunse la responsabilità del potere nel nome dei partiti popolari, all'inizio quasi del conflitto europeo e mentre l'Italia vi intervenne per la difesa della libertà e del diritto violato e per la sacra rivendicazione delle sue sante aspirazioni nazionali e consentitemi altresì che rivolga il pensiero alla memoria del carissimo ingegnere Angelico, di cui sento aleggiare in quest'aula lo spirito eletto per indirizzarci alla correttezza amministrativa e al grande amore per lo sviluppo civile e morale della nostra amata città.

Le benemerenze civili dell'ing. Angelico, di cui mi onoro di aver meritato la stima, non cercherò di rievocare in quest'ora, in cui avete voluto chiamarmi immeritatamente a sostituirlo nell'alta carica.

Mentre infuria l'immane conflitto europeo, sconvolgendo la vita delle Nazioni, rivoluzionandone l'economia, i rapporti civili politici e finanziari, i Comuni sono chiamati a svolgere altissime funzioni sociali, a fronteggiare problemi ardui per lo sviluppo e l'assistenza delle popolazioni civili, travagliate da crisi e da difficoltà di ogni genere. Egli è proprio in questo momento che ascendo il Calvario del potere, animato dalla buona volontà di riuscire alla bisogna, per quanto le mie forze consentono.

Seguendo le orme dei miei predecessori, cercherò di compiere tutto il mio dovere e, riportandomi col pensiero dinnanzi alla tomba del compianto Sindaco ing. Angelico, che un vuoto incolmabile lasciò nelle serrate file del nostro partito, termino rievocando il grido di fede che Filippo Turati emise sulla tomba del grande Cavallotti: "Torniamo al lavoro"».

Parole di solidarietà e di apprezzamento vennero pronunziate all'indirizzo del neo sindaco da Vincenzo Consiglio Zappulla.

Ma l'attività del primo cittadino sarà breve, perché nell'estate del 1917 egli sarà chiamato alle armi e tornerà solo dopo la fine della guerra, nel 1919, in seguito alla smobilitazione effettuata il 7 marzo 1919, per riassumere le sue funzioni.

In sua assenza lo sostituirà il prosindaco avv. Francesco Sgalambro.

E sarà lo stesso avv. Sgalambro a tenere, davanti al Consiglio Comunale, il 24 novembre 1918, pochi giorni dopo la fine della guerra, che era costata all'Italia 600.000 morti (di cui 50.000 siciliani) e un milione e mezzo di mutilati e invalidi, un discorso in cui il prosindaco dimostra di meritare pienamente la sua fama di uomo di vasta cultura e di grande oratore.

Nel discorso, vibrante di passione patriottica, si attacca a fondo l'imperialismo tedesco; ma i sentimenti che animano Sgalambro appaiono piuttosto lontani da quelli delle masse, straziate nel corpo e nell'anima dalla grande carneficina e desiderose di riscatto civile e morale.

All'indomani della Grande Guerra, la situazione politica in provincia di Siracusa, come del resto in tutta la Sicilia, era caratterizzata da una molto scarsa corrispondenza tra cariche istituzionali e nuova realtà sociale.

I sei deputati della provincia erano tutti liberali di varia gradazione; solo pochi Comuni, tra cui Lentini, erano amministrati da partiti "popolari" (moderati più socialriformisti), i quali avevano pochi rappresentanti nel onsiglio Provinciale eletto nel 1914, e fra di essi i lentinesi Vincenzo onsiglio e Francesco Sgalambro.

Alla base la situazione era invece in movimento: si attivavano gruppi cattolici che, sotto l'impulso del sacerdote don Luigi Sturzo, cominciavano a costituire le prime sezioni del PPI, sorgevano Circoli Nazionalisti e Associazioni Combattenti.

Le masse contadine ed operaie e notevoli settori della piccola borghesia erano controllati prevalentemente dal PSRI che, contrariamente al resto d'Italia, in Sicilia era un partito di massa, grazie ai suoi prestigiosi dirigenti, quali ad esempio Giuseppe De Felice (morto però nel 1914) e Luigi Macchi di Catania, Luigi Leone ed Eduardo Di Giovanni di Siracusa.

E proprio la provincia di Siracusa era caratterizzata da una forte presenza socialriformista, i cui capi erano stati i promotori dei Fasci dei Lavoratori e della ripresa socialista degli inizi del Novecento ed avevano combattuto contro il dominio oligarchico di poche famiglie nelle realtà locali, senza indulgere a compromessi.

Ma quando il grosso del gruppo dirigente cedette all'interventismo, con posizioni a volte non distinguibili da quelle dei nazionalisti, spostando l'accento del proprio impegno politico dai temi sociali a quelli patriottici, cominciò il distacco delle grandi masse. Ciò avvenne anche per altri convergenti fattori.

Primo fra tutti il grande fascino che la Rivoluzione Russa esercitava su di esse, suggestionate dal mito di Lenin che, per la prima volta nella storia, aveva portato il proletariato al potere.

In secondo luogo le promesse governative sul tema della terra, fatte ai combattenti contadini durante la guerra, che non avevano trovato riscontri concreti alla fine del conflitto; il che era causa di profonde delusioni.

Ed infine la propaganda del PSI, in Sicilia ormai ridotto a ben poca cosa (nel 1918 in tutta l'isola contava appena 531 iscritti).

Nel Siracusano l'azione del PSI per la conquista delle masse cominciò ai primi del 1919; i suoi dirigenti si misero alla testa del movimento per l'occupazione delle terre incolte, proponendo una gestione in cooperativa delle terre, come primo passo verso l'esproprio e la socializzazione di esse. Si sviluppava nello stesso periodo anche l'agitazione per il miglioramento dei salari e contro il caroviveri.

A Lentini l'azione per la conquista delle masse al socialismo classista fu iniziata nella primavera del 1919 da Sebastiano Nipitella e soprattutto da Filadelfo Castro (1-1-1884/10-3-1963)[32].

Quest'ultimo il 29 aprile 1919 si dimise da consigliere comunale, seguito il 2 maggio 1919 da Matteo Fisicaro, «per divergenze politiche con la Giunta Municipale». Delle dimissioni il Consiglio Comunale prese atto il 26-5-1919.

Di quale divergenze si trattasse si intuisce dalle attività che il Castro svolgeva in questo periodo quale presidente della cooperativa "Il Lavoro" (costituita il 12 giugno 1905), quale organizzatore socialista e leader del movimento contadino.

Il 13 luglio 1919 si riunì la Giunta a guida socialriformista, per prendere atto, con correttezza e dignità, ma anche con realismo, del mutato clima sociale e soprattutto dell'orientamento socialista di sempre più larga parte del proletariato lentinese.

> «Il Sindaco riferisce che con raccomandata del 12 c.m. sono state trasmesse al signor Prefetto della Provincia le seguenti dimissioni motivate:
>
> "Ill.mo signor Prefetto della Provincia di Siracusa.
>
> I sottoscritti componenti della Giunta Municipale e della maggioranza consigliare di Lentini.
>
> Premesso che dal lato amministrativo nessuna incertezza od incapacità durante i cinque anni che hanno retto il nostro Massimo Potere locale, hanno indebolito od esautorato la propria compagine e che essi hanno risolto

---

[32] Per una biografia di F. Castro vedi *Filadelfo Castro, una vita socialista* di Ferdinando Leonzio, pubblicato nel novembre 2004 a cura del Kiwanis Club di Lentini.

varii tra i più importanti problemi cittadini che costituirono il loro programma nelle elezioni del 26 luglio 1914, mentre per altri di cui sono pur pronte le pratiche, ha dovuto essere sospesa l'esecuzione per il sopraggiungere ed il prolungarsi della guerra e delle sue disastrose conseguenze;

Premesso altresì che essi hanno con fermezza ed energia fronteggiato ed assolto i difficilissimi compiti cui sono stati chiamati i Comuni durante la guerra, quali quelli della multiforme assistenza alle famiglie dei militari e dell'approvvigionamento delle popolazioni e che ora con pari coraggio [hanno] risolto le non meno gravi questioni poste dal dopoguerra, quali quelle degli aumenti degli stipendi agli impiegati e salariati comunali, della formazione del Bilancio ed ora delle agitazioni popolari contro il soffocante caro-vivere;

Ritenuto d'altro canto che le mutate condizioni della vita pubblica dovute alle nuove correnti e situazioni politiche createsi in seguito al grande sconvolgimento di cose, di idee e di coscienze prodottasi con l'immane conflagrazione fra tutti i popoli del mondo, rendevano forse non più possibile per l'avvenire quella coalizione democratica che le aveva condotto al potere; ma che una parte delle organizzazioni proletarie socialiste che avevano in detta coalizione mandato i propri rappresentanti non ha creduto attendere che la situazione municipale che essa stessa aveva contribuito a creare avesse avuto la sua liquidazione naturale alle prossime elezioni ed ha deliberato sin da ora la tattica intransigente rendendo così insostenibile la posizione del gruppo consiliare socialista, che ha pertanto deciso ritirarsi subito dal potere;

Ritenuto che questa decisione è stata seguita per debito di doverosa solidarietà dai rappresentanti in Consiglio delle altre frazioni democratiche che [hanno] costituito il partito, cui il corpo elettorale di Lentini, col luglio 1914, affidò le sorti del Municipio, i quali rappresentanti non avrebbero consentito di conservare la loro carica senza noi loro compagnia, con cui hanno con sì perfetta unità d'intenti e di propositi condiviso gli entusiasmi, le ansie e le preoccupazioni del nostro potere municipale in questi dolorosi e travagliati anni, in cui nessun senno e capacità di uomini politici poteva riuscire a soddisfare i bisogni e lenire le sofferenze di una popolazione colpita profondamente nei propri più vitali affetti ed interessi dalla guerra che chiamava al fronte tutti i propri figli e sconvolgeva tutte le economie domestiche.

Per tali ragioni:

decidono di dimettersi insieme dalle cariche loro conferire di Sindaco, assessori e consiglieri, sicuri che il paese apprezzerà questo atto di correttezza politica che permetterà alle nuove correnti createsi nella nostra vita pubblica di orientarsi e coordinarsi più liberamente in attesa di future lotte sia elettorali che di altro genere, cui la cittadinanza sarà chiamata nell'imminente avvenire..."».

La lettera al Prefetto era stata firmata da Raimondo Bruno, Francesco Sgalambro, Federico De Geronimo, Giovanni Maschio, Giuseppe Brunno, Riccardo Sgalambro, Giuseppe Amato, Vincenzo Consiglio, Nunzio Formica, Giuseppe Giudice, Alfio Amato, Francesco Sferrazzo, Alfio Tirrò, Alfio Magnano San Lio, Salvatore Leone, Mariano Raiti e Sebastiano Scatà.

La Giunta rimase in carica per l'ordinaria amministrazione, in attesa della nomina del Commissario ed informò la cittadinanza delle sue decisioni con un pubblico manifesto.

Uscivano, così, in punta di piedi, dalla scena politica, i padri fondatori del socialismo lentinese, figli di un'altra epoca, disorientati dalla realtà del dopoguerra, ribollente di nuovi fermenti e proiettata verso un futuro lontano dalla loro mentalità.

E calava anche il sipario su un'esperienza di collaborazione che, se aveva dato buoni frutti sul piano amministrativo, non aveva saputo interpretare i sentimenti ostili della popolazione lentinese nei confronti di una guerra, di cui invece si erano solo sottolineate le presunte finalità patriottiche. Si era indugiato su tematiche lontane dalle masse popolari, tragicamente colpite dal conflitto e ormai attratte da chi la guerra l'aveva avversata dal primo momento.

Nello stesso anno 1919 venne costituita a Lentini l'Associazione proletaria reduci di guerra, gravitante intorno al PSI e fiancheggiatrice di Castro nella ricostruzione del partito.

In effetti la propaganda del PSI a Lentini cominciava a fare sempre più presa fra le masse, malcontente per l'incapacità o la non volontà del Governo di fronteggiare l'aumento del costo della vita, per l'inadeguatezza dei salari, per la mancata assegnazione delle terre incolte.

A dare maggiore impulso all'azione socialista in Sicilia, la Direzione del PSI inviò nell'isola, sempre nel 1919, una giovane agitatrice, ardente di fede, oratrice calda e appassionata, che ben presto si sarebbe conquistata l'affetto delle masse proletarie, su cui esercitava un vero e proprio fascino.

Si trattava di Maria Giudice, nata a Cadevilla (Voghera) il 27 aprile 1880.

Essa aveva aderito giovanissima al PSI, cui rimase fedele fino alla morte. Maestra elementare, era stata segretaria della Camera del Lavoro di Voghera (1902) e di Borgo San Donnino (1903), dove aveva anche svolto attività giornalistica in fogli di propaganda politica. Spostatasi successivamente a Pavia e quindi in provincia di Novara, aveva collaborato al giornale "La difesa delle lavoratrici". Militante nella corrente intransigente del partito era diventata amica delle due più famose socialiste operanti in Italia, Angelica Balabanoff e Anna Kuliscioff, ed aveva partecipato a vari congressi nazionali. Allo scoppio della guerra si era schierata con grande coerenza su posizioni antimilitaristiche ed aveva diretto il giornale "La Campana socialista". Divenuta successivamente segretaria della Federazione provinciale di Torino, era stata arrestata, nel 1916, insieme al giovane Umberto Terracini, per aver denunciato il carattere imperialista della guerra. Nel 1917 aveva partecipato ai moti popolari di Torino per cui era stata condannata dal Tribunale Militare a tre anni e un mese ed era uscita dal carcere solo alla fine della guerra, riprendendo subito la sua attività propagandistica prima in Romagna e quindi in Sicilia.

Quando il fascismo prenderà il potere sarà arrestata e incarcerata più volte per antifascismo. Morirà a Roma il 5 febbraio 1953.

La sua attività nel 1919 ebbe particolare ripercussione nel Lentinese.

Nel luglio di quell'anno a Lentini venne fondata una sezione giovanile del PSI e il 13 vi si tenne un convegno delle leghe contadine della provincia, a conclusione del quale venne approvato un ordine del giorno di condanna della guerra, oltre che di richiesta di requisizione del latifondo e della giornata lavorativa di otto ore.

Dal convegno scaturì anche un comitato provinciale, in cui Lentini venne rappresentata da Filadelfo Castro.

La scelta socialista a favore del cooperativismo agricolo si avvalse per il suo sviluppo concreto dello spirito di sacrificio dei pochi che potevano vantare una esperienza in questo campo, fra cui il lentinese Francesco Marino, che era stato ed era non solo il tecnico, ma anche il motore propulsivo della cooperativa *Il Lavoro*, che aveva Castro come presidente.

Marino, impadronitosi della materia, saprà difendere con tenacia e incisività le aspirazioni dei contadini, che intanto aderivano alla cooperativa in sempre maggior numero (circa 2200 nel 1921).

Nell'agosto del '19 si tenne a Lentini un convegno provinciale di rappresentanti dei lavoratori della terra, a cui partecipò Castro, e un altro ebbe luogo nel successivo ottobre a Siracusa, a cui partecipò Marino.

In essi si parlò dell'organizzazione proletaria nella provincia, di un programma di lavoro per le rivendicazioni e, in particolare, dell'applicazione del decreto-legge 12-2-1918, che riconosceva il diritto dei lavoratori agricoli alle terre incolte.

Cominciò quindi a crescere l'agitazione dei braccianti affamati, che seppero muoversi con compattezza per l'imponibile di manodopera e per l'occupazione dei latifondi.

A Lentini le prime occupazioni di terre, nell'ottobre '19, coinvolsero le proprietà del senatore Beneventano.

Il barone, indignato, indirizzò, il 13 ottobre 1919, una lettera di protesta al Ministro degli Interni per chiedere provvedimenti contro quelli che considerava «reati contro le persone e la proprietà, società criminose sotto parvenze di cooperative, anarchiche» e coloro che «fatti audaci, oggi pretendono acquistare perfino la proprietà dei terreni anche coltivati intensamente, propugnando l'enfiteusi obbligatoria per canoni derisorii», sobillati da propagandisti che «impunemente incitano gli animi all'odio di classe e preparano la rivoluzione».

Sollecitava, quindi, gli «opportuni provvedimenti preventivi», «come avvenne nel 1894 quando alla vigilia della rivoluzione fu dichiarato lo stato d'assedio, lo scioglimento dei Fasci e l'arresto dei propagandisti».

Concludeva sperando che il ministro sapesse «colpire i pochissimi, che, certamente prezzolati complici dei nemici della nostra patria, servono mirabilmente a favorire le mal celate loro finalità»[33].

Il tecnico inviato dal Prefetto diede ragione al barone sostenendo che i terreni occupati non erano incolti o mal coltivati e i contadini della lega dovettero sgomberarli[34].

Intanto il quadro politico nazionale era in forte movimento.

Al governo Boselli era succeduto, il 30-10-1917, il Ministero di coalizione presieduto da Vittorio Emanuele Orlando, che si dimetterà il 20-6-1919, indebolito dal precedente disimpegno di Bissolati, contrario all'annessione di terre prevalentemente abitate da popolazioni non italiane.

Al Ministero Orlando subentrò il Governo formato da Francesco Saverio Nitti, attestato su posizioni democratiche e comunque diverse da quelle della borghesia interventista e per questo fu avversato dalla destra nazionalista e fascista, oltre che dai socialisti, fermi nella loro politica di intransigente opposizione ad ogni frazione della borghesia.

Il 18 gennaio 1919 era stato fondato da un Comitato composto dal sacerdote caltagironese don Luigi Sturzo, da Achille Grandi, Giovanbattista Bertoni, Stefano Cavazzoni ed altri il Partito Popolare Italiano (PPI), con un appello «a tutti gli uomini liberi e forti» e con un programma che comprendeva la tutela della famiglia, la libertà di insegnamento, l'autonomia degli enti locali, la legge elettorale proporzionale, l'indipendenza della Chiesa, la difesa della piccola proprietà contadina e la colonizzazione del latifondo.

Segretario ne era divenuto don Luigi Sturzo.

---

33 A. Curcio, cit., pag. 215 ss.
34 A. Curcio, cit., pag. 222.

Il successivo 23 marzo, nella famosa adunata di Piazza San Sepolcro a Milano, Benito Mussolini, espulso nel 1914 dal PSI per il suo voltafaccia interventista, aveva fondato i Fasci di Combattimento, con un programma che sarà presto buttato alle ortiche e che si potrebbe considerare di sinistra: Costituente, Repubblica, autonomie locali, suffragio universale per ambo i sessi, abolizione del Senato, dei titoli nobiliari, della polizia politica, della coscrizione obbligatoria e della diplomazia segreta, otto ore lavorative, terra ai contadini, disarmo generale.

Con tutto questo però contrastavano le rivendicazioni imperialiste e la lotta a fondo contro i socialisti.

Il primo frutto di tale avversione si ebbe il 15 aprile successivo, quando una colonna fascista, piombandovi improvvisamente, appiccò il fuoco alla sede dell'*Avanti!* di Milano.

Il 9 agosto 1919 il Parlamento approvò la nuova legge elettorale politica, che aboliva i collegi uninominali e introduceva quelli provinciali con scrutinio di lista, ed estendeva il diritto di voto a tutti i cittadini maschi dal 21° anno di età.

Le nuove elezioni vennero indette per il successivo 16 novembre.

In questa prospettiva tutti i partiti cominciarono a prepararsi e a rafforzare la propria organizzazione.

In Sicilia, verso il PSI, unico coerente avversario della odiata guerra, affluivano contadini, operai ed artigiani, che lasciavano le organizzazioni egemonizzate dai socialriformisti, attirati dalla politica del PSI, incentrata sugli interessi delle masse lavoratrici, e sollecitati dall'intensa attività dei dirigenti socialisti come ad esempio l'avv. Francesco Lo Sardo e il prof. Concetto Marchesi a Messina, Maria Giudice e gli avvocati Giuseppe Sapienza e Luigi Castiglione a Catania.

In provincia di Siracusa lo sviluppo del PSI fu notevole, grazie alla propaganda di uomini come l'avv. Salvatore Molè di Vittoria, il pastore evangelico Lucio Schirò di Scicli, i giovani Ettore Di Silvestro, Giacomo Drago ed Enrico Giansiracusa di Siracusa.

Si costituirono sezioni giovanili di estrema sinistra socialista a Carlentini e Lentini, dove assai penetrante si dimostrava l'azione di Filadelfo Castro, autodidatta e pittore di carretti[35].

Il 16 e il 17 agosto si tenne a Vittoria il primo Convegno Provinciale del PSI dopo la guerra; si decise di potenziare l'organizzazione e la stampa «considerato che è necessario in questa provincia, dove le masse non l'hanno sentito o l'hanno sentito debolmente la parola socialista classista rivoluzionaria», per dare «maggiore impulso e vitalità al movimento socialista intransigente massimalista»[36].

Nell'occasione venne costituita la Federazione provinciale socialista, con segretario Angelo Troina (Vittoria) e componenti Filadelfo Castro (Lentini), Carmelo Bellia (Ragusa), Peppino Di Vita (Comiso), Lucio Schirò (Scicli) e Giovanni Nifosi (Modica).

Successivamente venne definita la lista siracusana del PSI che comprendeva sei candidati: Filadelfo Castro, Salvatore Molè, Lucio Schirò, Peppino Di Vita, Carlo Muccio e Vincenzo Vacirca, che, rientrato dall'estero, dove si era recato per sfuggire a condanne politiche, era stato arrestato a Modica, per cui la sua era una candidatura di protesta. Sarà poi eletto nel collegio di Bologna.

Era attivo a Lentini, nello stesso periodo, un piccolo gruppo di anarchici, militanti nelle organizzazioni sindacali socialiste e capeggiati dallo spaccapietre Francesco Martinez, il quale sarà

---

35 Il carretto siciliano, trainato da un cavallo e adibito al trasporto merci, usato in Sicilia nell' '800 e nella prima metà del '900, cioé fino alla motorizzazione dei trasporti, era spesso adornato da splendide decorazioni pittoriche dai vivaci colori.

36 G. Micciché *Riformismo e Massimalismo ecc.* in *Movimento operaio esocialista*, n° 21/1966, pag. 139.

anche il gerente responsabile dell'organo degli anarchici siciliani *Il seme anarchico*, pubblicato dal 14-8-1921 al 12-3-1922[37].

Per quanto riguarda i socialriformisti del PSRI essi si riunirono a Siracusa, insieme ai radicali e ai democratico-sociali una prima volta il 31 agosto 1919 e quindi il 21 e il 22 ottobre seguenti per definire le candidature.

La lista risultò composta da Edoardo Di Giovanni (Siracusa), Lorenzo Cocuzza (Francofonte), Saverio Pollara (Modica), Salvatore Carfì (Vittoria) e Antonino D'Agata (Avola).

Quest'ultimo, eletto deputato, nel maggio 1920, rimetterà tessera del partito e mandato parlamentare alla Direzione del PSRI e chiederà l'iscrizione al PSI.

I liberali presentarono gli onorevoli Enrico Giacarà e Giovanni Cartia, oltre a Giuseppe Fiammingo, Emanuele Finocchiaro Aprile, Giuseppe Moscatello e Corrado Tedeschi, mentre il PPI candidò solo Francesco Morso (Comiso) e Raffaele Papa (Modica), data la scarsa organizzazione che ancora aveva in provincia di Siracusa.

La campagna elettorale si svolse all'insegna della violenza verbale e non solo.

Particolarmente aspra fu la polemica fra socialriformisti (PSRI) e socialisti (PSI). I primi si scagliavano contro le posizioni rivoluzionarie dei socialisti, che a loro parere ubriacavano i lavoratori e giustificavano l'intervento in guerra. Di contro i socialisti consideravano i concorrenti del PSRI pericolosi per le masse lavoratrici, in quanto, celandosi dietro una poco pertinente etichetta socialista, tradivano gli interessi del proletariato e si facevano complici della borghesia.

In un comizio socialista a Comiso, a cui partecipò Filadelfo Castro, la forza pubblica sparò sulla folla, suscitando la vibrante protesta

---

37 G. Miccichè *La Sicilia orientale ecc.* in *Movimento op.e soc.* n°1/1970, pag. 11.

della Federazione provinciale socialista, che chiese l'intervento della Direzione Nazionale.

A urne chiuse i sei seggi del collegio di Siracusa furono ripartiti tra i socialriformisti (E. Di Giovanni, L. Cocuzza, A. D'Agata) che avevano ottenuto 30.521 voti e i liberali (G. Fiammingo, E. Giacarà ed E. Finocchiaro Aprile).

Restarono fuori tutti gli altri, compreso il PSI che aveva riportato 8.763 voti e che del resto non ottenne nessun seggio in Sicilia, dove i socialriformisti ne avevano conquistato complessivamente nove.

Il PSI tuttavia aveva messo forti radici a Lentini e a Carlentini.

Diversamente andarono le cose in campo nazionale, dove il PSI ottenne 1.840.000 voti e 156 deputati e il PPI 1.750.000 voti e 100 deputati, rivelandosi così come i veri partiti di massa.

Subito dopo le elezioni i socialisti della provincia di Siracusa intensificarono il lavoro per consolidare le posizioni raggiunte e per espandere la loro organizzazione.

Sul finire del '19 tennero a Noto il loro Congresso Provinciale, che fu presieduto dall'on. Vacirca e da cui scaturì il nuovo comitato direttivo della Federazione, di cui, oltre al segretario Lucio Schirò, furono chiamati a far parte gli avvocati Salvatore Molè (Vittoria), Peppino Di Vita (Comiso), Carlo Muccio (Ragusa), Giovanni Vajola (Modica), l'ins. Enrico Giansiracusa (Siracusa), Giovanni Nifosi (Modica), Giuseppe Ingafù (Noto) e il geom. Francesco Marino (Lentini), sempre attivissimo in campo cooperativistico[38].

La propaganda socialista venne intensificata ad opera di esponenti sia locali, come Filadelfo Castro di Lentini e Francesco Cicero di Carlentini, che provenienti da Catania come Giuseppe Sapienza, Gigi Castiglione e, soprattutto, Maria Giudice.

---

38 G. Miccichè *Riformismo e Massimalismo* cit., pag.145.

Nel mentre, si era fatta pesante la situazione economica per il continuo aumento dei prezzi, soprattutto dei farinacei, e per l'insufficienza dei salari; il che suscitò una nuova ripresa dell'attività sindacale.

Le cooperative socialiste cercarono di combattere la speculazione distribuendo merci a prezzo di costo per soccorrere le famiglie proletarie.

A Lentini, per esempio, che nel 1920 contava circa 26.000 abitanti, su un territorio di 21.363 ettari, di cui la maggior parte era costituita da superficie agraria e che per circa la metà apparteneva all'aristocrazia locale (barone Beneventano, on. Libertini, b.ne Catalano, cav. De Geronimo, ecc.) era forte la disoccupazione, soprattutto, ma non solo, stagionale, la quale colpiva essenzialmente i circa 6.000 *jurnatari* del paese, ma si ripercuoteva fatalmente anche su altri strati della popolazione, come ad esempio gli artigiani.

A fronteggiare, come poteva, questo stato di cose si trovava soprattutto la cooperativa *Il Lavoro*, preseduta F. Castro e diretta da F. Marino (gli altri amministratori erano: Francesco Commendatore, vicepresidente, Alfio Centamore, segretario, Filadelfo Santocono[39], cassiere e i consiglieri Paolo Aliano, Salvatore Chiarenza, Francesco Fazzino, Francesco Fisicaro, Carmelo Leone).

Poco era in grado di fare l'Amministrazione comunale, al vertice della quale si erano avvicendati tre commissari: l'ing. Gaetano Pupillo, l'Avv. Francesco Ryllo e l'avv. Isidoro Crimando.

Le richieste del proletariato lentinese avevano come obiettivi una maggiore possibilità di lavoro, un compenso di lire 2,50 l'ora per gli

---

39 Su Santocono vedi l'articolo di Ferdinando Leonzio *Appunti sulle origini del PCI di Lentini*, pubblicato il 19-8-2017 in *Girodivite*.

agrumai, l'inizio di relazioni commerciali con la Russia sovietica per l'esportazione degli agrumi, principale ricchezza della zona[40].

Le agitazioni, alla fine di aprile 1920 ripresero in modo vivace, con scontri durante i quali immancabilmente interveniva la forza pubblica, tanto che in uno di essi rimasero feriti tre carabinieri e alcuni furono disarmati[41].

Inoltre riemerse impetuoso il problema delle terre incolte e il movimento contadino prese di mira le terre del cav. De Geronimo prima e quelle del b.ne Beneventano poi.

Fin dal 3 agosto 1920 le masse avevano reclamato dalle competenti autorità «un pronto intervento perché le terre incolte nell'ambito provinciale [fossero] date a cooperative agricole che le [rendessero] più produttive e benefiche»[42].

Al riguardo la posizione dei socialisti e delle leghe da essi controllate, a differenza di quella dei socialriformisti, ormai sostenitori della piccola proprietà contadina, si orientò definitivamente per la gestione in cooperative delle terre incolte. Mentre nelle camere del lavoro esistenti emergevano dirigenti socialisti, sorgevano, come a Lentini, nuove camere del lavoro aderenti al sindacato socialista CGL. Anche questo contribuiva a deteriorare ulteriormente i rapporti fra il PSI e i socialriformisti, che si indebolivano sempre più.

Sul finire dell'estate 1920, riprese dunque la lotta per l'assegnazione delle terre incolte o mal coltivate, sulla base di precedenti provvedimenti di legge che stabilivano la formazione di commissioni provinciali con competenza a decidere sulla concessione di terre, introducendo per il futuro sanzioni penali per

---

40 G. Micciché *Riformismo e Massimalismo* cit., pag. 147.
41 A. Curcio, cit., pag. 224.
42 G. Micciché *Riformismo e Massimalismo* cit., pag.148.

gli invasori di terreni e che fissavano norme per la concessione di crediti alle associazioni di lavoratori agricoli.

In proposito l' 8 novembre il Prefetto di Siracusa diramerà il seguente manifesto:

> «In molti punti della Provincia, sono, quasi per contagio, avvenute occupazioni di terreni da parte di contadini e combattenti non sempre legalmente costituiti in cooperative; occupazioni non solo limitate a terre incolte o malamente coltivate, ma estese a fondi alberati o coltivati a sistema intensivo.
>
> Ciò è dipeso da una inesatta nozione delle disposizioni vigenti e dei diritti che possano, alle masse agricole, essere riconosciuti per le disposizioni stesse.
>
> L'autorità governativa non ha sanzionato e non può sanzionare uno stato di fatto che è vera e propria violazione del diritto di proprietà garantito dalla legge, ed invece i lavoratori della terra debbono riflettere che le abusive occupazioni costituiscono reato e sono punibili a norma dell'art. 422 codice penale, con la reclusione fino a trenta mesi e con la multa da lire cinquanta a tremila, e che molti procedimenti penali sono infatti, purtroppo, attualmente in corso di istruttoria.
>
> È necessario, perciò, nell'interesse vero dei lavoratori della terra, che si rientri nell'orbita della legge, se si vuole evitare lo aggravarsi di danni incalcolabili per l'economia del nostro paese; se si vuole raggiungere l'altissimo fine della pacificazione sociale.
>
> Il governo, con Decreto Legge 8 ottobre u.s. ha emanato nuove norme che sono da una parte intese a rendere più sollecita l'opera delle Commissioni Provinciali per la concessione di terreni incolti o malamente coltivati, e ad

evitare speculazioni esose e fatti angarici, ma d'altra parte prescrivono tassativamente che entro un mese i Prefetti debbono far cessare le occupazioni abusive, con tutti i mezzi di cui essi dispongono.

Alle nuove norme, per ottenere regolare concessione, si attengano le società legalmente costituite, le quali intendono dedicarsi alla coltivazione di terre suscettibili di migliore sfruttamento; e le norme stesse seguano per far ratificare le occupazioni già avvenute, qualora siano legittimabili; ma frattanto chiunque attualmente abbia invaso fondi senza ottenere regolare decreto di concessione a norma di legge, deve lasciare gli immobili occupati a chi legalmente ha diritto di continuare la coltura, particolarmente quando le domande di assegnazione di terre siano state respinte formalmente per riconosciuta inapplicabilità delle norme contenute nei decreti Visocchi, Falcioni e Micheli.

In presenza di tali decreti è necessario che, come hanno manifestato nella solenne adunanza tenuta a Siracusa il 22 ottobre, le classi dei datori di lavoro tanto proprietari quanto affittuari con amorevoli accordi con i contadini, addivengano alla estensione e alla intensificazione della coltura granaria, e che con spirito di equità tutte le classi interessate all'agricoltura si prestino, con reciproca utilità, a comporre le vertenze relative.

Le tradizioni altamente patriottiche di questa nobile provincia, il senso di civismo e lo spirito di ragionevolezza di cui hanno dato prova le nostre popolazioni, mi affidano che non invano avrò rivolto questo vivo appello agli agricoltori e a quanti abbiano veramente a cuore il prestigio e l'avvenire dell'Isola e della Provincia nostra».

In sede siracusana, però, la Commissione, di cui farà parte Filadelfo Castro, si dimostrerà scarsamente funzionante.

Le cooperative ad indirizzo socialista saranno discriminate dalle autorità; ad esempio quella di Lentini, che contava circa 2.000 capifamiglia aderenti, pur avendo iniziato la lavorazione dei terreni occupati, in attesa del decreto di conferma, fu minacciata di sgombero; il che esasperò ulteriormente i contadini[43].

In questo clima di forte tensione politica e sociale si svolse la campagna elettorale per il rinnovo dei Consigli comunali e provinciali.

I socialisti, all'insegna della più rigida intransigenza classista, si presentarono con liste di soli iscritti, senza quindi esponenti di area genericamente democratica, ma inserendo rappresentanti delle varie categorie lavoratrici, nonché gli elementi più attivi che si erano distinti nelle recenti lotte politiche o sindacali.

Il calore e l'entusiasmo con cui venivano accolte dalle masse del Siracusano gli oratori socialisti, era il preludio della vittoria che sarebbe scaturita dalle votazioni che si svolsero scaglionate fra il settembre e il novembre 1920.

In provincia di Siracusa il PSI conquistò 13 Comuni, fra cui Lentini, con la lista guidata da Castro (2.598 voti contro 1.199 ai nazionalisti) e Carlentini, col farmacista Francesco Cicero; inoltre il partito ottenne 24 consiglieri provinciali su 50 di cui due di Lentini (F. Castro e Alfio Nipitella) e uno di Carlentini (F. Cicero), mentre la concentrazione riformista ne ottenne 13.

I socialriformisti conquistarono sei Comuni, fra cui Siracusa (lista capeggiata da E. Di Giovanni) e Francofonte. Nel complesso la sinistra conquistò diciannove Comuni su trentadue, facendo della provincia di Siracusa la provincia più rossa della Sicilia. Gli altri Comuni andarono ai democratici e ai popolari.

---

43 G.Miccichè *Riformismo e Massimalismo*, cit., pag. 154.

Vi furono grandiosi festeggiamenti con suoni di fanfare e sventolio di bandiere rosse, con sullo sfondo però le violenze compiute in alcuni Comuni da giovanotti in camicia nera.

I risultati comunque non furono soddisfacenti per i socialisti nel resto della Sicilia, dove, grazie al sistema maggioritario, prevalsero le coalizioni borghesi o moderate, nonostante i 50 Comuni conquistati dal PSI. Il quale comunque, in compenso, a livello nazionale era prevalso in 2.162 Comuni su 8.000 e in 26 province su 69.

A Lentini la vittoria fu travolgente.

Il PSI conquistò ventiquattro seggi su trenta. Gli eletti furono: Paolo Aliano, Francesco Carrà, Filadelfo Castro, Alfio Catania, Sebastiano Cavaleri, Alfio Centamore, Francesco Commendatore, Francesco Costantino, Matteo Fisicaro, Gaetano Giudice, Alfio Ioele, Ignazio Magrì, Rosario Mangano, Francesco Martinez, Giuseppe Messina, Alfio Nigro, Alfio Nipitella, Filadelfo Ossino, Giuseppe Raiti, Filadelfo Santocono, Alfio Scaletta, Agostino Tragna e Natale Vinci.

I sei seggi della minoranza andarono a Francesco Cantarella, Angelo Cardillo, Giovanni De Geronimo, Giovanni Giudice, Vincenzo Santapaola e Rosario Scatà.

La seduta inaugurale del Consiglio Comunale si tenne il 30 ottobre 1920 ed iniziò con la relazione del Regio Commissario, che poi cedette la presidenza al consigliere anziano Alfio Nipitella.

Dopo le formalità di rito, al momento di procedere all'elezione del sindaco l'assemblea decise di soprassedere a tale adempimento e di passare all'elezione della Giunta Municipale.

Furono eletti assessori effettivi Filadelfo Castro con 23 voti su 23 votanti, Filadelfo Santocono con 16, Ignazio Magrì e Paolo Aliano con 15.

Supplenti furono eletti, con 23 voti ciascuno, Sebastiano Cavaleri e Sebastiano Nipitella.

Dato il maggior numero di voti ottenuto (e probabilmente concordato) Castro divenne assessore anziano e automaticamente quello che allora si chiamava prosindaco. In tale veste capeggerà l'Amministrazione, fino al suo arresto, nel 1922.

Fu comunque nella veste di capo dell'Amministrazione e anche del socialismo lentinese che egli, nella stessa seduta, espose il programma che la nuova maggioranza intendeva attuare. In merito alla pulizia e alla viabilità, al servizio mortuario e a quello annonario veniva preannunciata inflessibilità «contro tutti gli sfruttatori, camorristi e speculatori», in modo tale che sparissero «gli atti delittuosi di gente che vive di illeciti guadagni»; il programma spaziava dal tema dell'assistenza pubblica, per cui si prometteva il massimo impegno, nonostante «le pastoie delle leggi borghesi», alla scuola, a cui veniva riservata una attenzione particolare, in quanto i bimbi dei lavoratori dovevano imparare «per essere liberi e coscienti artefici della civiltà futura», e che doveva mantenersi laica («Nella scuola si dovrà studiare. Le preghiere si fanno in chiesa»), alla refezione scolastica, alla politica fiscale che doveva essere profondamente rinnovata.

Ai dipendenti comunali fu lanciato un appello:

> «Avvertiamo specialmente gli impiegati del Comune che sono passati i tempi in cui soltanto le classi borghesi detenevano il potere, facendo di ogni erba un fascio; lavoratori essi stessi debbono mettere la loro esperienza e le loro cognizioni al servizio dei lavoratori che oggi hanno conquistato il Comune.
>
> Non c'è via di mezzo: o con il Proletariato o contro di esso.
>
> Noi speriamo che i dipendenti comunali si schiereranno dalla parte degli sfruttati e non da quella degli sfruttatori».

A conclusione del suo discorso Castro pronunciò queste parole:

> «Al popolo russo va da questo posto il saluto di solidarietà in nome della classe lavoratrice lentinese.
>
> Lavoratori e consiglieri socialisti saranno gli artefici del bene del paese. Tutto sta nelle loro mani e loro dovranno rispondere su tutte le responsabilità di fronte alla cittadinanza che attende e reclama giustizia, uguaglianza nei diritti e nei doveri».

Prima della chiusura della seduta il consigliere Magrì, «sicuro di interpretare i sentimenti del Consiglio», mandò «un caro saluto alla illustre Direzione del Partito socialista e a quella del giornale "Avanti"!».

L'attività dell'amministrazione Castro, nei due anni circa in cui poté esplicare la propria azione, fu assai intensa e coerente con le premesse illustrate dal suo leader, che si trovava in perfetta sintonia con l'impostazione rivoluzionaria che il PSI si era dato dopo la guerra.

Ciò si evince anche dalla fraseologia usata in sede istituzionale, come per esempio nell'ordine del giorno approvato dal Consiglio Comunale l'11 dicembre 1920, con cui «considerato che il governo borghese è responsabile della grave crisi economica che travaglia il paese» e che «le spese di guerra dovranno essere pagate dalle classi abbienti», si deliberava «un voto di solenne protesta contro l'aumento del prezzo del pane» e si faceva appello al Gruppo parlamentare e alla Direzione del PSI affinché si opponessero «con ogni mezzo» al provvedimento.

Il romanticismo rivoluzionario traspare anche dalla deliberazione del 20 agosto 1921 con cui si stabiliva di «battezzare» trentanove strade nuove con denominazioni che la dicono lunga sulle ascendenze politiche dei deliberanti; troviamo infatti vie intitolate agli scrittori Mario Rapisardi e Edmondo De

Amicis, di cui sono note le simpatie socialiste, a Victor Hugo il romanziere francese amico di Garibaldi, a Carlo Marx, ad Andrea Costa, il primo deputato socialista, a Nicola Petrina, il dirigente dei Fasci dei lavoratori, al socialista francese Jean Jaurès, assassinato dai nazionalisti del suo paese per le sue idee pacifiste; e poi ci sono "Via del Popolo", "Via del Lavoro", "Via Rossa", "Via della Pace", "Via Nuova Civiltà", "Via Uguaglianza", "Via delle Spighe", "Via dell'Avvenire", "Via Giustizia", "Via Primo Maggio", "Via degli Operai", "Via Falce e Martello".

Ma accanto a "Via Mosca", ci sono "Via Trento", "Via Trieste" e "Via Fiume". Una concessione alla minoranza? Rimembranze socialriformiste di Castro? Un omaggio ai combattenti e ai caduti? Sentimento patriottico e basta? Comunque c'è anche "Via Bologna", intestata al più grosso Comune (insieme a Milano) conquistato dai socialisti nel 1920.

Ma non si presero solo provvedimenti simbolici o di facciata, perché l'Amministrazione socialista cercò di incidere efficacemente anche sulla realtà economica della città, a partire dai provvedimenti fiscali, tendenti ad introdurre una certa equità nella tassazione.

Il 19 dicembre 1920 fu istituita la tassa di famiglia, che ovviamente colpiva i contribuenti in proporzione al reddito e quindi gravava, in modo fortemente progressivo, sulle «classi abbienti».

Furono poi modificate le tasse sul bestiame, sui domestici, sulle vetture private, indizi importanti di un benessere non alla portata di tutti. Fu anche introdotta la tassa sui pianoforti.

Il Comune si occupò inoltre dell'edilizia scolastica, della stazione, dell'ospedale, delle poste, della rete stradale, dell'assistenza, ad esempio seguendo con cura la colonia marina e l'orfanotrofio, del servizio idrico ed elettrico per i quartieri popolari.

Ma, mentre le amministrazioni socialiste erano impegnate in questa frenetica attività, grosse nubi stavano sorgendo all'orizzonte.

Le forze borghesi conservatrici, prima impaurite e quasi rassegnate di fronte all'avanzata socialista, avevano cominciato a riorganizzarsi in difesa dei loro interessi, in particolare fondiari, per contrastare l'ondata rivoluzionaria.

In ciò erano fiancheggiate dal movimento nazionalista, dai primi nuclei fascisti che andavano sorgendo qua e là in Sicilia, a partire da Palermo, e dalle associazioni di ex combattenti che si erano andate formando all'inizio del 1919, subito dopo la smobilitazione.

Queste ultime, dopo un incerto esordio finalizzato a non disperdere il patrimonio dei ricordi di guerra che univa gli aderenti e a chiedere provvedimenti per un loro rapido reinserimento nella vita civile, ben presto si erano orientate in senso antisocialista, ritenendo il neutralista PSI traditore e antinazionale.

La politicizzazione del movimento, sotto la guida di politici per lo più provenienti dal nazionalismo e di ex ufficiali accesi interventisti, favorì la creazione dei primi quadri del movimento fascista siciliano, che cominciò anche ad imitare i tristemente noti sistemi dei camerati del continente.

Iniziarono così le violenze contro le organizzazioni proletarie e i comuni socialisti, all'insegna della prepotenza e dell'intimidazione, con le cosiddette spedizioni punitive, in cui la parola era lasciata al manganello e a volte alle rivoltelle.

Il tutto era incorniciato da una simbologia (camicia nera, stivali, fez, ecc.) destinata ad essere istituzionalizzata dal regime fascista.

In provincia di Siracusa un forte segno di ripresa delle forze antisocialiste si ebbe quando si volle vanificare la grande avanzata del PSI alle elezioni provinciali.

Liberali, nazionalisti e socialriformisti coalizzati invalidarono l'elezione di ben 11 consiglieri provinciali socialisti per non aver essi fornito in tempo le prove di alfabetismo ed elessero, il 28 dicembre 1920, il socialriformista on. Di Giovanni presidente del Consiglio Provinciale, con vice il nazionalista prof. Pasquale Schettini e col socialriformista Nino Pico alla presidenza della Giunta Provinciale Amministrativa. Ai rappresentanti socialisti non restò che abbandonare l'aula per protesta[44].

La resistenza proletaria, dopo la seconda ondata di occupazione delle terre incolte del 1920 e le elezioni amministrative, cominciò ad incrinarsi in seguito alla polemica interna che prese a svilupparsi nel PSI a tutti i livelli.

L'entusiastica adesione che il PSI aveva dato, nel congresso di Bologna del 5/8 ottobre 1919, all'Internazionale Comunista, appena costituitasi, sarà infatti causa di un tormentato periodo di lotte interne e di divisioni.

Nell'estate del 1920 il 2° Congresso dell'Internazionale Comunista aveva formulato 21 punti, la cui accettazione era ritenuta indispensabile per la permanenza o l'adesione ad essa.

Due punti erano particolarmente rilevanti per il PSI: quello che esigeva l'espulsione dei riformisti, in Italia Turati e compagni (da non confondere con quelli del PSRI, già fuori dal 1912) e l'altra che praticamente stabiliva il mutamento del nome del partito da socialista a comunista.

Di fronte ai problemi sul tappeto tre anime emersero nel partito: quella riformista (Turati, Modigliani) che rivendicava per il PSI il metodo legalitario e gradualista (la destra); quella comunista (Bordiga, Gramsci) che riteneva indispensabile l'espulsione dei riformisti, accettava in pieno i postulati della Terza Internazionale

---

44 G. Micciché *Dopoguerra e fascismo in Sicilia* Editori Riuniti, 1976, pagg. 76-77.

e si richiamava al modello sovietico (la sinistra); quella massimalista o di centro (Serrati, Bacci) che, pur riconfermando l'adesione all'Internazionale Comunista e dichiarandosi rivoluzionaria, respingeva la richiesta di espulsione dei riformisti, a cui del resto si imputava solo un "reato di pensiero", in nome del supremo valore dell'unità del partito, di cui si rifiutava il mutamento del nome e che, sostanzialmente, rivendicava una certa autonomia rispetto alla centrale di Mosca.

Fu quest'ultimo l'orientamento che prevalse nel Congresso di Livorno (15/20 gennaio 1921), per cui le componenti comuniste lasciarono il PSI per costituire il P.C. d'I. (Partito Comunista d'Italia), fiduciosi che i rivoluzionari rimasti nel PSI in un prossimo futuro le avrebbero seguite.

Il dibattito congressuale era stato lacerante e le polemiche continuarono, con più vigore, dopo la scissione.

Nella Federazione di Siracusa i massimalisti erano prevalsi con 382 voti contro i 206 ai comunisti (nessun voto ai riformisti).

In provincia la scissione interessò soprattutto i giovani e piccoli nuclei di adulti.

Del resto la rottura non si consumò tutta immediatamente, all'atto della fondazione del P.C. d'I., ma proseguì nei mesi successivi e la nuova formazione raccolse sempre nuove adesioni.

A Lentini le frange socialiste più rivoluzionarie, che guardavano con ammirazione al Soviet e a Lenin, erano rimaste deluse dal Congresso di Livorno, che sostanzialmente aveva posto il PSI fuori dall'Internazionale Comunista.

A questo malumore assai probabilmente, almeno secondo alcune testimonianze raccolte, si intrecciava una certa difficoltà di convivenza col leader F. Castro, ritenuto personalità accentratrice.

Il primo segnale di questo disagio si ebbe il 2 aprile 1921, quando si dimisero da assessori effettivi Paolo Aliano e Filadelfo Santocono e da assessori supplenti Sebastiano Cavaleri e Sebastiano Nipitella; quest'ultimo, però per essere eletto, subito dopo la presa d'atto delle dimissioni, assessore effettivo insieme con Rosario Mangano; a sostituire i supplenti furono chiamati Matteo Fisicaro e Alfio Nipitella.

Il 13 maggio successivo Santocono e Cavaleri si dimisero anche da consiglieri e contestualmente Ignazio Magrì si dimise da assessore effettivo e da consigliere comunale.

A sostituirlo come assessore sarà chiamato, il 23 luglio 1921 il consigliere Alfio Ioeli.

Ed è lo stesso Ioeli, assecondato da Alfio Catania, che, nel corso del dibattito sulla presa d'atto, almeno secondo il verbale «propone che siano accolte le dimissioni» dei tre, in considerazione del fatto «che costoro, nell'esercizio delle proprie funzioni si sono aspramente condotti verso il pubblico in modo da suscitare un malcontento i cui effetti si sono riprodotti in seno all'Amministrazione».

Il Consiglio Comunale senza ulteriori interventi, accettò la proposta e prese atto delle dimissioni con 18 voti favorevoli e 1 astenuto (la minoranza era assente).

L'astenuto era Gaetano Giudice, che a sua volta si dimetterà da consigliere l'8 ottobre 1921 e che sarà uno dei cofondatori del nucleo comunista. Il che è assai illuminante sulle reali motivazioni delle dimissioni e sulla rapida accettazione di esse da parte dei fedeli "castriani".

Il 24 giugno 1921 si dimisero da consiglieri Paolo Aliano, Alfio Centamore, Francesco Martinez e Natale Vinci e il 16 ottobre 1921 anche Francesco Carrà: una vera falcidia del gruppo consiliare che sembrerebbe preludere ad una consistente scissione comunista.

Invece le masse, soprattutto contadine, rimasero con Castro, che da anni si era battuto per esse e le aveva guidate.

Tuttavia un nucleo comunista sorse, ma di scarsa consistenza. Secondo la testimonianza del Magrì, da me in passato raccolta, si trattava di appena tredici persone, fra cui oltre allo stesso Magrì, falegname, vanno annoverati Filadelfo Santocono, calzolaio, Tano Giudice, muratore, Filadelfo Nigro, falegname, Paolo Di Giorgio, cartolaio e Filadelfo Pupillo, calzolaio.

Tutti artigiani ed autodidatti, con un certa cultura politica ed ideologica di respiro più "nazionale" che, se li configurava in un certo senso come "avanguardia" del movimento rivoluzionario lentinese, li collocava in posizione un po' elitaria rispetto alle masse braccantili analfabete, affamate di terra, di cui Castro invece aveva saputo e sapeva bene interpretare le aspirazioni.

E probabilmente si trattò di un nucleo legato al P.C. d'I. più da vincoli ideologici e politici, ammantati da un trasporto quasi romantico per il bolscevismo, che organizzativi, se gli iscritti al partito, in tutta la provincia, dai 204 del 1921 erano appena 5 nel settembre 1922[45] e se, come si evince da un libro di Togliatti[46] nel 1923 a Lentini non risultava nessun iscritto al partito comunista.

In ogni caso, costoro furono sempre ritenuti da tutti, e in particolare dai comunisti locali, i fondatori del PCI a Lentini.

E la polemica tra questo gruppo comunista e Castro è da considerasi una delle cause che provocheranno lo spostamento a destra dello stesso Castro nell'ambito del movimento socialista.

Nell'aprile del 1921 il governo Giolitti, nell'intento di ridimensionare la forza parlamentare del PSI e di sottrarsi al condizionamento del PPI, dopo aver riformato la legge elettorale,

---

45 G. Micciché, *Dopoguerra e fascismo ecc.*, cit., pagg. 88 e 124.
46 P. Togliatti *La formazionedel gruppo dirigente del PCI nel 1923-24* EditoriRiuniti, 1984, pag. 372.

con l'introduzione del collegio pluriprovinciale, ottenne lo scioglimento delle Camere.

Nelle tre province della Sicilia orientale (Messina, Catania, Siracusa), formanti un unico collegio, per le nuove elezioni, indette per il 15 maggio 1921 furono presentate varie liste: quella di Unione Nazionale (liberali di destra, agrari, nazionalisti, alcuni radicali e parte dei fascisti), il "Blocco dei partiti democratici" (liberal-democratici, radicali, socialriformisti, combattenti), quella del PPI e una lista personale del socialriformista francofontese on. Lorenzo Cocuzza.

I fascisti diedero ai loro aderenti libertà di votare i candidati «patriottici» delle varie liste, esclusi quindi i «bolscevichi».

C'era poi la lista comunista, in cui spiccavano le candidature dell'avv. Giovanni Albanese di Catania, del prof. Concetto Marchesi, il celebre latinista, e quella dell'attivista Umberto Fiore, che farà spesso la sua comparsa a Lentini.

Nella lista del PSI, oltre agli onorevoli Vincenzo Vacirca e Arturo Vella, c'erano l'avv. Luigi Castiglione di Catania, il farmacista Francesco Cicero di Carlentini e il dott. Giuseppe Lupis, segretario della Camera del Lavoro di Ragusa, che avrà un ruolo di primo piano nel secondo dopoguerra.

La campagna elettorale si svolse all'insegna di inaudite violenze da parte delle squadre fasciste contro le sedi e gli organizzatori socialisti. Nel mentre, la destra si rafforzava un po' dappertutto.

Nell'aprile del '21, ad esempio, era stata inaugurata la sede del Partito Agrario a Lentini, città che non rimase esente dal clima di violenza che imperversava in tutta la provincia. Spiccava, in questo quadro, la passività della forza pubblica di fronte alle varie azioni brigantesche.

In questa situazione il PSI ottenne nel collegio un solo deputato (Vincenzo Vacirca) e il PPI due. Gli altri venti andarono ai vari raggruppamenti "costituzionali". Tuttavia, a livello nazionale, il PSI ottenne 122 seggi e 16 andarono ai comunisti. Il PPI ne conquistò 107 e, per la prima volta, i fascisti entrarono in Parlamento, in 35.

Nel luglio del '21 il nuovo governo Bonomi, che sembrava voler porre fine alle violenze che imperversavano nel Paese, si adoperò per la stipulazione del "Patto di pacificazione" (3 agosto 1921), che fu firmato dai fascisti da una parte e dai socialisti e dalla CGL dall'altra, ma venne fortemente avversato da comunisti ed anarchici.

I duri colpi subiti dai socialisti in provincia di Siracusa, quali la chiusura di varie Camere del Lavoro, gli sfratti di varie cooperative agricole dai latifondi occupati, le dimissioni forzate di alcune amministrazioni rosse, non potevano non causare uno sbandamento nella base, la quale, delusa da una rivoluzione molto annunciata, ma non attuata, nel Congresso provinciale del luglio del '21 diede la maggioranza alla corrente riformista (turatiana) del PSI ed elesse segretario della federazione l'ex deputato avolese Antonino D'Agata. La svolta a destra della federazione socialista ebbe come effetto più importante una nuova politica di collaborazione con le frange borghesi più democratiche. Sicché, per esempio, al Consiglio Provinciale, rottasi la vecchia maggioranza, un'alleanza tra socialisti (otto dei loro esclusi erano stati dichiarati eleggibili dalla Corte d'Appello di Catania) e socialriformisti elesse il socialista avv. Molè alla presidenza.

Frattanto il PCdI perdeva tutte le sue sezioni in provincia, riducendosi a poche decine di tesserati.

Qualche segno di vitalità si ebbe ancora a Lentini, dove i contadini, sempre assistiti da Francesco Marino, sotto la guida del sindaco Castro, invasero vari fondi, come il feudo Murgo della marchesa di Garinzia e altri del b.ne Umberto Beneventano e del principe Libertini.

Tuttavia l'amministrazione socialista della città si indeboliva sempre più.

L'8 ottobre 1921 il Consiglio Comunale, oltre a prendere atto delle dimissioni di Tano Giudice, probabilmente deluso dallo spostamento a destra della Federazione, come dimostra la sua adesione al PCI, deliberò la decadenza dei consiglieri di minoranza Giovanni Giudice e avv. Vincenzo Santapaola, in quanto essi non erano mai intervenuti alle sedute.

L'8 gennaio 1922 il Consiglio Comunale fu costretto a far voti al Prefetto perché indicesse le elezioni suppletive, mancando dal consesso, tra dimissionari e decaduti, undici consiglieri.

Il successivo 11 febbraio venne dichiarato decaduto l'avv. Giovanni De Geronimo, capo dei nazionalisti «per mancato intervento del medesimo in tutte le sessioni ordinarie primaverili e autunnali» e, nella stessa seduta, il Consiglio Comunale respinse le dimissioni dei consiglieri di minoranza Rosario Scatà, Angelo Cardillo e Francesco Cantarella, che però non parteciperanno lo stesso ai lavori del Consiglio.

Alla fine (l'ultima seduta del Consiglio Comunale è del 7-12-22 e l'ultima riunione di Giunta del 10 successivo), tolti i dimissionari per motivi politici (i comunisti) o personali, la minoranza, che sembrava puntare al sabotaggio dei lavori mediante l'assenteismo, i decaduti e gli arrestati, alle sedute del Consiglio Comunale saranno presenti solo dieci consiglieri.

Tornando alla situazione del 1921, il "Patto di pacificazione", com'era prevedibile, fallì, i fascisti ripresero la loro attività squadristica e in campo nazionale, nel Congresso di Roma del 7 novembre 1921 il loro movimento da "Fasci di Combattimento" si trasformò in PNF (Partito Nazionale Fascista), il quale, poco dopo, (15 novembre) denunciò ufficialmente il "Patto di pacificazione".

Il nuovo anno 1922 iniziò a Lentini con una manifestazione di braccianti contro la disoccupazione, tenuta il 13 gennaio e durante la quale si ebbero tafferugli tra braccianti e carabinieri[47].

Questo episodio, insieme alla partecipazione, il primo maggio successivo, a un grande comizio di Maria Giudice a Francofonte (dove era stata aperta una sezione del PSI, rompendo così l'egemonia del socialriformista on. Cocuzza sui lavoratori del paese) fu forse l'ultimo segno di volontà di ripresa del proletariato lentinese, a cui, di lì a poco, non resterà che soccombere, ultimo fra quelli della provincia.

La grande forza del movimento socialista, infatti, la sezione, la Camera del Lavoro, la cooperativa agricola erano ormai nel mirino delle cricche feudali, vedove del perduto potere e la stampa conservatrice attaccava pesantemente gli esponenti del proletariato organizzato.

Il 25 maggio 1922 uno scoppio, avvenuto in una fabbrica di fuochi d'artificio di Lentini, causò la morte del proprietario, un socialista.

«Il 7 luglio furono arrestati Francesco Commendatore, ex presidente della Lega dei contadini e Giovanni Centamore, per fabbricazione non autorizzata di esplosivi, e il sindaco Filadelfo Castro come mandante», nei confronti dei quali la stampa conservatrice aveva preso ad insinuare che tramassero un moto rivoluzionario[48].

Il fatto non mancò di suscitare grande tensione fra i lavoratori.

Il 10 successivo, mentre Maria Giudice teneva un comizio, a cui partecipavano circa quattromila lavoratori, avendo la forza pubblica caricato la folla ed avendo quest'ultima lanciato qualche sasso, le guardie regie spararono, uccidendo due donne.

---

47 A. Curcio, cit., pag. 241.
48 G. Micciché *La Sicilia orientale ecc.* In *Movimento Operaio e Socialista* n° 4/1970, pag. 249.

La tensione crebbe e nel corso della notte gli scontri proseguirono, tanto che alla fine rimasero sul terreno 4 morti e 50 feriti[49].

La Giudice e 12 lavoratori furono arrestati.

Alla guida del Comune rimase l'assessore anziano, divenuto prosindaco dopo l'arresto di Castro, Rosario Mangano, che potrà resistere solo per qualche mese.

Il 20 settembre 1922 venne aperta a Lentini, per iniziativa del fondatore avv. Filadelfo La Ferla, la sede del P.N.F.[50], e il 12 novembre 1922 venne sciolto il Consiglio Comunale e commissariato il Comune.

Intanto, a livello nazionale, nuove lacerazioni erano andate maturando all'interno del PSI, attestato su una posizione di assoluta intransigenza, che unitamente alla mancanza di una strategia alternativa, non gli consentiva di far valere, in sede parlamentare, la sua ancora consistente rappresentanza. Erano emerse, in esso, tre posizioni. Una di queste era quella dei riformisti (Turati, Modigliani), maggioritari nel gruppo parlamentare e nella CGL, propensi a favorire la formazione di un Governo democratico, specialmente dopo la caduta del governo Bonomi (febbraio 1922) e del primo governo Facta (luglio 1922).

Sicché Filippo Turati, su mandato del Gruppo, aveva partecipato alle consultazioni del Re, esponendogli (29-7-22) la necessità della formazione di un Ministero che assicurasse il ripristino della legge e la difesa del diritto di libertà e di organizzazione.

Ma era ormai troppo tardi e Facta ricevette un secondo incarico, mentre la violenza fascista impazzava in tutta Italia e falliva lo sciopero "legalitario", indetto (2 agosto 1922) dall'Alleanza del Lavoro (formata da CGL, USI, UIL e dai sindacati dei ferrovieri e dei portuali), che la destra volle pretestuosamente considerare un

---

49 Idem.
50 A. Curcio, cit., pag. 244.

tentativo di sovvertire il regime liberale. Nello stesso tempo i fascisti invadevano Cremona, dove distrussero le organizzazioni socialiste e popolari, incendiando anche la casa del deputato popolare Miglioli e poi Viterbo, Rimini, Novara e Ravenna, dove travolsero le organizzazioni repubblicane.

Quindi vennero prese d'assalto La Spezia, Pistoia, Pavia, Livorno, Torino, dove i fascisti devastarono vari circoli comunisti, e Milano, dove estromisero l'Amministrazione socialista e incendiarono la nuova sede dell'*Avanti!*.

All'altro estremo dello schieramento interno del PSI stava la sinistra terzinternazionalista (Maffi, Lo Sardo), che chiedeva l'espulsione dei riformisti, come richiesto dall'Internazionale Comunista che, nel frattempo, aveva espulso definitivamente (2-11-21) dalle sue file il PSI.

Al centro si collocavano i massimalisti (Serrati, Fioritto) che, mentre prima si erano battuti contro una nuova scissione, ritenendola giustamente «una delle più gravi sciagure, in questo momento e nella presente situazione», dopo la presa di posizione di Turati e del gruppo parlamentare, si erano orientati anch'essi per l'espulsione dei riformisti, che non avevano tenuto conto dei deliberati della Direzione e che ormai giudicavano orientati verso un vago democraticismo e verso il parlamentarismo. Una parte dei massimalisti (Baratono), però, era contraria ad un nuova scissione che avrebbe esaurito la forza del socialismo italiano nella lotta fra i due nuovi partiti e respingeva il dispotismo della Terza Internazionale comunista.

Sicché, al Congresso di Roma (1/4 ottobre 1922), a pochi giorni della Marcia su Roma, il PSI si spaccò nuovamente in due: da un lato i massimalisti che, sostenuti dai terzinternazionalisti, ottennero di misura la maggioranza e, dall'altro i riformisti e una parte dei massimalisti, che costituirono il P.S.U. (Partito Socialista Unitario).

La nuova scissione incise profondamente in provincia di Siracusa, la cui federazione era già diretta dai riformisti, con segretario Antonino D'Agata, il quale il 21 tenne a Siracusa una riunione per relazionare sui risultati del Congresso. Un peso determinante ebbe l'adesione al nuovo partito dell'on. Vincenzo Vacirca, unico deputato del collegio, a cui i fascisti avevano intimato di non rientrare, pena la morte, nella sua Modica, e il quale era ormai stanco del rivoluzionarismo verbale che tante delusioni aveva causato al proletariato.

Alla scissione aderì anche la sezione di Lentini[51], il che spiega perché, alla data del 3 agosto 1925, Castro risulti iscritto al PSU[52]

Sull'evoluzione di Castro e della sezione di Lentini doveva certamente aver influito il clima generale di polemica violenta, che da oltre un anno divideva in campo nazionale il PSI dal PcdI, la cui azione era ispirata dal rigido schematismo e dal settarismo estremista del *leader* Amadeo Bordiga.

La polemica, portata avanti da comunisti ed anarchici con toni sempre più violenti e con asprezze verbali, era inoltre stata rinfocolata dalle tensioni locali, come prova la catena di dimissioni di consiglieri comunali, alcuni dei quali avevano costituito il piccolo nucleo comunista.

Sicché quando Castro, sotto l'incalzare della reazione fascista, si era trovato a scegliere, all'uscita dal carcere (1923), tra un PSI che sembrava ormai orientato per la fusione col PCdI (che però con ci sarà) e il PSU, a cui avevano aderito Vacirca, D'Agata e la sezione di Lentini, la sua scelta non poté che essere per quest'ultimo partito.

Questo suo spostamento "a destra", che allora comunque non poteva essere visto come tale, date le posizioni classiste del Castro, sarà la premessa del nuovo orientamento che porterà il

---

51 A. Miccichè *La Sicilia orientale ecc.*, cit., pag. 256.
52 R. Mangiameli *Officine della nuova politica*, cit. Pag.256.

leader socialista nel 1947 a promuovere a Lentini la scissione socialdemocratica di Saragat e ad assumere posizioni marcatamente anticomuniste, in un intreccio di rancori politici e personali, che finiranno poi per isolarlo dalle masse, relegandolo ad un ruolo marginale nella politica lentinese.

Tornando alla situazione locale, il PNF consolidò le sue posizioni in provincia di Siracusa, aprendo nuove sezioni a Carlentini e a Francofonte e costituendo una propria organizzazione sindacale «nazionale», che inglobava lavoratori e datori dello stesso settore produttivo.

La tormentata vicenda del dopoguerra si avviava così all'epilogo.

Il 28 ottobre 1922 si svolse a Napoli una grande adunata fascista (il 27 era stata occupata Perugia e assaltati gli uffici pubblici dei capoluoghi di provincia).

Il 28, dopo aver rifiutato al dimissionario governo Facta la firma al decreto di stato d'assedio volto ad impedire il colpo di mano fascista, il re Vittorio Emanuele III (a cui è ancora intitolata una via di Lentini!), forse per l'intervento della madre Margherita (a cui è intitolata un'altra via), simpatizzante del fascismo, conferì l'incarico di formare il nuovo Governo a Benito Mussolini. Il 29 venne di nuovo incendiato l'*Avanti!* e devastata la sede della Direzione del PSI. E quando, il 16 novembre 1922, in sede di dichiarazioni programmatiche, Mussolini disse: «Potevo fare di quest'aula sorda e grigia un bivacco di manipoli. Potevo sprangare il Parlamento e costituire un Governo esclusivamente di fascisti. Potevo, ma non ho, almeno in questo momento, voluto», Matteotti e Modigliani, quasi ad esprimere il dolore del proletariato italiano, gridarono: «Viva il Parlamento!».

Il padronato italiano aveva ottenuto la sua rivincita sulla classe lavoratrice ormai divisa e sfiduciata e poteva quindi gettare la sua falsa maschera democratica, correndo in massa sotto le bandiere dell'incipiente dittatura.

A Lentini il cav. Magnano chiese l'onore di essere iscritto al fascio[53].

Il 7 dicembre 1922 venne sciolto il Consiglio Provinciale, cinque giorni dopo quello comunale «per impossibilità di funzionamento e per motivi d'ordine pubblico», di cui venne nominato Regio Commissario il cav. rag. Alfredo Polizzy.

---
53 G. Micciché *La Sicilia orientale ecc.*, cit., pag. 258.

PARTE III: IL PERIODO FASCISTA

Il 1922 fu un anno di grandi rivolgimenti politici sia sul piano nazionale che su quello isolano.

Per quanto riguarda la Sicilia in particolare la scissione dell'ottobre tra il PSI e il PSU indebolì ulteriormente il movimento socialista, la cui base era già fortemente disorientata a causa degli attacchi della reazione fascista.

La federazione socialista di Siracusa, già diretta nell'ultimo periodo dai riformisti turatiani, passò al PSU, mentre il PCdI, ancora nella sua fase iniziale, stroncato dallo squadrismo, in quell'anno contava in tutta la provincia appena cinque iscritti.

Nel 1923, sempre sul tema dell'adesione all'Internazionale Comunista, il PSI si spaccò ancora una volta: da una parte i difensori dell'autonomia socialista e cioè il "Comitato di Difesa Socialista" (Vella, Nenni), che risultarono in maggioranza nel Congresso di Milano del 15/17 aprile 1923 e dall'altra i fautori della fusione col PCdI. alle condizioni di Mosca, i "terzinternazionalisti" (Serrati, Lo Sardo, ecc.), che finiranno per confluire nel partito comunista.

Mentre così si frantumava e sbandava il movimento operaio, si andava invece chiarendo la situazione nella variegata area del centro.

Una parte dei democratici, radicali, liberali e buona parte dei socialriformisti andarono a rimpolpare le file del fascismo, specialmente dopo la Marcia su Roma.

I gruppi più avanzati della piccola borghesia si orientarono invece verso posizioni antifasciste e la sinistra socialriformista in Sicilia, capeggiata dal siracusano on. Di Giovanni nel 1924 entrò nel PSU.

Il PPI appariva diviso tra una minoranza clerico-moderata sempre più vicina al fascismo e una maggioranza democratico-cristiana che si andò orientando in senso antifascista, specialmente dopo l'estromissione del PPI dal Governo, nella primavera del 1923.

Ben diversa ed assai più solida la situazione della destra costituita dai liberali conservatori, dal Partito Agrario, da quello nazionalista (che finirà per confluire nel PNF) e principalmente da quello fascista, ora in continua espansione, grazie soprattutto ad un nuovo trasformismo che comportava l'ingresso nelle sue file delle vecchie consorterie comunali, dei partiti personali e dei notabili, il cui potere, esercitato attraverso un sistema clientelare, era stato fortemente scosso dal biennio rosso e che ora si affrettavano a saltare sul carro vincente.

Il PNF si andava così ingrossando continuamente sul piano politico (32 sezioni e 17.930 iscritti nel luglio 1923 in provincia di Siracusa), con l'apporto di gruppi liberali, radicali, socialriformisti, combattentisti, ecc., mentre prendeva corpo una sua organizzazione sindacale "nazionale" contrapposta ai sindacati "rossi" e a quelli "bianchi".

Intanto, la repressione continuava, al fine di eliminare gli ultimi residui di organizzazione proletaria.

Con il decreto 11-1-1923 vennero revocate le concessioni di terre, ma la cooperativa lentinese "La Sicilia", filiazione del "Lavoro", sempre presieduta da Castro, fra il 1924 e il 1928, riuscì ad acquistare il feudo Bonvicino[54].

Col decreto prefettizio dell'1 febbraio 1923 era stata già sciolta la Camera del Lavoro di Lentini. Vennero quindi arrestati Francesco Marino, Francesco Nipitella e Giuseppe Ciancio[55]. Nell'ottobre

---

54 Vedi R. Mangiameli *Officine della nuova politica*, CUEM, Catania, 2000, pag.127 ss.

55 G. Micciché *Dopoguerra e fascismo in Sicilia*, Editori riuniti, Roma, 1976, pag. 155.

dello stesso anno essa riaprì, ma con carattere "nazionale", pare sotto la guida di Filadelfo Castro[56], spinto forse a ciò dall'intervento degli ex sindacalisti rivoluzionari Gino Corradetti, che aveva costituito un movimento filofascista, il Partito Socialista Nazionale[57], e Edmondo Rossoni; tuttavia sulla spontaneità di questa adesione di Castro possono essere avanzati seri dubbi se, come detto, al 3 agosto 1925 egli risulta iscritto al PSU, nel 1926 venne destituito da segretario del sindacato "nazionale", dal dicembre 1927 al febbraio 1930 fu confinato a Lipari e ancora arrestato nel 1937 e nel 1938, finché nel 1941 sfuggì ad un nuovo fermo rendendosi irreperibile[58].

A Lentini, dopo un anno di gestione commissariale non certo imparziale o neutrale fra le diverse forze politiche, il 2 dicembre 1923 ebbero luogo le elezioni per il rinnovo del Consiglio Comunale, che fu eletto a lista unica, essendo state ormai sbaragliate e disperse le organizzazioni del movimento operaio, ed essendo in essa confluite tutte le fazioni borghesi, divise su tante cose, ma unite nel livore antisocialista.

A far parte del nuovo Consiglio Comunale fascista, insediatosi il 12-12-1923, furono chiamati i trenta personaggi più rappresentativi delle varie anime della destra locale: il farmacista Giuseppe Bonfiglio, Alfio Scatà, Francesco Sferrazzo, Gaetano Sgalambro, Alberto Perrotta, il dott. Francesco Signorelli, Giuseppe Nobile, il cav. Umberto Beneventano, figlio del b.llo Francesco, Francesco Cicirata, Alfio Bonfiglio, Filadelfo Di Mauro, il barone Pietro Fuccio Sanzà, Alfio Ferrarotto, l'ing. Filadelfo Matarazzo, il cav. Salvatore Moncada, detto il "cavaleri de buatti", per il suo stabilimento alimentare, il tabaccaio Alfio Amato, il farmacista Francesco Centamore, Giuseppe Brogna, Luigi Consiglio, il barone avv. Giovanni De Geronimo, primo segretario della locale sezione

---

56 Vedi Mangiameli. Cit. Pag. 126.
57 G. Miccichè *Dopoguerra ecc.*, cit., pag. 169.
58 Vedi Mangiameli, cit. Pagg. 130-131.

fascista, Rosario Insolera, Antonino Fisicaro, Alfio La Ferla, Giovanni Martinez, Alfio Coco, il prof. Vincenzo Aletta, Cirino Conti, Salvatore Azzarello e gli avvocati cav. Sebastiano Consiglio e Vincenzo Consiglio Sciacca, a cui Castro nel 1910 aveva dedicato un disegno satirico buscandosi la sua prima denuncia per ingiurie aggravate.

Nella seduta inaugurale il Commissario prefettizio, «fra gli incessanti applausi dell'immenso pubblico che gremisce l'aula», rivolto ai neoconsiglieri esordì, come si evince dal verbale, manifestando la sua «soddisfazione per la vostra affermazione, per il vostro slancio, per il concorde fervore di ideali onde l'atteso epilogo della vostra lotta è motivo di altero conforto» e continuò ricordando che «aspro è il compito che vi attende per far definitiva la vittoria di oggi», poiché il successo «vi sarà insidiato con assidua gelosia di puntiglio nell'intensa ricerca d'ogni vostra debolezza, d'ogni contrasto».

Proseguì, «molto frequentemente interrotto da essi applausi», esprimendo «l'augurio commosso di chi, per più di un anno divise con animo trepido i vostri affetti, seguì i vostri sforzi e cercò, come poteva, di incorare sentimenti e ordinare volontà ed energie, perché ad un'elevata finalità di concordia di proponimenti Voi, cittadini consapevoli di doveri e responsabilità...», «... possiate dedicarvi alla nobile vostra missione, alla nuova rielaborazione di valori», affidata ai consiglieri da quella che egli pudicamente chiamò «disciplinata» volontà popolare.

In effetti a Lentini avevano votato solo 2.260 elettori su 6.460. Gli altri avevano scelto, o gli avevano fatto scegliere, di starsene a casa il giorno delle votazioni.

La relazione del Commissario se da un lato toccava i problemi amministrativi affrontati nell'ultimo anno, dall'altro non mancava di evidenziare l'attività del funzionario per unire i partiti «nazionali», attività andata a buon fine e per la quale egli non riusciva a nascondere la sua soddisfazione: «Sono intervenuto alle vostre associazioni, alle vostre discussioni, nei vostri dissensi mai profondi; ho superato la mia ritrosia - franca consapevolezza delle mie insufficienze - e mi sono spesso, per voi, improvvisato conferenziere, comiziante, polemista, con quella efficacia che forse mi è derivata dall'apprezzata sincerità delle mie intenzioni». E ancora: «La mia modesta parola animatrice è stata cercata, sovvenuta... dalla vostra simpatia. Il successo non è mancato. Ed è il mio conforto, la ricompensa ambita dei miei sforzi».

«L'espressione del consenso popolare; la designazione di voi - eletti di tutti i partiti nazionali - dei combattenti per la dignità civile e dei reduci dai campi battuti del sacrificio e dell'onore nazionale; l'indicazione delle personalità che i vostri propositi sapranno armonizzare con la loro prudenza e calma serenità di giudizi; la superba affermazione di volontà concordi disciplinate, senza dispersioni né esitanze; danno a me il tranquillo sentimento che il bene, che gli interessi cittadini siano confidati ai più degni, che sapranno sostenerli con equità e con fermezza, nella giustizia...».

Un riconoscimento morale andava dimostrato all'autore di così esaltanti risultati, per cui il Consiglio Comunale deliberò, ovviamente all'unanimità, di conferirgli la cittadinanza onoraria, per l'impronta «grandemente patriottica» che egli aveva impresso nell'amministrazione del Comune, ma anche per dimostrargli «quanto particolarmente le persone dell'ordine gli siano grate per il fervore da lui speso per la composizione del partito vittorioso che oggi assume il potere e per il carattere eminente nazionale che ha saputo imporre al partito medesimo».

Dopo una relazione che più partigiana di così non poteva essere, non mancò l'intervento politico di spalla.

Ed esso fu l'unico della serata e l'ultimo contro avversari politicamente cancellati, i quali, da allora, dovettero vedersela con la polizia politica, con la Milizia, con l'OVRA[59], con il Tribunale Speciale. E l'unico sbocco per chi proprio non riusciva a tacere divennero l'esilio, il confino, il carcere.

L'intervento lo fece il consigliere cav. Sebastiano Consiglio:

> «... Ho sentito dire dai caporioni avversari - e specie da qualcuno che passa per intellettuale - che la lista dei consiglieri è multicolore, perché composta dei rappresentanti delle varie fazioni: fascisti, combattenti, mutilati, liberali, agrari; e noi semplicemente rispondiamo che se è vero che apparteniamo a varie fazioni, queste faranno parte di un solo partito, quello della Patria.
>
> È vero che noi veniamo da vie diverse, abbiamo avuto ed abbiamo ancora in molte questioni, riguardo a molti argomenti, idee e pensamenti diversi, ma ne abbiamo uno che a tutti sovrasta, il quale si confonde con il nostro dovere ed è quello di contribuire con tutte le nostre forze alla salvazione di questa nostra Città.
>
> E badate che il nemico veglia, non disarma, esso ricorre a tutti i mezzi più illeciti, più delittuosi, perfino a quello vile ed abbietto di distruggere fiorenti giardini, che servono non solo all'esistenza dei proprietari, ma anche al sostentamento di numerose famiglie di lavoratori, pur di stancarci, di opporsi all'ardua via iniziata e che abbiamo il sacrosanto dovere di seguire e di portare a termine sino alla redenzione di questo Paese.
>
> Una sola forza può contrastare questi micidiali propositi, che tendono di fare retrocedere la nostra storia di millenni per dar luogo alla supremazia della violenza e del disordine: quella dell'unione di tutte la classi dell'ordine,

---

[59] Organizzazione per la Vigilanza e la Repressione dell'Antifascismo, polizia politica segreta fascista.

anzi direi meglio di tutte le categorie, dall'operaio al professionista, dal contadino al commerciante, dall'industriale all'agricoltore, dall'artefice del braccio a quello dell'intelletto.

Quest'unione è la forza sociale che può salvare la nostra città e noi abbiamo il dovere di far tacere ogni altro pensiero, ogni dissenso politico, ogni idea che non sia quella di contribuire alla sistemazione morale e materiale di questo disgraziato paese. E ciò con tutte le nostre forze impiegate al servizio di questa causa grande e nobile.

La giornata del due dicembre 1923 è unica nella storia spesso triste e tumultuosa di questi ultimi anni di vita cittadina.

Per la prima volta da quanto il bolscevismo esercitò in questa città sul popolo la lugubre sua tirannia sanguinante e delittuosa, la città ha trovato la forza e la concordia necessaria per ribellarsi a questa tirannia ed affermare il diritto ad una libertà più vera, più sana...» di quella di chi vorrebbe «spingere e trascinare la folla ad un feroce odio di classe».

«Uniamoci e serriamoci dunque, o egregi colleghi, per il bene del paese; accingiamoci ad intraprendere un'opera feconda per risolvere tutti gli ardui problemi che incombono sulla vita del Comune: finanza, lavori pubblici, educazione, istruzione e quant'altro occorre per risanare e restaurare questa industre cittadina. Seguiamo le tracce luminose che ci ha dettato il cav. Polizzy, questo intelligente e sapiente amministratore che con occhio vigile, con mente illuminatrice, con sapienza amministrativa, con fede adamantina, con oculata e specchiata onestà ha fatto per più di un anno, fortunatamente, per le sorti di questo Comune.

> Egli è benemerito a noi, al popolo tutto di Lentini, non solo per questa sua opera amministrativa, ma per un'altra, non meno alta, forza più grande e più bella: essere riuscito, eliminando ogni suscettibilità, dissenso personale e di idee, piccole miserie, a riunirci tutti in un unico intento [...] per formare quel blocco granitico nazionale per il bene del nostro paese.
>
> E l'opera sua è stata in questo campo ardua e spesso difficile, navigando tra scogli d'ogni genere con entusiasmo e come se fosse un cittadino di Lentini, con l'autorità del suo ingegno e spiegando con tatto squisito e politico egli è riuscito a serrarci, mentre ci ha ammonito per l'avvenire dicendoci: -Uniti, sempre uniti voi darete un colpo mortale al nemico che veglia; divisi, voi seguirete una brutta fine e con voi quella del vostro paese- ».

Sindaco venne eletto, con ventisei voti su ventisette presenti, (essendosi l'interessato, che già presiedeva la seduta come consigliere anziano, probabilmente astenuto) il farmacista Giuseppe Consiglio.

Sarà l'unico sindaco dell'era fascista, poiché anche questa carica, dopo qualche anno, sarà abolita.

Assessori, tutti con ventisette voti su ventisette, furono eletti: il cav. Salvatore Moncada, l'ing. Filadelfo Matarazzo, il dott. Francesco Signorelli e il sig. Francesco Sferrazzo (effettivi) e i baroni Pietro Fuccio Sanzà e Giovanni De Geronimo (supplenti).

Il biennio rosso e la "Repubblica Leontina" erano così cancellati, «nel mentre nella piazza sottostante il palazzo municipale si svolge[va] una manifestazione cittadina con musica al suono degli inni patriottici».

Il 23 luglio 1923 Mussolini era riuscito a fare approvare dalla Camera una nuova legge elettorale, proposta dal deputato fascista

Giacomo Acerbo, che prevedeva l'assegnazione di un premio di maggioranza di 2/3 dei seggi a quella lista che avesse conseguito la maggioranza con un quorum del 25%, mentre gli altri seggi sarebbero stati ripartiti proporzionalmente tra le altre liste.

La campagna elettorale per il rinnovo della Camera dei deputati si svolse in un clima di continue violenze contro tutti gli oppositori di sinistra e di centro, che si presentarono in ordine sparso e a cui fu quasi sempre impedita ogni forma di propaganda.

Il telegramma inviato il 6 aprile 1924 dal riformista on. Di Giovanni al Prefetto di Siracusa testimonia in quale atmosfera si svolsero le elezioni nella nostra provincia:

> «Dopo quanto segnalato alla S.V. e a S.E. Presidente Consiglio, in mancanza qualsiasi tutela diritto elettorale o legge ed integrità personale rappresentanti lista, pubblici ufficiali, minacciati ed aggrediti sotto gli occhi degli agenti forza pubblica, soppressa segretezza voto, essendo cabine chiuse, inchiodate, costringendosi elettori votare sul tavolo presidenziale, sotto minacce e violenze, senza nessuna protezione della forza pubblica, confermandole quanto stamane avv. David esponevole mio nome, ho abbandonato questa lotta perché sorretto dal vigile senso di responsabilità e per non prestare alcuna acquiescenza a metodi indegni di un paese civile contro i quali protesta ogni onesta coscienza»[60].

La vittoria alle elezioni del 6 aprile 1924 arrise, come era facile aspettarsi, al cosiddetto "listone" fascista (64,9%) che aveva invece realizzato l'unità delle forze conservatrici e reazionarie.

Il PSI ottenne solo 22 deputati, 19 ne ebbero i comunisti e 24 i socialisti unitari, 39 andarono ai popolari e il resto dei seggi

---

60 *Corriere di Sicilia* 8-4-1924.

assegnati alle minoranze fu diviso tra repubblicani e liste democratiche minori.

Il Consiglio Comunale di Lentini, città in cui i socialisti avevano dovuto astenersi dal voto per evitare inutili violenze[61], non poté mancare di esprimere il suo entusiasmo e lo fece nella seduta del 26 maggio 1924. Recita il verbale:

> «[Il presidente] riferisce che in quest'ora fulgente di luce e così ricca di entusiasmo, di gloria e di promesse è doveroso dimostrare, con segni tangibili, la gratitudine al nobile condottiero dei fascisti, al Presidente del Consiglio dei Ministri, che è riuscito a sollevare l'Italia dalla rivoluzione. Anima salda, cuore fervido, intelligenza prodigiosa, attività fenomenale: ecco i valori morali di Benito Mussolini, di questo gigante del pensiero e dell'azione. E l'anima ardente della Sicilia con imponente spontaneo plebiscito, surto dalle cifre eloquenti delle urne, ha consacrato prima il suo riconoscimento e [la sua] devozione al Governo Nazionale che in nome d'Italia e per le sue migliori fortune oggi ne guida il destino, e poi con gioia esultante e con fervore di fraterna solidarietà ha trionfalmente accolto Sua Eccellenza il Presidente dei Ministri, durante la sua venuta in questa terra, riconoscendo in lui il realizzatore delle aspirazioni, delle virtù e della forza del popolo siciliano, il vero ed unico liberatore.
>
> Lo splendido risultato ottenuto nei due momenti solenni delle elezioni e della visita alla Sicilia del Capo del Governo, esprime la volontà e salda fiducia nel Governo stesso e nel Suo nobilissimo capo, volontà decisa di amarlo, di seguirlo e di ubbidirgli oggi, domani e sempre per la grandezza della Patria.

---

61 G. Miccichè *Dopoguerra ecc.*, cit., pag. 178.

> Per tutte dunque le alte benemerenze del Capo del Governo, che ha tratto l'Italia dal duro cimento, chi presiede l'attuale adunanza è sicuro di corrispondere al sentimento vostro, alla vostra volontà, a quella della Cittadinanza tutta come al più ardente profondo desiderio del suo cuore, col proporvi di proclamare Sua Eccellenza Benito Mussolini, primo Cittadino di Lentini.
>
> Il Consiglio, con animo esultante, accogliendo la proposta del sig. Presidente, che risponde anche ad un suo desiderio vivissimo, esprimente l'adempimento di un dovere impostoci dall'alta opera compiuta con sereno animo, con ardore e con fede del capo, dal Governo Nazionale per la rinascita della patria, ad unanimità di voti espressi per acclamazione, delibera di conferire a Sua Eccellenza Benito Mussolini, Presidente del Consiglio dei Ministri, la Cittadinanza onoraria di Lentini».

Dopo poco meno di un mese da questa deliberazione, il 10 giugno 1924, a Roma, venne rapito e ucciso l'on. Giacomo Matteotti, segretario del Partito Socialista Unitario, che qualche giorno prima, alla Camera, aveva coraggiosamente denunciato, avvalendosi di un'ampia documentazione, le violenze fasciste che avevano falsato tutto l'andamento della campagna elettorale e le elezioni stesse.

Il delitto provocò un moto di protesta in tutta la Sicilia, un momentaneo sbandamento del potere fascista e un certo risveglio dei partiti antifascisti.

«Ricordo che dopo il delitto Matteotti, che produsse panico in tutta Italia» a Lentini «ci permettemmo di aprire una sezione del Partito Socialista, mettendo una bandiera rossa», scrive Natale Vella[62].

---

62 Memoriale di Natale Vella *Lentini dell'antifascismo. Dal 1921 al 1943*.

Ma, dopo la svolta totalitaria del 3 gennaio 1925, le voci di dissenso vennero soffocate.

«Lo spirito della ripresa politica crollò dopo le "leggi eccezionali"», continua Vella, il fascismo riprese vigore «e incominciò la seconda tragedia: intimidazioni, arresti e bastonate».

Già dal luglio 1924 venne praticamente abolita la libertà di stampa sancita dallo Statuto Albertino.

Nell'ottobre del 1925 cessarono anche le libertà sindacali, mentre già dall'aprile precedente era stato dichiarato illegale lo sciopero.

Il 3 settembre 1926 vennero soppressi i Consigli Comunali elettivi, a cui subentrarono Podestà di nomina governativa.

Il 5 novembre successivo furono soppressi i giornali antifascisti, vennero istituiti il confino di polizia e il Tribunale Speciale "per la difesa dello Stato" e il 9 fu pronunciata la decadenza dei deputati d'opposizione "aventiniani" e subito dopo furono sciolti i partiti.

Ai principali dirigenti della sinistra come Nenni (PSI), Turati (PSU), Togliatti (PC dI) non restò che il lungo cammino dell'esilio.

E in esilio i due partiti socialisti, nel Congresso di Parigi del 1930, si riunificheranno riprendendo il vecchio nome di PSI. Il 25 ottobre 1926 anche don Luigi Sturzo lasciò l'Italia rifugiandosi negli U.S.A..

La stessa Camera dei Deputati, in seguito trasformata in "Camera dei Fasci e delle Corporazioni", cesserà di esistere come organo di rappresentanza democratica, per diventare semplicemente cassa di risonanza del governo fascista, che prese a legiferare per mezzo di decreti-legge.

Iniziava così il lungo periodo della dittatura.

Anche a Lentini al Consiglio Comunale, dopo una parentesi di circa un anno e mezzo di due gestioni commissariali del cav. Giuseppe Bonfiglio e del barone Francesco Aurelio Bonfiglio, subentrò un

Podestà nella persona del comm. Giuseppe Bonfiglio. Da allora e fino al 1943 sarà un lungo alternarsi di Podestà e di Commissari Prefettizi.

Queste gestioni, a parte qualche provvedimento di tipo assistenziale, navigarono in genere nell'ordinaria amministrazione, tranne forse nel campo dei lavori pubblici.

Ad esempio il Podestà Giuseppe Bonfiglio il 7 settembre 1927 deliberò:

> «Ritenuto che per la sistemazione della Piazza Gorgia, come dal relativo progetto tecnico debitamente approvato il 26 agosto 1926 col N° 1209, occorre sia occupato uno stacco di terreno della superficie di mq 3.873 di proprietà del Senatore B.ne Giuseppe Luigi Beneventano; considerato che dietro lunghe trattative, si è potuto concordare con il suddetto On. Senatore il prezzo di £.50.000 a tacitazione di ogni suo diritto, per la cessione in vendita di quel tratto di suolo, somma che è pure convenuto pagare in cinque annualità uguali a cominciare dal 1927, delibera [di] acquistare da potere dell'on. Sen. B.ne Giuseppe Luigi Beneventano per la somma di lire cinquantamila (50.000) i mq 3.873 del suolo di cui sopra. La detta somma da pagarsi in cinque annualità uguali a cominciare dall'esercizio 1927 nel cui biennio trovasi già stanziata la prima nota».

Su quel terreno sorgerà l'attuale Villa Gorgia, in seguito ad una delibera del 23 maggio 1930 in tal senso.

In pari data il Podestà del tempo Francesco Cicirata decise la costruzione del campo sportivo, «ritenuto che il Fascismo ed il Governo Nazionale hanno posto, giustamente, fra i problemi fondamentali l'educazione fisica e morale della gioventù, consci della funzione sociale che esplicano su questa le manifestazioni ginnico-sportive»[63].

La decisione venne presa sulla base di alcune premesse:

> «Considerato che occorre dotare Lentini d'un campo sportivo che risponda almeno in parte al numero [degli abitanti]; ritenuto che è necessario costruire il campo nel terreno di proprietà dell'on. Senatore Beneventano B.ne Giuseppe Luigi, adiacente alla Piazza Gorgia, sia per la vicinanza che ha per la parte centrale dell'abitato che per la sua giacitura;
>
> visto il progetto delle opere col quale si prevede l'occupazione di mq 28.815 di terreno situato a valle della piazza Gorgia - contrada Carrubbazza, tenere di Lentini - da destinare per mq 21.825 per la costruzione del campo propriamente detto e per mq 6.990 per le strade di perimetro; vista la perizia che porta l'ammontare complessivo dei lavori a £.450.000;
>
> ritenuto che il proprietario del terreno non ha voluto bonariamente consentire alla cessione in vendita del suolo e che quindi occorre provvedere ai sensi della legge 15 gennaio 1885, estesa con la legge 21-6-1928 N° 1580, anche per l'esproprio dei terreni necessari per la costruzione dei campi sportivi;
>
> vista la stima del terreno da occuparsi che porta il valore a £.91.928;
>
> ritenuto che il Comune non può disporre per un primo congruo finanziamento dell'Opera e per il pagamento del

---

63 „Lo sport era oggetto di cure molto attente da parte del governo perché era in stretto rapporto con l'educazione paramilitare della gioventú" (in P. Milza – S Berstein *Storia del fascismo*. BUR Rizzoli, 2004, Milano, pag. 243.

prezzo di esproprio se non vendendo il titolo del Littorio del valore nominale di £.200.000 a cui va aggiunto lo stazionamento apposito di £.20.000 esistente nel bilancio del corrente esercizio; considerato che il Comune, con tali somme, oltre al pagamento del prezzo di esproprio del terreno, potrà provvedere alla esecuzione del primo lotto dei lavori, salvo al ultimare l'opera con stazionamenti a farsi nei bilanci dei venturi esercizi».

Si addivenne, però, ad un accordo e il 31 ottobre 1930, davanti al notaio Giuseppe Scalia di Lentini, fu stipulato il contratto di vendita del terreno del barone al Comune per il valore di borsa di una cartella al portatore del consolidato cinque per cento del prestito Littorio, del valore nominale di £ 100.000, ma del valore reale di £.81.500, da consegnarsi entro 10 giorni. Il 6-11-1930 fu quindi redatto l'atto, presenti, oltre al barone il rag. Cav. Giuseppe Cappellani, funzionario della Prefettura e il sig. Mario Russo, in rappresentanza della esattoria comunale di Lentini[64].

Per quanto riguarda il PNF di Lentini, fra i principali esponenti vanno ricordati l'avv. Giovanni De Geronimo, proveniente dai nazionalisti che fu il primo segretario della locale sezione; il prof. Vincenzo Aletta che sarà anch'egli segretario della sezione come pure il sig. Alfio Conti; il b.ne Pietro Sanzà, il dott. Giacomo Magnano S. Lio, che fu Podestà, il cav. Vincenzo Marino, unico lentinese partecipante alla Marcia su Roma, il sig. Michele Moncada, il prof. Giuseppe Iannitto, per lungo tempo segretario amministrativo, Paolo Manganaro, ultimo segretario politico.

La sezione era stata fondata dall'avv. Filadelfo La Ferla, funzionario ministeriale. Essa era allocata inizialmente in via Arrigo Testa e successivamente, nel Palazzo detto del Fascio, situato a fianco della Chiesa Madre.

---

64 L'atto notarile del 6-11-1930 (repertorio n° 2778 – fascicolo n° 1773) trovasi in ASCL. E, X, 10-2- n°254.

Non mancarono a Lentini, come nel resto d'Italia, le adunate oceaniche nella piazze Duomo e Umberto, per ascoltare la voce del Duce, amplificata dall'altoparlante piazzato nel balconcino che sta sopra il portone del Municipio, come avvenne per la conquista dell'Etiopia e per la dichiarazione di guerra.

In occasione dello scontro di Ual Ual le campane suonarono per un'ora e mezza, come ha raccontato un testimone.

Nel mentre la vita cittadina scorreva tra sfilate, sabati fascisti, figli della lupa e avanguardisti, un piccolo mondo sotterraneo si agitava.

Non si può parlare di attività antifascista vera e propria, ma piuttosto di una forma di cospirazione fatta di incontri tra vecchi militanti, di scambi di opinione sulle vicende politiche, di contatti che servivano a tenere viva in qualche modo la fiammella della speranza di un futuro riscatto.

Questo segreto ribollio era in genere limitato ad elementi comunisti o ad essi vicini, se si esclude la figura di Filadelfo Castro.

Castro era nato a Lentini l'1 gennaio 1884.

Autodidatta, di professione pittore di carretti, piuttosto bravo, e infine agricoltore, partecipò fin da giovane all'attività politica, sempre nell'orbita del movimento socialista.

Fu eletto consigliere nel 1914, nel 1920, nel 1946 e nel 1956, conservando la carica fino alla morte (10 marzo 1961).

Leader indiscusso del socialismo classista portò il PSI, nel 1920, alla conquista del Comune di Lentini, capeggiando la prima amministrazione interamente socialista.

Successivamente aderì al P.S.U..

Fu anche attivo nel movimento cooperativistico come presidente della cooperativa "Il Lavoro", diretta da Francesco Marino, con cui collaborò per lungo tempo, fin quando le due forti personalità finirono per confliggere, dando luogo ad uno scontro aperto nel secondo dopoguerra.

Durante la sua leadership si ebbero le occupazioni di vari latifondi: Bonvicino, Murgo, Dagala, Mariolisi, Carmito, Galermo.

Suoi sostenitori saranno per lungo tempo i quotisti del fondo Bonvicino, (i cosiddetti "Bonvicinoti") trasformato in rigogliosi giardini.

Il 14 marzo 1923 così viene definito dalle autorità:

> «Niuna fama riscuote nella sana opinione pubblica, mentre nella classe dei contadini di Lentini riscuote buona fama»[65].

Successivamente, dopo aver orbitato intorno ai sindacati "nazionali" di Lentini, probabilmente per non perdere i contatti col mondo contadino, venne confinato a Lipari dal dicembre 1927 al febbraio 1930.

Nel 1931 venne iscritto nell'elenco delle persone da arrestare in determinate contingenze. Cosa che puntualmente avvenne l'8 agosto 1937 per il passaggio di Mussolini da Lentini e l'8 maggio 1938 per la visita del Re a Siracusa.

Dal 1941 si rese irreperibile per sfuggire ad ulteriori arresti[66].

A lui è oggi intitolata una strada di Lentini.

Per quanto riguarda i comunisti, a dirigenti centrali come Pietro Secchia risulta che in provincia di Siracusa «il partito comunista non ha nessuna sezione; solo in pochi centri alcuni singoli elementi comunisti spiegano una scarsa e occulta attività»[67].

---

65 Il giudizio è riportato in R. Mangiameli, cit., pag.123.
66 In R. Mangiameli, cit., pag. 131.
67 G.Miccichè *Dopoguerra ecc.*, cit., pag. 215.

Lentini era uno di questi centri.

In un appunto-relazione del segretario sezionale Filadelfo Nigro, redatto alla fine del 1944, risulta che il 10 ottobre 1933, quindi in pieno regime fascista, venne costituita a Lentini una sezione del PCI, che il 25 dello stesso mese si riunì per la «accettazione di nuovi compagni»[68].

L'elencazione dei deliberati citati da Nigro riprende poi dal 1° gennaio 1944, il che conferma che l'attività della sezione, per forza di cose, data l'estrema pericolosità costituita dalla sua esistenza, non poteva che essere segretissima, proprio per tutelare i suoi aderenti.

> «Lentini nel ventennio ebbe sempre una autonomia politica e sempre in collaborazione con Carlentini e Francofonte ... esistevano uomini aderenti alla linea rivoluzionaria, come Marino, Castro, Martinez, Di Giorgio, Magrì, Mangano ed altri...»[69].

Nel campo comunista coloro che periodicamente incapparono nelle maglie della polizia fascista furono soprattutto Francesco Marino, Filadelfo Nigro, Nello Arena, Cirino Speranza e Natale Vella.

Francesco Marino (3-4-1893/10-10-1961), agrimensore e ragioniere, si era iscritto al PSI nel 1911 ed aveva partecipato alla guerra mondiale.

Al ritorno, colpito dalla miseria delle masse bracciantili, si era appassionato ai problemi dell'agricoltura e del cooperativismo agricolo in particolare, di cui era divenuto un vero esperto ed era quindi poi assurto al ruolo di direttore della cooperativa socialista "IL Lavoro", che occuperà il feudo Bonvicino, poi trasformato in fiorenti agrumeti.

---

68 Archivio Filadelfo Nigro.
69 Memoriale Vella, cit.

All'avvento del fascismo non cessò di guidare, per quello che la situazione gli consentiva, il movimento contadino a Lentini, tenendo nei confronti del regime una posizione da taluno definita «interlocutoria»[70], per poter strappare quante più concessioni fosse possibile.

«Chi lo conosceva meglio ricordava pure che l'impegno politico non era il suo obiettivo bensì lo strumento che egli utilizzava per dare forza alle sue cooperative, ai suoi braccianti, contadini, coltivatori», ha scritto il giornalista Salvatore Maiorca[71].

I suoi rapporti col regime sembrano in qualche caso improntati ad una certa ambiguità, tanto da fare ipotizzare[72] un suo accostamento al PNF.

Ma nessuno ha mai creduto né crede ad una simile eventualità: né il regime, che lo riteneva elemento pericoloso, per cui non smise mai di perseguitarlo, né gli antifascisti, di ieri e di oggi, neanche negli anni di più accesa polemica, sia all'interno del PCI, a cui aveva aderito, che all'esterno.

È assai più credibile l'ipotesi che l'intelligente cooperatore abbia messo la sua proverbiale astuzia, per cui taluni lo paragonavano alla Maga Circe ("Magagigi" in dialetto), al servizio dei suoi obiettivi di riscatto dei lavoratori della terra.

Nel 1932 venne ammonito per il ritrovamento di libri sovversivi in casa sua[73] e un'altra volta lo fu nel 1935.

Infine venne confinato a Pisticci tra l'ottobre del 1941 e il gennaio del 1942. Nel 1947 sarà eletto deputato del PCI nella prima legislatura dell'ARS.

---

70 R. Mangiameli,cit., pag. 121.
71 Articolo su *La Sicilia* del 21-10-1998.
72 R. Mangiameli, cit., pag. 142.
73 R. Mangiameli, cit., pagg. 136-137.

Filadelfo Nigro era un ottimo falegname nato a Lentini il 18 giugno 1896; il padre lavorava nella risaia del Pantano.

Chiamato alle armi il 10 aprile 1916 aveva partecipato alla prima guerra mondiale, anche in zona di operazioni, col 60° battaglione del 1° Reggimento genio, guadagnandosi una medaglia al valore.

Dalla Francia era quindi rientrato in Patria nel marzo del 1919 ed era stato congedato il 20 dicembre dello stesso anno.

Una volta a Lentini si era subito schierato col movimento socialista rivoluzionario che allora si espandeva rapidamente nella città e nel 1921 era stato tra i fondatori della locale sezione del PCdI, poi ricostituita clandestinamente nel 1933.

Rispondendo, nel dopoguerra, a un conoscente che aveva messo in giro la voce che durante il confino la sua situazione sarebbe stata tutt'altro che penalizzante e quasi avrebbe goduto della sua condizione di confinato, egli scrive, fra l'altro: «Il 24 gennaio 1941 fui arrestato e al mio arresto seguì una serie di interrogatori. Nel periodo dell'istruttoria, è logico, io non potevo sapere quale era il mio destino; mi minacciarono di penitenziario e di altro ancora, e Nigro, perché lei lo sappia, rispose sempre nella stessa maniera...».

«... lei ha osato dire "che facevo il signore". Invece io guadagnavo 200 lire al mese e le mandavo a casa e questo era tutto il mio pane; e consumai tutte le piccole risorse che avevo: questo è tutto e lei avrebbe dovuto capire che non era come andare in America, ma un luogo di pena»[74].

Il suo comunismo sincero e spassionato era anche supportato da un'intensa religiosità, non catalogabile in una particolare confessione, vissuta senza contraddizione alcuna col suo credo politico.

---

74 Archivio Nigro, cit..

«Dai rapporti del capo zona OVRA la figura di Filadelfo Nigro (nato a Lentini nel 1896, autodidatta, ex combattente, artigiano di modeste condizioni economiche) si delinea con i tratti del profeta («Vittorio Emanuele sta per andarsene, e Umberto, quando salirà, durerà poco», «Quattro angeli fanno male alla terra, al mare e agli alberi: Mussolini, Hitler, Vittorio Emanuele e il falso profeta o Papa») e del riformatore sociale (distribuzione della terra ai contadini, organizzazione politico-sindacale su base regionale inquadrata in una federazione europea a sua volta collegata a un'organizzazione mondiale)»[75].

A proposito della terra, in un suo scritto, presumibilmente del 1943, egli sostiene:

> «Il problema della terra è il problema centrale della questione italiana, come lo fu per la Russia, ma per fortuna esso è il problema più adatto a ricevere una pronta soluzione. Oggi tutti guardano alla terra perché solo da essa sorgerà la nuova vita, per virtù di quelli che l'hanno veramente sempre amata, senza mai possederla. Questo spirito di rivendicazione è l'unica forza viva che ci rimane che potrà rimettere in moto la macchina sociale, perché si tratta di estirpare dalla radice - dalla campagna - il servaggio semifeudale che ancora opprime il paese in ogni manifestazione del lavoro e del pensiero. Il contadino nostro, come il mugik russo, pensa che "bisogna cassare i diritti ereditati ed acquisiti sopra la terra, rovesciare tutti i termini e questa terra così ripulita delle sovrastrutture storiche, consegnarla a chi la lavora.
>
> La terra non è di nessuno, la terra è di Dio"»[76].

---

75 Mimmo Franzinelli *I tentacoli dell'OVRA*, Bollati Boringhieri, Torino, 2000, pag. 370.
76 Archivio Nigro, cit.

Le sue amicizie provenivano principalmente dal mondo dell'antifascismo locale: «C'erano comunisti atei: non ci sarebbe mai stato, secondo loro, un dio di giustizia; ma l'Uomo, emancipato, evoluto, avrebbe risolto i problemi del vivere. C'erano pure comunisti credenti che credevano che il comunismo avesse radici nel cristianesimo... »[77].

Suo intimo amico, falegname, ex combattente e comunista come lui, fu Ignazio Magrì.

> « Se il Magrì fu comunista scientista, con una visione del reale secondo una logica razionale, ma sempre protesa verso un Bene Sociale, F. Nigro, invece, fu un appassionato studioso della Sacre Scritture...»[78].

> «F. Nigro fu comunista di tipo profetico per una tendenza propria; senza tema di esagerare si può dire che amò il Prossimo più di se stesso: ospitò poveri, diseredati, anziani bisognosi di un posto per dormire e di un pasto di sopravvivenza. Al confino politico dimostrò dignità, correttezza, capacità lavorativa e coerenza di pensiero...»[79].

Nigro e Magrì stipularono un curioso patto: «Chi per primo sarebbe morto, se vivente in un'altra dimensione sarebbe dovuto venire a trovare l'amico e spiegare come stanno le cose»[80].

Cirino Speranza (2-1-1900/28-5-1983) era un bracciante che fin dal 1920 aveva partecipato a tutte le lotte politiche e sindacali del proletariato lentinese e subìto diversi arresti per motivi politici.

---

77 Appunti biografici del figlio di Nigro, cap. Alfio Nigro.
78 Idem.
79 Idem.
80 Idem.

Nel periodo della clandestinità rappresentava il raccordo fra gli artigiani che avevano fondato il partito comunista e il bracciantato agricolo.

Nel 1930 conobbe il socialista (PSU) catanese avv. Agatino Bonfiglio, che gli forniva materiale di propaganda antifascista che egli poi distribuiva, tenendolo nascosto nella sua bicicletta.

Nel 1941 venne condannato a tre anni di confino, scontandone però la metà, per vendita di bibbie protestanti[81].

Ma la sua fama di antifascista è soprattutto legata a due episodi. Il primo, del 1933, relativo al taglio dell'albero dedicato alla memoria di Arnaldo Mussolini[82], così lo presenta Natale Vella, da poco rientrato dall'esilio: «Fu proprio dopo tre mesi dal mio arrivo che fui arrestato per il taglio dell'albero di Arnaldo Mussolini, posto dentro la Villa Gorgia. Dopo un mese, senza una prova, fui messo in libertà. Non fu mai scoperto chi fosse a fare l'opera. Giocavo con i fascisti e la polizia a guardia e ladri. Ero l'unico indiziato perché reduce dalla Francia»[83].

Le ultime frasi sembrano gettare un ulteriore alone di mistero su un episodio mai pienamente chiarito o poco conosciuto.

Un autore, però, prende una posizione netta, citando una testimonianza dello stesso Speranza:

«... Ricorda inoltre che fu lo stesso Bonfiglio a suggerirgli di tagliare il 23 luglio 1933, l'albero dedicato alla memoria del defunto fratello di Mussolini, Arnaldo, cosa che in effetti Speranza fece»[84].

---

81 R. Mangiameli, cit., pag. 147.
82 Arnaldo Mussolini (1885-1931), fratello minore del Duce e suo successore nella direzione de *Il popolo d'Italia*, quando Benito divenne Presidente del Consiglio, morì d'infarto il 21-12-1931. Il Comune di Lentini gli dedicò un albero della Villa Gorgia.
83 N. Vella Memoriale, cit.
84 F. Pezzino – L. D'Antona – S. Gentile *Catania tra guerra e dopoguerra* Edizioni del Prisma, Catania, 1983, pagg. 124-125.

Il secondo episodio riguarda un convegno regionale (il primo in Sicilia) di antifascisti, tenutosi a Lentini nel maggio del 1943, in concomitanza con la festa di S. Alfio, di modo che i partecipanti forestieri non avrebbero dato nell'occhio poiché si sarebbero confusi con quelli che venivano dai paesi vicini per la festa.

Il convegno si tenne per l'appunto in casa di Cirino Speranza.

Sia il Nigro, che aveva una posizione religiosa originale, che lo Speranza, che era battista, erano certamente in contatto[85] con l'ambiente cristiano acattolico, che allora a Lentini consisteva nella Chiesa Battista e in quella degli "Avventisti del 7° giorno" (sabatisti).

La diffusione del protestantesimo, che era però rimasto fenomeno circoscritto, era in buona misura ascrivibile, in particolare nel Meridione, all'opera di emigranti negli U.S.A. che, tornati in patria, dopo anni di assenza, con altre credenze e altri costumi, li avevano divulgati fra i compatrioti, facendo quindi opera di proselitismo.

Se si considera che la maggioranza della nostra emigrazione, specialmente negli anni precedenti il primo conflitto mondiale, era costituita da contadini, si capisce perché certe comunità protestanti si fossero sviluppate con ben precise caratteristiche sociali.

Se si aggiunge, inoltre, che la vita di queste comunità era regolata dal metodo democratico e da rapporti di umiltà e fraternità fra i fedeli, si capisce facilmente come la cultura protestante doveva prima o poi scontrarsi con il regime fascista, tutto basato sui principi di autorità e di gerarchia.

Bisogna infine considerare che se il sorgere di un forte movimento di emancipazione delle masse contadine aveva significato soprattutto organizzazione politica, azione politica ed economica attraverso i partiti, le occupazioni di terre, gli scioperi, in alcuni casi

---

85 Vedi R. Mangiameli, cit,. Pag. 147.

gli oppressi avevano trasferito il diffuso bisogno di riscatto del proletariato nella sfera spirituale, aderendo al movimento protestante, visto anche come elemento di rottura dei tradizionali rapporti di gerarchia della società.

Tuttavia l'associazionismo evangelico, che aveva finalità religiose sue proprie, in nessun caso si identificherà con i partiti della sinistra, o semplicemente d'opposizione, al di là della collocazione politica di singoli aderenti.

Si può parlare invece, più correttamente, di una convergenza con i partiti della sinistra sul terreno, inevitabilmente comune, della difesa delle libertà democratiche.

Furono infatti le caratteristiche strutturali, di fede e di organizzazione, a collocare il movimento evangelico su posizioni antitetiche al regime fascista, man mano che esso evidenziava il suo carattere autocratico e decisamente illiberale in tutti i campi, compreso quello religioso.

E il regime, da parte sua, non mancò di guardare in cagnesco le Chiese protestanti, che con le loro istituzioni elettive di tipo parlamentare, cozzavano palesemente col clima autoritario che governava tutta la vita del Paese.

E dal 1939 esso iniziò una serie di vessazioni nei loro confronti, assimilandole ai dissidenti politici. Ci furono ondate di arresti e di invii al confino.

I protestanti di Lentini furono oggetto di un'attenzione particolare e di accurate indagini «con revisione della corrispondenza, perquisizioni domiciliari e infiltrazioni di confidenti nella Chiesa evangelica»[86].

Del resto l'ambiente degli acattolici lentinesi era stato sempre guardato con sospetto, soprattutto per l'attività dei due comunisti

---

86 M. Franzinelli, cit., pag. 365.

Delfo Nigro e Cirino Speranza, ma forse anche per una goliardata antifascista, avvenuta alla villa comunale una domenica degli anni Trenta, quando un gruppo di una quindicina di giovanissimi appartenenti alla chiesa battista aveva imposto alla banda municipale di suonare *Bandiera rossa* e si era poi eclissato.

La repressione scattò in pieno nel 1941, anno in cui il farmacista Paolo Zarbano (avventista), l'esponente forse più illustre del protestantesimo locale, fu condannato a cinque anni di confino.

Zarbano era un intellettuale che aveva mantenuto sempre vivo il senso della dignità umana e della libertà e fu per questo colpito dal regime.

«Anche durante l'epoca dell'oscurantismo tirannico ho ritenuto giusto mantenere integra la funzione delle associazioni di idee sane e la critica naturale dello sviluppo politico.

Appartato dal servitorame complice e cosciente fu facile ad esso individuarmi e processarmi»: così lo stesso Zarbano scrive[87] a proposito del suo atteggiamento nei confronti del regime.

La sua figura di solitario pensatore si era nettamente differenziata dalla massa di coloro che erano stati soggiogati dalla propaganda fascista: «Da Palazzo Venezia, l'Ipocrita, come un anticristo, ordinava la strage degli abissini, il massacro di Addis Abeba, la distruzione della popolazione spagnola, albanese, greca e croata e un gregge di pecoroni incoscienti eseguiva metodicamente orrendi delitti che avrebbero fatto impallidire lo stesso Nerone»[88].

Egli aveva una concezione sociale che potrebbe definirsi di socialismo cristiano, in cui pensiero politico e credo religioso si fondevano indissolubilmente: «La miseria può essere completamente abolita facendo rivivere con tutta la nostra forza,

---

87 Paolo Zarbano *Il regno di Dio* C.I.T.E.M., *Catanua, pag. 5.*
88 P. Zarbano *Il regno di Dio*, cit., pag. 7.

con tutta la nostra intelligenza, con tutto il nostro cuore l'eterno comandamento di Cristo: Voi tutti siete fratelli»[89].

Netta sarà la sua condanna del nazifascismo: «La fine di questa guerra ha sanzionato il crollo dell'impero delle menzogne e del banditismo politico che ha portato gli esponenti di queste cricche alla definizione di criminali di guerra!»[90].

Altrettanto ferma sarà la sua adesione alla democrazia repubblicana e quasi profetico il suo sogno di un'Italia federale con «l'instaurazione di un governo veramente democratico e controllato dal Parlamento Nazionale, questo a sua volta sorretto e controllato dai Parlamenti Regionali, così come è stato realizzato da quasi due secoli nella libera terra americana»[91].

Le riforme da lui propugnate non riguardavano però solo l'assetto giuridico-istituzionale dello Stato, ma investivano anche quello della società:

«Affinché si rispetti la volontà di Cristo occorre ordinare lo Stato in maniera tale che non manchi a nessuno il pane quotidiano, perché esso si trasforma in carne e sangue che sono gli elementi della vita umana, mancando i quali si arriva alla morte prematura, come sta avvenendo oggi»[92].

Bisognava abolire la «merce-lavoro, cioè l'ultimo e più penoso stato di servitù economica»[93] e quindi «la penosa offerta del bracciante nullatenente che deve umiliarsi alla volontà altrui per una paga giornaliera con la quale deve procurare una magra cena ai figlioli sempre affamati e bisognosi»[94].

---

89 P. Zarbano *Il regno di Dio*, cit., pag. 8.
90 P. Zarbano *Canali capillari di potenza* Tip. R. Saluta, Lentini, 1945.
91 P. Zarbano *Canali ecc.*, cit., pag. 17.
92 P. Zarbano *Il regno di Dio*, cit., pag. 10.
93 P. Zarbano *Il regno di Dio*, cit., pag. 8.
94 P. Zarbano *Il regno di Dio*, cit., pag. 11.

All'agricoltura, vero motore del benessere sociale, doveva essere riconosciuta tutta la sua importanza:

«La spina dorsale dello Stato è una sana agricoltura, la quale riposa sul senso di lavoro e di risparmio dei lavoratori proprietari di piccole e medie aziende a conduzione diretta»[95].

Per rispondere in pieno al messaggio cristiano la società futura si sarebbe dovuta insomma fondare su saldi principi di equità:

«Ad ognuno secondo i propri meriti produttivi senza scendere dalla media del minimo benessere per l'esistenza sana, questo sarà il dono del 20° secolo all'umanità risorgente dalle rovine della guerra»[96].

Spesso in particolare nel secondo dopoguerra, numerosi evangelici di Lentini ebbero come punto di riferimento Sebastiano (Neddu) Arena[97].

Questi, originario di Catania, dove era nato il 20-8-1915, era figlio di un ferroviere (Giovanni Arena), che era stato licenziato per antifascismo.

Neddu crebbe quindi in un clima famigliare ostile al regime.

Orologiaio, autodidatta e dotato di viva intelligenza, si era formato una cultura eclettica, prevalentemente basata su testi marxisti e leninisti, ma in cui non dovevano essere estranee influenze populiste ed anarchiche.

Fu anche poeta non banale, sia pure senza pretese artistiche.

In una sua poesia[98] dal titolo "Lu me ritrattu a vint'anni" egli così si rappresenta:

---

95 Idem.
96 Idem.
97 Per una biografia di Nello Arena vedi „Ricordo di Neddu Arena" in Ferdinando Leonzio *13 storie leontine* APED, Carlentini, 2007, pag. 75 ss.

«DI FACCI E DI PRUFILU 'N SARACINU,

LA FRUNTI VUNCHIAZZUSA E L'OCCHI LATRI,

LU NASU SENZA SMENNI : MALANTRINU !

RITRATTU NATURALI DI ME PATRI.

PARRAMANU TANTICCHIA DI VICINU

BINIRITTU LU LATTI DI ME MATRI !

MA SACCIU ADDIVITARI... 'N ASSASSINU

E CUMMINARI SCENI DI TIATRI !

CARATTIRI : RIBELLI DI NATURA,

APPROVU LA BUNTA' SENZA RAGGIUNI

E DITESTU L'INFAMIA E L'IMPUSTURA.

PARRANNUMI DI LOTTA SUCIALI

MI JETTU SEMPRI CONTRU LU PATRUNI

E FAZZU SCATINARI 'N TIMPURALI».

Si mescolavano in lui, ad esempio nei comizi, atteggiamenti e pose un po' teatrali e uno spirito libertario e rivoluzionario, dai quali scaturivano un fascino ed un carisma che non mancheranno di influenzare vaste masse a Lentini.

---

98 La poesia é stata pubblicata integralmente su *Le Cicogne* , foglio ottavo, giugno 2000, Lentini.

Nel 1937 venne condannato a cinque anni di confino (alle Isole Tremiti e poi a Polistena, dove conobbe la sua futura moglie), per aver tentato di costituire una cellula comunista.

Il suo rapporto col PCI fu spesso conflittuale, perché la sua tendenza rivoluzionaria e il suo carattere anarcoide mal si conciliavano con il piatto stalinismo del partito e con il pragmatismo togliattiano.

Notevole oratore e leader per vocazione, fu idolatrato dai suoi seguaci e osteggiato dai suoi avversari interni ed esterni.

Diverrà sindaco comunista di Lentini nel 1960, dopo essere stato consigliere anche nella precedente legislatura.

Natale Vella era nato a Lentini il 23 luglio 1910.

Nel decennio 1921-1930 egli si dedicò allo studio divorando i libri della biblioteca del fratello maggiore, in particolare le opere dei grandi romanzieri dell'Ottocento come Victor Hugo e Leone Tolstoj. Queste letture, in cui erano spesso presenti tematiche sociali, costituirono la base per le sue future scelte politiche di instancabile rivoluzionario e di ardente antifascista.

A determinare tali scelte, egli scrive, furono «fatti come assalti alla Camera del Lavoro e i grandi processi del Tribunale Speciale».

Dopo l'avvenuto consolidamento della dittatura, con le leggi eccezionali, egli non si rassegnò.

«Con questa atmosfera, cercai di allacciare amicizia con un gruppo di anarchici di Siracusa: Failla, Cicero, Miceli, Burgio, Politi ed altri ancora, con i quali ci incontravamo spesso per discutere di problemi politici».

Tali contatti probabilmente dovettero influire sulla formazione politica di questo romantico e disinteressato rivoluzionario, innestandosi alla sua precedente formazione culturale e al clima della Lentini del dopoguerra, sì da farne un comunista in un certo senso "anomalo", in cui convivevano l'ammirazione e la solidarietà per la Rivoluzione d'Ottobre e uno spirito libertario che non gli venne mai meno. Egli potrebbe forse definirsi un "comunista anarchico".

«A lungo andare trapelò qualcosa nella polizia; quindi decidemmo di tagliare la corda», continua Vella.

Il racconto del suo espatrio clandestino, nonostante il tono volutamente distaccato assunto dall'autore, ha momenti di notevole drammaticità:

> «Concertammo di comprare una barca dal nome "La bella Peppina", lunga circa 6 metri, con vela, e vi istallammo un motore (questa fu opera di Burgio e Politi, uno meccanico e l'altro marinaio). Quando tutto fu pronto, con un po' di viveri, un pomeriggio di fine maggio [1931] ci imbarcammo.
>
> Eravamo in cinque uniti per la pelle.
>
> E fu quasi una tragedia.
>
> Quella stessa notte, quando avevamo guadagnato il largo, dopo circa otto ore di navigazione, il motore si arrestò.
>
> Non ne volle più sapere di funzionare, non ci fu verso di ripararlo. Ormai non c'era più possibilità di ritornare, bisognava andare avanti a furia di remi e vela.
>
> Obiettivo era la Tunisia: pensavamo di farcela.
>
> La nostra non fu impresa facile: il terzo giorno finimmo i viveri e ci mettemmo a razione, così anche per l'acqua; incontrammo mare forte e navigammo alla disperata.
>
> Eravamo entrati nel Canale di Sicilia e, al quarto giorno, quasi incredibile, scorgemmo una piccola barca con un uomo a bordo. Impallidimmo: sulla barca c'era scritto

"Lanpedusa"[99] e fu un attimo virare e puntare verso la Tunisia.

Stavamo per cadere dalla padella nella brace.

Con remi e vela, rammaricati e con il mare più ingrossato, speravamo di raggiungere la nostra meta.

La furia delle correnti del Canale di Sicilia ci faceva traballare.

La sete, la fame e la stanchezza ci vinsero...».

Ormai alla deriva

«fu all'ottavo giorno, verso il primo pomeriggio, che scorgemmo nuovamente terra: questa volta, però, una vista diversa.

Scorgemmo lontana una vasta riva con una distesa enorme di palmeti.

Questa volta non impallidimmo: sapevamo di essere giunti nel posto giusto e, accumulate tutte le nostre ultime energie, spiegando la vela e remando, giungemmo su una spiaggia deserta.

Tirammo alla meglio la barca al secco e, stremati, cademmo a terra in stato letargico [...] e così passammo lì la notte.

L'alba ci svegliò [...] girammo gli occhi e vedemmo [...] un paesaggio africano con qualche casa e palmeti, sempre palmeti a perdita d'occhio.

Qualcuno amorevolmente aveva deposto del pane a forma di focaccia con accanto una scodella d'olio.

---

99 Lampedusa, durante il fascismo, era una delle località destinate ai confinati politici.

Affamati, divorammo il tutto come fosse la manna del cielo. Non sapemmo mai chi aveva fatto quel gesto».

Ripresa coscienza gli esuli videro «un gruppo di bambini avvicinarsi timidamente e, dietro di loro, col caratteristico "fez" arabo, degli uomini».

«Dove siamo?». «Sfax, risposero, e ci porsero dell'acqua e altri viveri».

«Eravamo quindi a Sfax, cittadina della Tunisia, posta quasi al confine con la Libia, nel golfo della Gran Sirte.

Più tardi, mentre noi programmavamo il da farsi, ecco giungere dei gendarmi che ci invitano a seguirli. Ci portarono in una caserma e l'indomani, rifocillati bene, ci condussero in treno fino a Tunisi».

La notizia della fuga era nel frattempo stata comunicata al Console italiano, che invitò gli esuli a rientrare, ma ricevette un netto rifiuto. Essi si rivolsero invece al rappresentante della "Lega dei diritti dell'uomo", Giulio Barresi, il quale li fece rilasciare, gli procurò cibo, alloggio e un po' di denaro e li condusse alla redazione del giornale antifascista *La voce d'Italia*, dove furono intervistati.

«Incominciammo così una vita libera, conoscemmo molti antifascisti, e tra questi Fausto Nitti ed Emilio Sereni, anche loro reduci da una fuga dal confino con i fratelli Rosselli».

Dopo una permanenza di circa sei mesi a Tunisi, dove fu operato di appendicite, Vella si recò a Marsiglia, dove ebbe modo di riflettere anche alla luce degli avvenimenti passati che si riaffacciavano alla sua mente.

«Ricordavo che agli albori del fascismo a Lentini un comizio ostacolato dalla forza pubblica (oratori Vincenzo Vacirca e Maria Giudice) sfociò in una carneficina; cinque

> morti e un centinaio di feriti. Si sparò su una folla inerme, da tutte le parti [...]. In un altro comizio nella stessa piazza, oratore il sindaco socialista il tenente dei carabinieri Vitale ordinò ai soldati di sciogliere il comizio. Una folla di oltre quattromila persone non tollerò il sopruso della forza pubblica... [i] soldati... furono tutti disarmati e nove di essi, feriti dalle loro stesse baionette, furono ricoverati in ospedale».

Ripensava all'assassinio di Matteotti, di Amendola e di don Minzoni e agli attentati a Mussolini ad opera della Gibson, di Lucetti, di Schirru e dell'on. Zaniboni del PSU.

Tutto lo portava ad una conclusione: non bastava l'antifascismo idealista, il rifiuto puro e semplice della dittatura, ma bisognava lottare concretamente contro di essa, soprattutto cercando di risvegliare le coscienze e organizzando la resistenza al regime.

Decise pertanto di rientrare in Italia, anche perché, essendo incensurato e minorenne, aveva subito una condanna a soli due mesi e mezzo di carcere con la condizionale.

Alla frontiera di Ventimiglia venne arrestato.

«Conobbi per la prima volta l'odissea di una traduzione normale in carro cellulare da Ventimiglia a Genova, Pisa, Roma, Napoli, Messina, Siracusa: una traduzione di quaranta giorni e sempre incatenato come un volgare galeotto»[100].

Arrivato a Lentini e rilasciato, dopo poco tempo venne fermato per un mese, per l'episodio del taglio dell'albero di Arnaldo Mussolini.

Il lavorio sotterraneo degli antifascisti lentinesi non doveva essere del tutto ignoto alla polizia del regime, sempre vigile nel controllare quella città che nel suo intimo non si era mai veramente piegata al fascismo.

---

100 Le citazioni sono tratte dal Memoriale Vella, cit.

Si cercava quindi di prevenire ogni mossa, vera o presunta, ai danni del regime.

L'occasione per una vasta retata si verificò nel 1937.

Il Duce aveva deciso di effettuare quell'anno un viaggio in Sicilia per presenziare alle manovre militari e, per l'occasione, assistere alle rappresentazioni classiche al Teatro Greco di Siracusa, dove si sarebbe recato partendo da Catania.

Il corteo governativo sarebbe quindi passato per Lentini, a quel tempo governata dal Commissario Prefettizio cav. rag. Guglielmo Li Greci.

L'avvenimento mise in subbuglio tutte le autorità della provincia aretusea e quella di Lentini in particolare.

Il 2 agosto 1937, con nota n° 7550 il Commissario Li Greci così si rivolgeva al Commissariato di P.S. e al comando dei carabinieri di Lentini:

> «È stato già provveduto per l'impianto della staccionata lungo le vie che dovranno essere percorse da S.E. il Capo del Governo; ho dovuto però rilevare che parte di essa è stata manomessa e parte danneggiata ed ho la preoccupazione che sino al giorno in cui la staccionata dovrà essere in condizione di perfetta stabilità gli inconvenienti lamentati aumenteranno.
>
> Urge provvedere ad una sistematica accurata vigilanza ed io non ho personale adeguato per provvedere. Debbo, pertanto, invocare, alla S.V. il provvedimento che il servizio di vigilanza predetto sia affidato tanto nelle ore diurne quanto parzialmente in quelle notturne agli Agenti di P.S. che trovansi qui dislocati giacché non saprei come provvedere se tale assistenza che chiedo dovesse venir meno.

Convinto nella collaborazione della S.V. saluti»[101].

E fu appunto un Commissario Capo di P.S. a prendere in mano la situazione.

Il 4 agosto, rivolgendosi oltre che alle autorità locali (Commissario Prefettizio, tenenza del carabinieri, titolare dell'ufficio di P.S.) anche al «Comandante il Nucleo Camice Nere di Rinforzo a Lentini» e al «Signor Segretario del Fascio di Combattimento di Lentini», egli diramò le sue «disposizioni di indole generale»:

> «Come è noto, la mattina del 13 corrente S.E. il Capo del Governo onorerà di una sua visita la Provincia di Siracusa e transiterà in automobile per Lentini seguendo l'itinerario: via Vittorio Emanuele III - via Garibaldi - piazza Duomo - via Arrigo Testa - via Giuseppe Verdi - piazza Nazionale - via Siracusa.
>
> Sull'intero percorso di oltre 2.000 metri sono state costruite apposite staccionate dietro le quali si disporranno le Organizzazioni del Regime e si ammasserà il popolo. Mentre da parte mia fin dal mio arrivo a Lentini ho provveduto e provvedo a tutte le misure preventive atte a garantire nel modo più assoluto l'ordine pubblico e la sicurezza dell'Altissimo Personaggio, ricordo che con l'approssimarsi del giorno dell'eccezionale avvenimento, dovranno intensificarsi i servizi predisposti, specie quelli anagrafici, esercitando rigoroso controllo giornaliero sulle persone alloggiate negli alberghi, locande e camere mobiliate onde accertare la identificazione, la condotta politica e lo scopo del loro soggiorno in Lentini. Assidua vigilanza dovrà altresì esercitarsi sull'autorimessa di via Garibaldi e seguire il movimento delle macchine in entrata ed uscita da detto locale.

---

[101] Archivio Storico Comunale Lentini (ASCL).

> Con la scorta dei fascicoli esistenti in archivio dovrà istituirsi servizio di vigilanza in confronto degli individui già appartenenti a partiti sovversivi, procedendo a perquisizione accurata nei domicili di quelli dei quali rimane attualmente dubbia la fede politica»[102].

La data del passaggio sarebbe però stata anticipata al 12 agosto, intendendo anticipati di un giorno «i servizi disposti» e rimanendo invariata l'ora dell'arrivo[103].

Comunque si era già creato il clima adatto per misure di sicurezza che avrebbero sconvolto la tranquillità di molte famiglie.

Ecco il racconto di Natale Vella in proposito:

> «Mussolini venne in Sicilia e si fermò a Catania.
>
> Per recarsi a Siracusa per la inaugurazione delle rappresentazioni classiche, d'obbligo era passare per Lentini.
>
> Si preparavano transenne lungo il percorso al centro del paese. Archi di trionfo ed altre cose, iscrizioni sui muri e striscioni.
>
> Si notò un grande intervento di forza pubblica e di soldati.
>
> E tutto questo un mese prima del suo passaggio.
>
> Dieci giorni prima fummo arrestate circa quindici persone.
>
> Io, Marino, Castro, Santocono, Silvestro Motta, Martinez Francesco, Di Giorgio, Vinci, Pupillo ed altri di cui non ricordo i nomi.
>
> Perché? Precauzioni, dissero.

---

102 Ordinanza di servizio del Commissario Capo di P.S. del 4-8-1937, in ASCL.
103 Comunicazione del CommissarioCapo di P.S. del 6-8-1937, in ASCL.

> Un giorno il commissario locale, un anziano funzionario sardo (con mentalità in trasparenza antifascista) ci venne a trovare e ci disse: state calmi, a giorni saprete il perché. Aspettammo con ansia quel giorno».

Certamente non potevano stare calme le famiglie degli arrestati, anche perché si era diffusa la voce, fondata o meno, che l'accusa era di attentato alla vita del Capo del Governo e che ciò avrebbe potuto comportare la pena di morte.

Si parlava infatti di un ponte minato che sarebbe dovuto saltare in aria al passaggio del corteo presidenziale.

Intanto le misure di sicurezza adottate dal Commissario Capo venivano minuziosamente eseguite:

> «Dal 6 corrente si istituirà servizio fisso a mezzo di agenti allo Scalo Ferroviario per rigoroso controllo sui viaggiatori qui diretti, procedendo al fermo di coloro che fossero sforniti di documenti di identificazione e dessero luogo a sospetti sullo scopo della loro venuta a Lentini. Pattuglie diurne e notturne perlustreranno le vie dell'abitato, visiteranno esercizi pubblici e locali di pubblico ritrovo portando il loro vigile esame su quanto potesse destare apprensioni sul normale svolgimento sul servizio da attuarsi la mattina del 13»[104].

Gli abitanti degli stabili siti lungo il percorso non dovevano ammettere in casa persone della cui fede politica non fossero certi, non dovevano lanciare fiori da terrazze e balconi, installare apparecchi fotografici o cinematografici e dovevano rimuovere vasi di fiori o altri oggetti che facessero sorgere il pericolo di caduta.

La sera precedente il passaggio agenti e carabinieri avrebbero dovuto perlustrare continuamente, e fino alla dislocazione della

---

104 Ordinanza di servizio, cit.

forza pubblica al mattino successivo, l'intero percorso del corteo, precedendo a rigorosa verifica di alberi, piante, muri di cinta, fanali, pali, palazzi in costruzione, cantine, fabbriche.

Il transito per Lentini era previsto all'incirca per le ore 10,10.

In piazza ci sarebbe stata la «grandiosa manifestazione di giubilo e di devozione al Fondatore dell'Impero» e in piazza Fiera sarebbero stati costruiti «tre carri allegorici raffiguranti il commercio degli agrumi»[105].

> «Funzionari, ufficiali e sottufficiali nella dislocazione della Forza terranno conto dei punti e località degni di speciale vigilanza esistenti ed indicati nella propria zona, avvalendosi anche dei Militi Giovani Fascisti e degli Avanguardisti messi a disposizione della Polizia dal Signor Segretario del Fascio di Combattimento. Il pubblico dovrà essere costantemente sorvegliato e contenuto dietro la staccionata, le persone armate subito disarmate e fermate quelle il cui atteggiamento desse luogo a sospetto.
>
> Involti, apparecchi fotografici ed altri oggetti dovranno essere attentamente verificati tenendo presente che i fotografi di professione autorizzati a rilevare fotografie, dovranno essere muniti di apposito lasciapassare della Questura di Siracusa. Dovrà impedirsi nel modo più assoluto che persone del pubblico salgano sugli alberi, sulle sedie, sulle panche, sui fanali, sui muri di cinta ed altre sporgenze del terreno e nessuno per qualsiasi motivo dovrà avvicinarsi alla macchina presidenziale. Gli agenti dovranno sempre guardare la folla e spingere al massimo la loro vigilanza all'atto del passaggio del corteo»[106].

---

105 Idem.
106 Idem.

Il paese era stato diviso in sei zone e predisposta una strettissima vigilanza in tutte le vie comprese in ciascuna zona. La prudenza non è mai troppa e con la comunicazione del 7-8-1937 le autorità vennero informate che «la notte dall'11 al 12 a cura del locale Municipio sarà fatto attentamente ispezionare da fognaioli assistiti da agenti di questo ufficio il sottosuolo del percorso del Corteo Presidenziale onde rimuovere ordigni ed altremacchine esplosive eventualmente depositati lungo la fognatura da criminali»[107].

Segue un lungo elenco dei chiusini che immettevano nella fognatura e che sarebbero stati piantonati da guardie giurate.

Con un'ultima ordinanza diretta alle autorità il Commissario Capo di P.S. preposto al coordinamento delle misure di sicurezza modificò parzialmente alcune sue disposizioni:

> «Richiamando la mia ordinanza in data 4 corrente informo la S.V. che per ordini superiori è stata rimossa la stacconata costruita lungo il percorso del Corteo Presidenziale. Essa è stata però lasciata in Piazza Duomo e sul tratto Piazza Nazionale inclusa, Piazza Fiera inclusa. Saranno poi chiusi al transito con stacconata tutti gli sbocchi delle traverse principali che immettono sul percorso. Sarà così facilitata la vigilanza agli sbocchi stessi in modo che la forza potrà venire impiegata a contenere il pubblico sui marciapiedi e curare che il piano stradale sia completamente sgombro alle ore 8,30».

Due giorni dopo il passaggio del Duce gli arrestati furono liberati. Che cosa era accaduto? Questa la spiegazione che ne dà Natale Vella:

> «Un maniaco di denunzie era ricoverato nel carcere di Siracusa per scontare una pena; aveva scritto una lettera allo allora Procuratore del Re, dicendo che, se lo avessero

---

[107] In Archivio Storico Lentini.

> liberato, avrebbe rivelato un fatto grave sul passaggio del Duce».

> «Asseriva che tempo addietro, una notte, dietro la chiesa "Madonna della Catena", degli individui, e lui fece i nomi, si erano riuniti per discutere di minare il ponte che attraversava la piazza mentre sarebbe passato il Duce. Tale congiura aveva lui sentita mentre era andato a fare visita a un suo zio sagrestano della vecchia Chiesa»[108].

Da qui l'imponente spiegamento di forze e gli arresti.

> «Il ponte (che copre l'ex letto del fiume Lisso e che attraversa il paese) fu scandagliato palmo per palmo [...]. I genieri trovarono di tutto: melma, bisce, topi e insetti, ma nessuna traccia di polvere o bombe».

> «Il Duce, per precauzione fu fatto attraversare la Piazza a grandissima velocità.

Arrivato a Carlentini - all'entrata c'era un classico abbeveratoio - egli scese, si diede una sciacquata alle mani ed al viso e poi, con sollievo, guardando verso Lentini esclamò: - Lentini in un verso o nell'altro è sempre Lentini! - »[109].

E, in effetti, il lavoro degli antifascisti, a Lentini, era incessante.

Ancora nel 1937 la bottega del giovane orologiaio Neddu Arena, divenne la centrale di un nucleo di antifascisti lentinesi, fra i quali Vella e un diciottenne, figlio di un grande invalido di guerra, Michelangelo Pupillo, di professione pittore.

Si tentava di costituire un'associazione antifascista mascherata da associazione sportiva[110]: il reclutamento avveniva alla Villa comunale.

---

108 Memoriale Vella, cit.
109 Idem.
110 R. Mangiameli, cit., pag. 146.

Qualcosa dovette aver fiutato la polizia fascista, perché Arena venne fermato (pare alla Villa stessa), insieme ai suoi genitori e a un suo fratello minore, che furono però rilasciati.

A casa di Arena vennero trovati vari libri sovversivi (tra cui il *1° piano quinquennale* di Stalin), molti dei quali regalatigli dal Vella, orientato per un secondo espatrio.

Il collegamento fra i due, Arena e Vella, fu facilmente intuito e anche Vella venne arrestato.

Questo il suo racconto:

> «Quando nella notte fui arrestato, trovai le camere di sicurezza stracolme di giovani e giovanissimi».
>
> «Dopo le formalità l'indomani ci trasportarono con tre grossi camion a Siracusa. Ricordo una frase del Commissario Pupella[111]: - Questi pidocchi di lentinesi mi hanno fatto saltare il cuore! - ».

E in verità le radici del socialismo e dell'antifascismo a Lentini dovevano essere ben profonde se «all'indomani una folla immensa si era formata vicino alla caserma. Sembrava addirittura che si stesse facendo un comizio». «Sì», continua Vella, «questo fu il comizio più silenzioso cui io ebbi mai ad assistere; silenzioso, ma con lo strazio e la maledizione dei parenti contro polizia e governanti».

La mano del regime calò pesantemente sugli imputati:

> «Arena Neddu: cinque anni di confino.
>
> Vella: tre anni di confino.
>
> Celza: un anno di confino.
>
> Pupillo: essendo minore, cinque anni in un correzionale.

---

[111] Si trattava di Antonio Pupella, commissario di P.S., temuto ed odiato capo dell'O.V.R.A. in Sicilia fra il 1935 e il 1942.

> Limaccio: perché minore cinque anni di correzione.
>
> Aliano Francesco, Giudice Gaetano[112], Anzaldo Carmelo,
>
> Mattanza Santo: anni due di ammonizione».

Vella fu portato a Civitavecchia, da lì a Sassari (24 dicembre 1937) e quindi a Bono (2 gennaio 1938), un paesino di circa 1500 abitanti alle pendici del Monte Rosu, sua destinazione di confinato.

In questa amena località entrò in confidenza col Podestà; fino al punto che questi gli confidò le sue idee indipendentistiche: idee molto radicate nell'isola e che erano state rappresentate, fino all'avvento del fascismo, da un forte Partito Sardo d'Azione, guidato da Emilio Lussu.

L'odissea dell'antifascista lentinese non era ancora finita:

> «...fui di nuovo ammanettato e da un carcere all'altro, Civitavecchia, Foggia e Manfredonia, attesi l'imbarco per "L'isola dei coccodrilli", così era nominata Tremiti...
>
> Quella lugubre roccia di S. Nicola delle Tremiti sembrava fatta apposta per i galeotti incalliti: un isolotto con piccolo attracco da cui si parte una lunghissima scalinata a S per arrivare in cima alla vetta».

Trascorsa l'estate del 1938, su sua richiesta, fu trasferito a Palmi, in Calabria. Infine, grazie ad una amnistia, poté rientrare a Lentini.

Intanto grosse nubi cominciavano ad addensarsi sull'Europa e sul mondo intero.

Già l'Italia fascista aveva aderito, con la Germania nazista e con il Giappone, al patto "antikomintern", diretto contro il comunismo, ma di fatto ostile anche alle democrazie europee.

Dopo aver occupato l'Albania (7 aprile 1939), di cui Vittorio Emanuele si affrettò a cingere la corona, come aveva già fatto nel

---

112 Gartano Giudice, muratore, uno dei fondatori del PCdI di Lentini.

1936 con quella imperiale d'Etiopia, il 22 maggio 1939 l'Italia concluse un'alleanza militare (il "Patto d'acciaio") con la Germania.

E fu proprio la Germania a dare inizio, il 1° settembre 1939, al secondo conflitto mondiale, con l'invasione della Polonia.

L'Italia, dopo un primo periodo di "non belligeranza", il 10 giugno 1940 si affiancò all'alleata nella guerra contro gli anglo-francesi.

Lo scoppio della guerra cominciò rapidamente a far sentire i suoi effetti sull'economia nazionale e particolarmente in Sicilia.

Le attività industriali e artigiane, alle prese con la penuria di materie prime, cominciarono a ridurre o a sospendere la produzione e a licenziare.

Le difficoltà economiche e la crescente insufficienza di generi alimentari costrinsero molti ad imparare "l'arte di arrangiarsi".

Un artigiano abile ed industrioso come il falegname Filadelfo Nigro di Lentini, ad esempio, vedendo diminuire sensibilmente le ordinazioni, prese a costruire zoccoli di legno, costruendosi da sé «le macchine per modellare e levigare le forme degli zoccoli nelle varie misure»[113]. Altri, però, meno ingegnosi, non riuscivano a sbarcare il lunario.

Cominciò così a diffondersi fra la gente un sentimento di indifferenza e, via via, di ostilità nei confronti del regime e delle sue organizzazioni; il che portò, sia pure con mille cautele, ad una ripresa di vitalità dell'antifascismo.

Chi possedeva una radio prese ad informarsi dell'andamento della guerra ascoltando di nascosto Radio Londra e, più tardi, Radio Mosca ed altre emittenti straniere, nonostante i divieti delle autorità fasciste.

Mentre la gioventù lentinese era dispersa sui più vari e lontani fronti, la gente dovette abituarsi all'urlo delle sirene, che

---

113 Appunti biografici del cap. Alfio Nigro, cit.

preannunciavano l'arrivo di squadre aeree alleate, tanto che i ragazzini ripetevano la filastrocca: *"L'apparecchiu miricanu jetta bommi e si ni va"*.[114] i rifugi antiaerei, sparsi nella città, divennero una seconda casa per molti che portandosi dietro materassi e suppellettili, finivano per passarvi la notte in compagnia di lunghe file di cimici e di pulci, che saranno poi sconfitte solo con l'arrivo degli inglesi, grazie al celebre insetticida D.D.T.

E mentre si diffondeva una nuova professione, quella dell' "intrallazzista", un intermediario tra produttori e consumatori dei generi di contrabbando, perché le carte annonarie ("a tessera do pani") non potevano certo soddisfare il fabbisogno e molti imparavano a raccogliere le erbe commestibili, gli antifascisti cominciavano ad incontrarsi in case ospitali, in bar o forse nei negozi di Sebastiano Scatà e di Filadelfo Pupillo in via Conte Alaimo, ben guardandosi dalle spie e dai fascisti accaniti.

Nel 1943 riunioni clandestine di comunisti si tenevano nelle grotte di Santa Aloe: vi partecipavano Vincenzo Pulvirenti, Cirino Speranza, Giovanni Arena, Delfo Nigro, Delfo Santocono, Paolo Di Giorgio, Ignazio Magrì e il giovane Giulio Brunno.

Certo, ad accendere le speranze contribuì l'imprevista resistenza dei russi a Stalingrado, che porterà ad una clamorosa sconfitta dell'esercito nazista e che dovette di sicuro assumere i contorni del mito nelle conversazioni che si facevano, ad esempio, fra i frequentatori del laboratorio di Delfo Nigro (Speranza, Magrì, Vella, Di Giorgio e poi i giovani N. Arena e G. Pattavina).

In questo nuovo clima, su impulso del Centro Interno comunista, si cercò nella primavera del 1943 di organizzare un convegno regionale antifascista.

---

114 „L'apparecchio americano lancia bombe e se ne va".

Un emissario, proveniente da Milano (lo scrittore Elio Vittorini), prese contatto a Caltanissetta col comunista Calogero Boccadutri e altri antifascisti di varia estrazione[115].

Nell'organizzazione dell'importante riunione parte rilevante ebbe l'indomabile Natale Vella.

> «Nell'aprile 1943 ero ancora a Lentini, quando un compagno, De Luca di Carlentini, militare a Siracusa, mi venne a trovare dicendomi che un altro compagno, militare come lui a Siracusa, Nino Graffeo, aveva da comunicare con me per affari importanti.
>
> L'indomani mi recai a Siracusa dove il Graffeo mi aspettava.
>
> Mi disse in breve [che] da G. Romita [ex] deputato socialista era venuto l'ordine di convocare una riunione di antifascisti a livello regionale [con] compagni rappresentanti [di] tutte le province della Sicilia, [di] prendere contatti e tenersi pronti ad un eventuale sbarco di Alleati»[116].

Il convegno si sarebbe fatto, il cinque maggio, a Lentini.

Dapprima il Vella si recò a Catania, ormai soggetta a furiosi bombardamenti e vi prese contatti con Giorgio Allegrini e Michelangelo Tignino, stabilendo il giorno del convegno.

Si recò quindi a Caltanisetta (parola d'ordine «sono il barone d'Idria») per incontrare Boccadutri e Nicola Piave, che assicurarono la loro presenza al convegno.

---

115 Vedi di Pezzino – D'Antona – Gentile *Catania, ecc.*,cit., pagg..150/153.
116 Memoriale Vella, cit.

L'attività di Vella, nonostante i collegamenti ferroviari fossero ridotti quasi a zero e soggetti a continui attacchi aerei, era incessante:

> «Ritornai a Catania. Quel mattino alle ore nove era avvenuto a Catania un furioso bombardamento fatto da una forte squadra di fortezze volanti. La stazione era deserta ed a stento il nostro treno era potuto entrare. Mi informai del treno per Siracusa e mi fecero capire che c'era molto ritardo. Mi recai allora verso via Etnea ed ebbi la percezione di quanta distruzione era avvenuta. Ritornai verso la stazione nella speranza che il treno fosse in arrivo. Niente, e non se ne avevano notizie.
>
> Pensai allora di trovare un mezzo di fortuna per andare a Lentini. Attraversai Piazza dei Martiri e giù sotto gli archi della pescheria. Quanto squallore, palazzi buttati a terra, macerie su macerie.
>
> Una scena apocalittica si parò innanzi ai miei occhi: i resti di un cavallo penzolavano dai fili della luce elettrica...»[117].

Il cinque maggio, a ridosso della festa di S. Alfio, il che consentiva agli antifascisti di mescolarsi con i forestieri che cominciavano ad affluire per i festeggiamenti, ebbe luogo il convegno antifascista in casa di Cirino Speranza, in via degli Operai, alla periferia di Lentini.

I partecipanti erano una quindicina: Franco Grasso (Palermo), Calogero Boccadutri, Nicola Piave e Angelo Berretta (Caltanissetta), Salvatore Renda (Trapani), Nino Graffeo (Siracusa), Rosario De Luca, Luigi Favara e Luciano Pistritto (Carlentini), Marco Fleres, Cirino Speranza, Natale Vella e Filadelfo Nigro (Lentini), ecc.

> «Eravamo un miscuglio di idee politiche, ma tutti antifascisti pronti a batterci per la libertà»[118].

---

117 Idem.
118 Idem.

Gli intervenuti convennero su alcuni punti: 1) la crisi del regime era al culmine e prossima era la sconfitta dei nazifascisti; 2) occorreva organizzare e compattare tutte le forze antifasciste; 3) in caso di sbarco in Sicilia le truppe anglo-americane andavano considerate come alleate del popolo ed eventualmente sostenute anche con le armi.

I risultati del convegno furono poi comunicati a tutti i gruppi clandestini in Sicilia e cominciarono a sorgere in varie località comitati unitari antifascisti, come ad esempio quello di Caltagirone, presieduto dall'esponente del P.P.I. Silvio Milazzo[119].

All'approssimarsi della fine le polizie fasciste intensificarono le misure di sicurezza e repressive, quali perquisizioni domiciliari e fermi.

Il 16 maggio venne di nuovo arrestato Vella per attività sovversive. Solo i danni alle linee ferroviarie impedirono che fosse portato a Roma a disposizione del Tribunale Speciale.

> «Passai quasi cinquanta giorni nel carcere di Siracusa con l'animo sospeso. Sentivo i continui bombardamenti [...].
>
> Il carcere era strapieno ed io ero l'unico detenuto politico per cui fra i comuni godevo molto prestigio»[120].

I "comuni", scrive Vella, erano per lo più «arrestati per intrallazzo», cioè per aver cercato «di trovare un pezzo di pane da portare a casa per la famiglia. Un sacco di spighe, di frumento, un pugno di fave, di ceci o di fagioli era motivo di arresto...».

L'otto luglio, a causa anche del vitto immangiabile, nel carcere scoppiò una rivolta, violentemente repressa e in seguito alla quale

---

119 Vedi Pezzino – D'Antona – Gentile, cit., pag 154. Milazzo sarà esponente di primo piano della DC siciliana, futuro Presidente della Regione Sicilia e fondatore dell'Unione Siciliana Cristiano Sociale (USCS).

120 Memoriale Vella, cit.

i detenuti furono ammassati in alcuni cameroni fino alla sera del nove.

> «Quello fu il nostro giorno più lungo. Verso le 11 di sera ecco intravvidi una strana divisa addosso a un uomo [...]».

«[...] Fu verso la mezzanotte o poco prima che una donna entrò nel carcere; con voce spaventata gridava un nome...», forse quello del marito o del figlio e, rivolta ai detenuti diceva: «... e vui chi faciti dietro e sbarre, nisciti che i guardiani nun ci sunu»[121].

> «Aizzati da quella voce e senza indugio fu un baleno ad aprire i cancelli in ferro (c'era qualche professionista in mezzo a noi) e dopo pochi istanti ci trovammo in strada[...].
>
> Fui come stordito all'aria libera nella notte calda d'estate»[122].

Lo sbarco alleato in Sicilia ebbe infatti inizio nella notte tra il 9 e il 10 luglio 1943 e la Sicilia venne rapidamente conquistata; il 17 agosto l'ultimo soldato tedesco abbandonò l'isola.

In quel periodo Lentini era governata dal suo ultimo Podestà, il tenente colonnello dott. Luigi Bugliarello, in precedenza Commissario Prefettizio.

Bugliarello «era nato nel 1880 in una delle più antiche e nobili famiglie lentinesi. Laureatosi in giurisprudenza, fu chiamato alle armi all'inizio della prima guerra mondiale, ove ebbe modo di distinguersi nelle zone belliche della Carnia, del Cadore e del Carso, zone in cui riportò anche una ferita da una scheggia di bomba austriaca. Sottotenente prima, poi tenente e capitano dell'arma di fanteria, si distinse nella difesa del crinale di Montello - zona Piave - quale comandante di mitraglieri»[123].

---

121 E voi che ci fate dietro le sbarre. Uscite, ché i guardiani non ci sono.
122 Memoriale Vella, cit.

Divenuto successivamente funzionario di banca, a Trieste e a Fiume, dopo alcuni anni rientrò a Lentini per dedicarsi all'azienda agricola di famiglia. Richiamato dal governo fascista, fu inviato in Spagna a capo di un reparto di "volontari" per combattere a fianco dei franchisti contro il governo repubblicano di quel paese. Partecipò anche alla seconda guerra mondiale prima in Francia e poi in Iugoslavia. Nel 1941 rientrò a Lentini e l'anno dopo venne nominato Commissario Prefettizio e quindi Podestà.

«All'alba del 14 luglio del 1943 il reparto di soldati tedeschi, ch'era acquartierato nelle scuole dell'ex monastero, collocò sulla piazza di Lentini alcuni mortai puntandone le bocche verso la vicina Carlentini.

Era chiaro che si voleva in qualche modo ostacolare l'avanzata delle truppe alleate che, sbarcate quattro giorni prima ad Augusta, si dirigevano a marce forzate verso Catania. Ma la trovata, tanto utopistica quanto presuntuosa, mostrava i suoi limiti, giacché era assurdo pensare che qualche colpo di mortaio potesse frenare la gigantesca macchina da guerra anglo-americana, mentre appariva evidente che essa, per l'indubbia reazione dell'avversario, avrebbe causato la distruzione di gran parte di Carlentini e di tutto il centro storico di Lentini.

Se ne rese conto l'allora podestà di Lentini, dottor Luigi Bugliarello , che tentò di convincere della precarietà dell'azione il giovane ufficiale tedesco. Poi, visti vani i suoi tentativi, indossata la sua divisa di colonnello dell'esercito italiano, gli ordinò di rimuovere quelle batterie e di ritirarsi con i suoi uomini verso la piana di Catania, ove già stavano

---

[123] Da un articolo di Giuseppe La Pira *Salvo' Lentini e Carlentini dalla distruzione*, ristampato nel volume *Spigolature*, edito nel dicembre 1966 a cura del Comune di Lentini e del Kiwanis Club di Lentini. Tutte le notizie su Luigi Bugliarello sono tratte dallo stesso articolo.

> concentrandosi truppe italiane e tedesche, per organizzare quella resistenza che avrebbe inchiodato per oltre venti giorni al di qua del Simeto l'esercito che sino allora aveva marciato quasi senza mai trovare ostacoli.
>
> È un piccolo episodio - a molti sconosciuto - d'una guerra nata male e finita peggio, che servì però a salvare da una sicura distruzione e morte uomini e cose delle città di Lentini e Carlentini»[124].

A Lentini si insediò l'A.M.G.O.T. (Governo Militare Alleato dei Territori Occupati), capeggiato dall'inglese maggiore Petter.

Natale Vella poté così rientrare, libero, nella libera Lentini.

E la mattina del 5 agosto, a bordo di una jeep inglese, in una via Etnea che sembrava «una lunga trincea» poté gridare ai catanesi: «Amici catanesi, venite fuori; le truppe inglesi stanno occupando la città, siamo liberi, viva la libertà»[125].

Lentini venne così restituita alla libertà e le forze antifasciste, prima costrette alla clandestinità, ma mai cancellate nella coscienza popolare, poterono riemergere alla luce del sole, pronte a raccogliere la pesante eredità del regime che per vent'anni aveva dominato la città, senza mai veramente conquistarla.

Qualcuno della locale sezione aveva provveduto a far sparire l'archivio del PNF, timoroso forse che potesse essere causa di ritorsioni da parte degli Alleati (che si limitarono a confinare a Priolo qualche esponente fascista) o da parte di chi, nel corso del ventennio, aveva dovuto sopportare angherie e umiliazioni.

---

124 G. La Pira, cit.
125 Memoriale Vella, cit.

PARTE IV: IL RITORNO DELLA DEMOCRAZIA

Una decina di giorni dopo la liberazione di Lentini, e precisamente il 25 luglio 1943, si assistette alla caduta del fascismo, provocata dalla Monarchia, sostenuta dalle alte gerarchie militari, e sotto la spinta, certamente non determinante, di personalità politiche antifasciste moderate vicine alla Corona e di quella decisiva della paventata e imminente disfatta militare.

L'occasione era stata fornita da un voto che il Gran Consiglio del Fascismo aveva espresso nella notte tra il 24 e il 25 luglio, nel corso di un'agitata riunione, con cui aveva messo in minoranza il Duce.

L'operazione effettuata dai vertici dello Stato, anche se poteva apparire come una specie di congiura, interpretava tuttavia la crisi di rigetto di cui il Paese già da tempo soffriva nei confronti del Regime e del suo Capo.

Mussolini venne deposto e sostituito col maresciallo Pietro Badoglio, affiancato da un Governo di militari e di tecnici che si affrettò a proclamare la continuazione della guerra a fianco degli alleati tedeschi.

Il 28 successivo venne sciolto il PNF e abrogate la legge sul Tribunale Speciale e le istituzioni fasciste.

La caduta di Mussolini era però stata interpretata un po' da tutti come l'anticamera dell'imminente pace. E, in effetti, nonostante le smentite ufficiali, dovute a cautela e timore nei confronti della Germania, il Governo intraprese trattative segrete con gli Alleati per la conclusione di un armistizio, che fu firmato a Cassibile il tre settembre e reso noto nel pomeriggio dell'otto[126].

L'esercito italiano si avviò verso una rapida dissoluzione e, praticamente, ogni singola formazione fu costretta a decidere autonomamente cosa fare e con chi schierarsi.

Alcune unità si arresero mentre altre si sciolsero spontaneamente; ci fu chi si rifugiò in montagna dando inizio alla Resistenza o raggiunse le formazioni partigiane dei Paesi occupati e chi decise di resistere alle intimazioni di resa tedesche, come le truppe di stanza a Cefalonia: 5.170 militari, che furono fucilati per ordine di Hitler[127], fra cui i lentinesi Arturo Carlo Immolo[128] e Cirino Pupillo[129].

La penisola italiana si trovò tagliata in due: il Regno del Sud, con il Re e con Badoglio, sotto l'occupazione anglo-americana e la Repubblica Sociale Italiana, con sede del Governo a Salò,

---

126 Interessante, a proposito di quel che accadde a Lentini l'8 settembre la testimonianza del dott. G. La Pira, riferita da Barbara Russo, nella sua tesi di laurea (*La Democrazia Cristiana in un comune rosso (1944-1970)*, pagg. 11-12, presso Biblioteca Comunale Lentini): „*...i Lentinesi l'otto settembre, giorno dell'armistizio, chiesero che la vara di S. Alfio uscisse per le vie della città, cosa che per tradizione non era possibile. Venne solamente concesso che fosse messa davanti alla porta della chiesa. Dalla via Conte Alaimo partì un grande corteo con alla testa la bandiera rossa del socialismo e quasi per iscrivere al partito anche S. Alfio gli fu tolta dalla mano sinistra la croce e posta la bandiera rossa. Per noi quell'atto fu blasfemo, così mentre la massa era infervorata, alcuni di noi con coraggio hanno tolto la bandiera (per noi questo fu un atto di sfida) e fuggimmo a ripararci in sagrestia; mentre scappavamo gli uomini chiesero al prete e a mons. La Rosa la restituzione della bandiera che dopo un po' di tempo fu ritrovata e restituita.*

127 Angelo Ventrone *La democrazia in Italia (1939-1960)*, Ed. Sansoni, Milano, 1998. pag. 38.

128 *Le cicogne*, foglio XII, marzo 2001, Lentini.

129 Figlio di Filadelfo Pupillo, uno dei fondatori del PCdI di Lentini.

capeggiata da Mussolini, liberato dagli occupanti tedeschi, nella quale venne costituito il PFR (Partito Fascista Repubblicano).

In quest'ultimo territorio si venne a creare un movimento di resistenza al nazi-fascismo, presto guidato dal C.L.N. (Comitato di Liberazione Nazionale), espressione di sei partiti antifascisti (comunista, socialista, d'azione, democratico cristiano, liberale, democratico del lavoro,), con presidente Ivanoe Bonomi.

Essenziale si rivelò la guerra partigiana per la lotta contro il nazi-fascismo e, in prospettiva, per la costruzione di una nuova Italia alla fine della guerra.

Notevole fu il contributo dei lentinesi alla lotta per la liberazione.

Fra di essi assai importante è la figura del medico Luigi Briganti, nato il 24 aprile 1924, medaglia d'oro al valor militare, concessagli con la seguente motivazione:

> «Comandante di distaccamento di una formazione partigiana, dà ripetute vivissime prove di temerarietà e ardimento, incitando e trascinando i compagni nelle azioni più rischiose.
>
> Nel corso di un'azione isolata contro impianti militari delle truppe nazi-fasciste, compiuta a Casale Monferrato, cade prigioniero in mano nemica.
>
> Sottoposto alle più atroci torture nell'intento di ottenere da lui notizie sulla organizzazione delle forze partigiane, rifiuta sdegnosamente di fornire la benché minima informazione.
>
> Liberato dai suoi compagni, quando già innanzi a lui era stato schierato il plotone di esecuzione, nonostante le profonde ferite causategli dalle torture non fossero ancora rimarginate, riprende il posto di combattimento con immutato slancio.

Ancora convalescente, evitò con atto di suprema generosità la certa cattura di un ufficiale delle formazioni garibaldine, cedendo a questi il proprio nascondiglio e volontariamente costituendosi alle truppe nazi-fasciste.

Nuovamente sottoposto ad altre più feroci e beffarde torture, dà, ancora una volta, esempio di altissima fedeltà alla causa, opponendo ai barbari aguzzini il suo eroico, doloroso silenzio. Liberato con uno scambio di prigionieri, eppur costretto a camminare su occasionali stampelle, trova tuttavia la forza di partecipare alle operazioni militari svoltesi nelle giornate conclusive della liberazione. Esempio veramente luminoso di assoluta dedizione, tenacia e completo sprezzo della vita»[130].

Le più profonde motivazioni della sua scelta le troviamo nella risposta che tanti anni dopo diede alla domanda di un giornalista: «Tornerei a fare le stesse cose se mi trovassi nello stesso contesto di allora. Difficilmente racconto ai miei figli, nati in un periodo diverso con una vita del tutto diversa da allora, la mia storia, la storia dei partigiani che morirono e si batterono per la liberazione. Non è facile capire. Bisogna vivere quei momenti ed allora io dico che chiunque si fosse trovato, come mi trovai io e i miei compagni, a Boves, avrebbe imbracciato le armi e combattuto. Quelle case bruciate, due uomini bruciati vivi, il puzzo della carne umana, il terrore dei bambini e delle donne nella piazza del paese... Chi non reagisce e non prova rabbia dinnanzi a tanta violenza? Per questo quando mi fu consegnata la medaglia d'oro io dissi: non ho fatto nulla di speciale, non ho fatto la guerra, ho fatto quello che era mio dovere fare contro chi bestialmente voleva togliere la libertà di scelta agli italiani. Il resto fu normale. Le sevizie le subii con dolore disumano; ma sapevo che la mia morte avrebbe evitato la

---

130 Vedi opuscolo *Il contributo dei cattolici alla lotta di liberazione*, a cura del Comitato Regionale Siciliano dell'Associazione Partigiani Cristiani, per il trentennale della Resistenza.

morte di tante centinaia di miei compagni. Non potevo quindi tradire. Oggi cammino a testa alta; ma un tradimento al quale mai pensai, mi avrebbe ucciso più delle pallottole di un plotone d'esecuzione»[131].

Molto rilevante fu anche il ruolo dell'avv. Salvatore Lazzara, comandante di zona in Piemonte, che proprio in quel periodo, doloroso ed eroico ad un tempo, lontano dagli affetti familiari, seppe esprimere quei momenti drammatici in delicati versi, da lui tanti anni dopo pubblicati in una raccolta di alto valore umano ed artistico[132].

Fra i valorosi caduti per la libertà vanno ricordati il sottotenente Salvatore Cormaci, nato nel 1920, medaglia d'argento alla memoria, ucciso in Montenegro il 20 ottobre 1943:

> «Comandante di plotone assegnato alla difesa di una importante posizione resisteva con coraggio ed accanimento ai reiterati attacchi di preponderanti forze tedesche, animando i propri uomini con la parola e con l'esempio. Colpito a morte e sentendo prossima la fine, incitava con nobili parole i suoi alpini e resisteva sul posto per l'onore del battaglione e la grandezza della patria»[133];

il tenente Francesco Tringali, nato nel 1911: «Appartenente al Comando della "Divisione Perugia", dislocata nei Balcani. Gli ufficiali al completo della suddetta divisione vennero passati per le armi dai tedeschi nella prima decade di ottobre 1943 perché si rifiutarono di cedere le armi»[134];

---

131 Articolo di Franco Cattano in *La Sicilia* del 24-4-1981.
132 Salvatore Francesco Lazzara *Il colore dell'ombra*, Ed. Mascali, Siracusa, 1969.
133 Motivazione medaglia d'Argento al V.M. nel fascicolo *Il contributo di Lentini alla lotta di liberazione*.
134 Fascicolo *Il contributo di Lentini ecc.*, cit.

la medaglia d'argento Antonio Caldarella, caduto in Albania nel 1943: «Dopo l'armistizio dell'otto settembre partecipava alle eroiche gesta della Divisione Perugia in Albania, nell'aspra lotta contro i tedeschi. Catturato insieme ai resti del proprio reparto, veniva condannato a morte per avere opposto resistenza agli oppressori. Davanti al plotone d'esecuzione teneva contegno fiero e dignitoso. Colpito a morte da una raffica di mitragliatrice aveva ancora la forza di gridare: "Viva l'Italia"»[135];

il partigiano Cirino Pavone, anch'egli Medaglia d'Argento alla memoria, caduto a Cantalupo (Alessandria) il 28-12-1944: «Dopo l'armistizio, con fedeltà e decisione partecipava alla lotta di liberazione facendosi vivamente apprezzare per doti di coraggio e per belle capacità di animatore e di organizzatore dimostrate nel ricoprire incarichi di responsabilità e di comando. Particolarmente si disimpegnava nel corso di un duro combattimento contro un battaglione tedesco, impegnando il nemico con slancio, accortezza e decisione, avendone ragione e catturando prigionieri e materiale»[136].

Alla fine della guerra i siciliani, civili e militari, caduti per cause belliche, furono trentaduemila.

Nel mentre il Nord era dilaniato dalla guerra civile, nel Regno del Sud la vita ritornava, anche se lentamente, alla normalità.

Quando, il 5 gennaio 1944, il giovane ufficiale Giovanni Pattavina, allora studente universitario, dopo la tragedia dell'otto settembre, arrivò da Fiume a Lentini, il fermento politico in città era in continuo crescendo.

Il potere effettivo era stato assunto dalla guarnigione alleata, tramite un organismo di nuova creazione, l'A.M.G.O.T. (Allied

---

[135] Idem.
[136] Idem.

Military Governement Occupied Territories), cioè il Governo militare alleato per i territori occupati.

L'A.M.G.O.T. aveva confermato al suo posto di podestà il colonnello Luigi Bugliarello che però, dal 23 ottobre 1943, continuò a deliberare, con gli stessi poteri del Podestà, ma col titolo più democratico di Sindaco.

Già dal 21 agosto 1943 il dott. Bugliarello, visto il radicale mutamento della situazione politica, aveva deciso di sostituire la denominazione di alcune vie cittadine, che troppo sfacciatamente ricordavano il caduto regime.

Ad esempio, quella intitolata a Michele Bianchi (il quadrunviro fascista) divenne via Giosuè Carducci, via Del Progresso Fascista perse l'aggettivo e rimase via Del Progresso; via 28 ottobre (data della Marcia su Roma) fu mutata in via Giordano Bruno, via San Manganello (impudico elogio allo squadrismo) fu intitolata al patriota Daniele Manin, via Graziani divenne via Pietro Colletta e Piazza Costanzo Ciano (consuocero del duce) divenne Piazza dell'Unione.

Infine, il ginnasio comunale, intitolato ad Arnaldo Mussolini (quello dell'albero tagliato) assunse il nome, assai più appropriato per una fucina di studi classici, del filosofo lentinese Gorgia.

Ritiratosi il colonnello, al suo posto era stato nominato (il 13-11-1943) il comm. dott. Vincenzo Magnano di San Lio, ex maggiore dei carabinieri, il quale, il 4 dicembre 1943, volle fare, in materia di toponomastica cittadina, un ulteriore passo avanti rispetto al suo predecessore.

Recita la relativa delibera:

> «Vista la deliberazione numero 185 del 21-8- c.a. , con la quale fu proceduto ad un primo aggiornamento della toponomastica dell'abitato del Comune di Lentini, eliminando nomi di personalità che figurarono fra le

gerarchie del soppresso Regime Fascista; considerata la opportunità di integrare tale primo aggiornamento mettendo in onore nomi di personalità che coraggiosamente lottarono contro il regime suddetto e che segnalati servizi resero in passato al paese; ritenuto che alla prima categoria appartiene e vi primeggia il nome di Giacomo Matteotti che pagò con la vita le sue requisitorie e la sua coraggiosa azione contro i sistemi fascisti; mentre alla seconda categoria appartiene il nome del defunto concittadino Sen. Giuseppe Luigi Beneventano, alla cui munificenza il Comune deve la propria Azienda acqua e luce, il nuovo edificio dell'Ospedale Civile ed il Campo Sportivo, il che è sufficiente ad eternare il nome del grande filantropo, il quale alle sue benemerenze aggiunse quella di una costante, fondata e palese critica alle invadenze del regime fascista che egli avversò costantemente e dal quale fu intenzionalmente trascurato; visto l'articolo 53 del T.U. 3 marzo 1934 numero 383, delibera di intitolare al nome di "Giacomo Matteotti" l'importante arteria stradale denominata via "Siracusa", apponendo in luogo opportuno della stessa via una lapide con la scritta "Giacomo Matteotti -assertore della libertà -e vittima della tirannia -1885-1924"; di intitolare al nome del "Senatore Giuseppe Luigi Beneventano" l'attuale "Piazza dell'Unione" apponendo all'ingresso dell'Ospedale Civile una lapide con la seguente scritta:

"A

Giuseppe Luigi Beneventano

Senatore del Regno

Benefattore Munifico

cui

> Il cuore sensibile all'umano dolore
>
> suggerì
>
> la fondazione di questo edificio
>
> a sollievo
>
> dell'umanità sofferente
>
> il popolo di Lentini
>
> eleva il suo pensiero
>
> memore e riconoscente".

Il 5 gennaio 1944 il sindaco venne affiancato, probabilmente per rendere più democratica la gestione della cosa pubblica, da quattro assessori: il sig. Gaetano Amore, persona assai vicina al sindaco e i signori, tutti e tre socialisteggianti, Alfio Ferrauto (il quale sarà delegato dal Sindaco alle funzioni di Vicesindaco con lettera del 4-9-1944 al Prefetto, da questi approvata l'11-9-1944), Sebastiano Cicero e prof. Alfio Moncada, preside della locale Scuola di Avviamento Professionale, che nel periodo universitario aveva subito la violenza fascista. Quest'ultimo, però, in seguito diverrà uno dei principali esponenti della nascente Democrazia Cristiana di Lentini.

Il sindaco, inoltre, si legge nel verbale, sempre il 5 gennaio 1944, riferì alla Giunta Municipale «circa gli atti compiuti dall'Amministrazione Podestarile del tempo in seguito ai quali il Comune si spogliò del diritto di proprietà sull'edificio costruito a sue spese in questa Piazza Duomo per trasferire tale diritto al Partito Nazionale fascista, il quale lo avrebbe destinato, come in effetti lo destinò, a Casa del Fascio e delle Organizzazioni del Regime». Fece inoltre presente che «ciò avvenne non per atto spontaneo del Comune, ma per pressione della Federazione provinciale fascista, la quale era riuscita ad imporsi anche sull'autorità tutoria», per cui «l'atto di cessione, mancando del requisito essenziale della libera volontà del donante (Comune)» doveva «ritenersi nullo». Pertanto il Sindaco riteneva «doveroso svolgere le necessarie pratiche per la rivendica del diritto di proprietà sul predetto edificio», giustamente considerato «patrimonio del popolo di Lentini, in quanto costruito con pubblico denaro, e per la cui costruzione anzi il Comune contrasse un mutuo», poi rivelatosi insufficiente.

La Giunta Municipale fu solidale col Sindaco e gli diede mandato «di svolgere le opportune pratiche per la rivendica del diritto di proprietà sull'edificio».

La situazione che dunque al giovane Pattavina si presentava era alquanto diversa da quella che egli aveva lasciato.

La rete stradale era completamente rovinata. La Piana di Catania era solcata dalle trincee scavate durante la battaglia del luglio 1943. Centomila siciliani erano prigionieri di guerra.

Ma il problema più impellente era quello dell'alimentazione.

La produzione granaria era scesa a circa il 60% di quella dell'ultimo anno di pace.

Masse di braccianti lentinesi disoccupati e affamati tumultuavano, protestando per una situazione che si faceva di giorno in giorno sempre più insostenibile, tanto che la Giunta Municipale, il 23-6-44, deliberò di «autorizzare la spesa relativa alla formazione di squadre alla vigilanza ammasso grano che saranno costituite con operai e contadini... facenti capo alla Camera del Lavoro», la quale si era già insediata nei locali dell'ex Dopolavoro fascista, in via Conte Alaimo.

Questo stato di cose non poteva essere alleviato che in parte dai pur consistenti aiuti dagli Alleati, i quali miravano in tal modo a garantirsi l'appoggio e la simpatia delle popolazioni isolane nonché il mantenimento dell'ordine.

In particolare gli inglesi, favorevoli ad una soluzione di continuità istituzionale, diedero il loro sostegno ai ceti moderati, come dimostra la scelta dei due sindaci di Lentini operata in linea col carattere conservatore della politica italiana di Churchill, tesa a puntellare la Monarchia.

Assai presto a Lentini, dopo l'arrivo delle truppe alleate, aveva avuto inizio l'opera di riorganizzazione delle forze politiche antifasciste, che in un primo momento riguardò essenzialmente i socialisti e i comunisti, anche se in forma semiclandestina, dato il divieto iniziale, presto rimosso, dagli occupanti.

Uscirono così dall'ombra militanti che avevano sofferto carcere, confino, fame e vessazioni infinite.

Il 22 luglio 1942 in una riunione clandestina a Roma era stato ricostituito il PSI. Il 10 gennaio 1943 a Milano era sorto il M.U.P. (Movimento di Unità Proletaria per la Repubblica Socialista), il cui leader era l'avv. Lelio Basso e che era collegato con un analogo gruppo romano, in cui spiccavano i nomi di Tullio Vecchietti, Mario Zagari e Giuliano Vassalli). Il 23 agosto questi gruppi si erano fusi con il PSI, che perciò assunse il nome di PSIUP (Partito Socialista di Unità Proletaria), con segretario Pietro Nenni.

A Lentini fu ancora una volta Filadelfo Castro a riorganizzare le forze socialiste, che ora esprimevano come principali esponenti il dipendente comunale Severino Ielo, il pittore Giuseppe Aliano, il maestro Giuseppe Sferrazzo, l'ing. Carlo Cicero, il calzolaio Ferdinando Celza, i commercianti Salvatore D'Anna, Orazio Ramondetta e Alfio Ventura, il bracciante Vincenzo Garrasi e tanti altri.

Ma soprattutto fu subito evidente l'adesione al socialismo delle masse popolari, come dimostravano le affollate e tumultuose riunioni nella vecchia sede di via Italia, che i socialisti si erano ripresi dopo vent'anni, e nonostante un'iniziale contestazione di elementi comunisti.

Non mancavano neanche contestatori interni alla politica di Castro: si trattava di elementi legati al massimalismo prefascista, come 'Nzulu Garrasi e Puddu Saccà, o di intellettuali come Carlo Cicero.

Il PSIUP esordì con una commemorazione politica di Matteotti, tenuta al cinema La Ferla nel febbraio del '44, con oratore ufficiale l'avv. Luigi Castiglione.

Fu questo un periodo molto intenso caratterizzato dal ritorno dei reduci, da assemblee affollatissime, da cortei, da fanfare, da appassionati comizi rionali e dalle poesie dialettali di contenuto sociale, recitate in piazza, in occasione dei comizi, dal grande poeta Giuseppe Brancato[137].

Ma fu anche il periodo in cui cominciò a svilupparsi una sorta di rivalità tra i socialisti e i comunisti, che negli anni successivi assumerà toni sempre più virulenti.

Ciò certamente era in contrasto con una situazione nazionale che vedeva i due partiti della sinistra vincolati dal patto di unità d'azione, stipulato all'estero nel 1934, rinnovato nel 1943 e che sarà ulteriormente confermato il 26 ottobre 1946[138].

Forse le radici di queste frizioni erano da ricercarsi negli avvenimenti del prefascismo, ma certamente esse erano alimentate dalla rivalità personale tra il leader socialista Filadelfo Castro e quello comunista Francesco Marino, che era stato molto

---

137 Su Giuseppe Brancato, riportato alla ribalta nei primi anni del 2000, vedi: Le cicogne, foglio, foglio VI, aprile 2001.
138 Quest'ultimo portava, fra le altre, anche la firma di Giuseppe saragat, chedi lí apoco promuoverá la scissione dell'ala destra del PSIUP e la formazione del partito spcialdemocratico (PSLI).

attivo nel movimento antifascista[139]. I due dirigenti che sostanzialmente avevano promosso insieme la formazione della piccola proprietà contadina, con l'acquisizione alla cooperativa "Il Lavoro" del feudo Bonvicino, frazionato in lotti poi trasferiti ai soci[140], erano divisi da differenze caratteriali e da un antagonismo che fatalmente si riversavano sui rapporti fra i loro partiti.

In linea di massima si riconoscevano nel PSIUP di Castro in particolare la categoria dei carrettieri e quella dei piccoli proprietari soci di cooperative, mentre del bracciantato proletarizzato e tendenzialmente incline a soluzioni radicali aveva assunto la leadership Francesco Marino.

Ovviamente non mancavano nei due schieramenti rappresentanti di altri gruppi sociali, ad esempio quello degli artigiani e quello degli impiegati, il cui peso numerico era però assai inferiore a quello dei lavoratori della terra.

I comunisti erano stati i primi a muoversi, con un lavorio fatto di piccole riunioni in case private, di contatti limitati.

In effetti in Sicilia, dopo l'istaurarsi della dittatura, erano rimasti qua e là, piccoli e scarsi nuclei comunisti, senza collegamenti col centro. Nel corso del ventennio alcuni si erano disgregati; altri, inchiodati ed intimiditi dall'attenta vigilanza fascista, erano vissuti nei ricordi delle passate vicende, rievocati in incontri furtivi in

---

139 Giuseppe Aletta, nella sua tesi di laurea *Lentini un comune rosso nell'Italia del dopoguerra (1943-54)*, alle pagg. 7 e 8, riporta il seguente episodio: *L'avv. Pupillo, all'epoca adolescente, ricorda di aver preso parte, in qualità di segretario, ad una riunione regionale del movimento antifascista tenutasi a Lentini nello studio tecnico del Marino, sito in via Regina Margherita. Sempre il Pupillo ricorda che per aggirare i controlli, i delegati giunsero a Lentini in qualità di rappresentanti di libri; infatti come segno di riconoscimento portavano una spilla a forma di libro,* (La tesi in Biblioteca Comunale di Lentini).

140 Vedi G. Aletta, cit., pag. 11.

piazza, durante una gita in campagna, o magari fingendo di giocare a carte. Altri ancora non si erano mai rassegnati e avevano cercato, di tanto in tanto di farsi sentire, come era stato ad esempio con l'episodio del taglio dell'albero di Arnaldo Mussolini nella villa Gorgia di Lentini.

In ogni caso a Lentini singoli e coraggiosi militanti come Cirino Speranza, Delfo Nigro, Natale Vella e Nello Arena avevano continuato a muoversi.

Erano così riemersi vecchi esponenti che mai si erano piegati al regime come Cirino Speranza, Delfo Nigro, Paolo Di Giorgio, Ignazio Magrì, Sebastiano Scatà, ecc., a cui man mano si aggiungevano elementi giovani ed entusiasti.

E si faceva sempre più largo il giovane Nello Arena, che si rivelava sempre più oratore di forte presa sulle masse e dotato di una naturale tendenza alla leadership.

E fu proprio in casa di quest'ultimo che l'1 gennaio 1944 venne eletto il Comitato Esecutivo del PCI di Lentini[141].

Questo, in conclusione, era il quadro politico e sociale che a Pattavina si presentava agli inizi del '44.

Il giovane intellettuale si era già formata una coscienza antifascista durante il periodo del servizio militare e ciò, sommato al suo innato spirito rivoluzionario, lo spinse ad aderire al PCI, il 5 marzo 1944, quando, da poco cessata l'A.M.G.O.T. (11-2-44), la Sicilia era stata restituita alla sovranità del Governo Nazionale, cosa che aveva contribuito a liberalizzare la vita politica, anche se la presenza militare alleata a Lentini non si può certo definire soffocante. Tanto che la Giunta il 2 maggio 1944 riterrà di rivolgere un saluto formale, ma amichevole, al maggiore Woldron, in occasione del suo trasferimento.

---

141 Archivio Nigro.

Il Pattavina, filosofo laico e marxista di acuta intelligenza, ben presto si rivelò oratore appassionato e polemista vigoroso.

A distanza di tanti anni, in proposito, vengono ancora ricordati un comizio in piazza in pubblico contraddittorio con un oratore separatista da lui "polverizzato" e un dibattito nella sacrestia della Chiesa Madre con l'illustre gesuita padre Insolera, su temi filosofico-religiosi, a cui un giovane intellettuale, amico di entrambi i valenti oratori, dedicò la sua unica poesia[142].

Il peso che Pattavina andava acquistando nel partito è, ad esempio, sottolineato dal fatto che il 10-4-44 il Comitato Esecutivo lo affiancò a Francesco Marino per partecipare al Congresso Regionale di Messina[143].

La vita interna della sezione del PCI, ormai definitivamente allocata in via Roma, alla cui testa stava Cirino Speranza, era però tumultuosa ed agitata, come tutto del resto in quel periodo.

Probabilmente fu l'elezione di un nuovo Comitato avvenuta il 23 aprile 1944 nei locali del teatro Napoleone a determinare una seria frizione fra il gruppo Arena e il resto del partito.

Tanto che l'8 maggio 1944 il Comitato deliberò l'espulsione di Giovanni Arena, Sebastiano Arena e Alfio Oddo[144], decisione che sarà ratificata dal Comitato Federale il 17 luglio 1944. Fatto è che in quella stessa data, e cioè a distanza di poco più di due mesi, si dovette procedere all'elezione di un ulteriore Comitato, che espresse come segretario Filadelfo Nigro, con un esecutivo

---

142 La poesia, dal titolo *Il diavolo in sagrestia*, é di Giovanni Evelino Leonzio (1916-1947) ed è stata pubblicata perla prima volta sulla rivista lentinese *Le cicogne*, foglio II, gennaio 2000, nella quale trovasi anche un commento sull'avvenimento. Essa è stata poi inserita nel libro di F. Leonzio *13 storie leontine*, assieme ad un commento del prof. Paolo Ragazzi, nel cap. V (*In morte di Giovanni Pattavina*).
143 Archivio Nigro.
144 Archivio Nigro.

composto anche da Cirino Speranza, Francesco Marino, Vincenzo Crisci, Sebastiano Guercio, Giuseppe Galice, Andrea Magnano, Ignazio Magrì e Giovanni Pattavina.

Il Comitato designò poi come suoi rappresentanti nel locale Comitato di Liberazione Nazionale, che nel frattempo si era costituito e di cui facevano parte anche il PSIUP, il Partito d'Azione e la DC, Ignazio Magrì, Francesco Marino e Cirino Speranza.

La lotta dovette raggiungere il suo apice nell'agosto 1944, tanto che a Lentini venne inviato, per dirimere la matassa, un dirigente assai noto e prestigioso: Umberto Fiore, che dopo alcuni mesi (12-12-44) diventerà sottosegretario all'industria nel secondo governo Bonomi, formato dai partiti antifascisti.

Fiore era nato a Giampilieri (ME) il 12 maggio 1896 ed aveva percorso, per così dire, tutti i gradi della militanza politica: segretario giovanile del PSI di Messina (1913), poi segretario della Camera del Lavoro della stessa città (1919) e quindi della locale sezione socialista (1920), dopo essere stato condannato a sette anni per attività pacifista svolta durante la prima guerra mondiale (1917). Con la scissione di Livorno aveva aderito al partito comunista. Infaticabile organizzatore, sia prima del fascismo che negli anni Trenta aveva tenuto le file del partito in Sicilia ed a Lentini era ben conosciuto dai fondatori del primo nucleo comunista del 1921.

Nel 1923 era emigrato in Francia, da cui era rientrato nel 1925, e successivamente era stato arrestato, scontando due anni di carcere. Rilasciato nel 1932 aveva ripreso l'attività clandestina e nel 1941 era stato inviato in un campo di concentramento.

Dopo la liberazione sarà eletto alla Costituente, rimanendo in Parlamento fino al 1968.

Con un simile prestigio politico e per le sue relazioni con vari esponenti comunisti locali era quindi la persona più adatta per risolvere nel modo migliore l'intrigato groviglio delle lotte di fazione all'interno del mondo comunista lentinese, che era tenuto in grande considerazione dalle alte sfere del partito.

Dopo due giorni di permanenza a Lentini, giusto il tempo di parlare con i principali esponenti comunisti locali, Umberto Fiore impartì le sue «disposizioni», secondo il modello del "centralismo democratico", allora rigidamente applicato ed a cui faceva riscontro un senso della disciplina, che al lettore del Duemila apparirà stupefacente, ma che allora, in pieno clima stalinista, era prassi normale. Lo fece mediante una lettera del 22 agosto 1944, integralmente riportata nell'«Appunto sui N° 97 deliberanti, ecc.»[145]:

> « Ai compagni di Lentini.
>
> Cari compagni, le due giornate vissute a Lentini mi hanno dato la prova provata della fede, della forza, del vivo e del sano entusiasmo di tutti i compagni e di tutti i proletari di questa cittadella del nostro movimento. Tutti i compagni, nessuno escluso, hanno dimostrato a fatti che al di sopra di tutti e tutto c'è il partito.
>
> Ho sentito subito che l'unità delle forze comuniste era nel cuore di tutti e che voi tutti anelavate a lottare uniti, fraternamente uniti.
>
> Il mio compito è stato agevolato dalla vostra leale e fraterna collaborazione.
>
> La direzione del partito, il compagno Togliatti apprenderanno con gioia che da oggi a Lentini i comunisti marceranno uniti e compatti.
>
> Compagni, l'unità raggiunta dovrà essere aumentata dal lavoro quotidiano e indefesso di tutti, dovrà servire da

---

145 Archivio Nigro.

base per le lotte proletarie, dovrà sprigionare entusiasmo, affinché tutto il proletariato di Lentini, il popolo lentinese senta ogni giorno di più che il nostro partito è il partito degli operai e dei contadini, il partito di tutto il popolo italiano.

Per questo lavoro costruttivo è necessario formare una organizzazione idonea; vi prego quindi, compagni, [di] attenervi alle mie disposizioni:

Formazione di un comitato provvisorio composto dei compagni: Magrì Ignazio, Anzaldo Carmelo, Nigro Filadelfo, Fagone Giuseppe, Arcidiacono Alfio, Crisci Vincenzo, Di Giorgio Paolo e Maci Filadelfo[146]. Per completare il Comitato sarà inviato un compagno estraneo alla sezione di Lentini che funzionerà da segretario, e, che rimarrà il tempo strettamente necessario per cementare l'unità raggiunta; ma bisogna mettersi al lavoro immediatamente.

In attesa del compagno che verrà inviato fra pochi giorni funzionerà da segretario il compagno Nigro Filadelfo.

Primo compito del comitato sarà quello di esaminare la domanda per la regolare iscrizione al partito dei compagni che hanno fatto parte della frazione Arena. Le domande dovranno essere esaminate con vivo senso di responsabilità e di fraternità. A questi compagni bisogna dare la sensazione che il nostro partito li accoglie fraternamente e che conta sulla loro fede e sulla loro collaborazione attiva e feconda.

Il comitato dovrà procedere alla organizzazione per zone e per cellule, utilizzando, con quelle modifiche che il comitato crederà opportuno, il lavoro già fatto in proposito dal compagno Arena Sebastiano.

---

146 Futuro pastore della Chiesa Evangelica Battista.

Il Comitato dovrà, per i lavori del partito, il lavoro sindacale, il movimento giovanile, per la sezione femminile, per i pionieri, utilizzare al massimo la capacità e le attitudini dei compagni.

I compagni Arena Giovanni e Arena Sebastiano possono essere bene utilizzati nel lavoro sindacale; comunque debbono avere degli incarichi di lavoro tali che li mettano in condizioni di praticamente dimostrare tutta la loro fede, la loro capacità, il loro attaccamento al partito.

Al compagno Arena Sebastiano può essere affidato, assieme ad altri compagni, il lavoro di preparazione culturale.

Questi due compagni, essendoci all'atto dei provvedimenti disciplinari, si considerano provvisoriamente non facenti parte del partito, ma ciò non può essere che di sprone nel lavoro che può essere loro affidato, ed essi stiano pur certi che il partito apprezzerà altamente il loro vivo senso di disciplina e deciderà in conseguenza.

Per quanto riguarda i locali, quelli di via Roma serviranno per la sede della sezione del partito, quelli finora utilizzati dai compagni Arena serviranno per il movimento giovanile, per la sezione femminile, per i pionieri.

Cari compagni, in succinto vi ho dato le disposizioni che, credo, siano idonee a potenziare il nostro movimento e a liquidare definitivamente una situazione dannosa per il partito e per il proletariato.

Al lavoro, compagni, con fede, con disciplina e con nella mente e nel cuore la certezza della vittoria; saluti comunisti.

Umberto Fiore».

Chiusa, ma solo per poco, la vicenda delle frizioni tra la corrente di Arena e quella che aveva come suo maggiore esponente Marino, il Comitato riprese la sua intensa attività, incontrandosi con i due leaders (29-8-44) sui temi dell'organizzazione sindacale e occupandosi sia della ristrutturazione interna della sezione che dei problemi dei cittadini, in particolare di quelli legati all'alimentazione e al lavoro, come anche dei rapporti col C.L.N.. Venne anche costituito un comitato d'intesa con i cugini -rivali del partito socialista.

Il 29 settembre 1944 Nello Arena venne ufficialmente riammesso nel partito e furono indette le votazioni per eleggere un ennesimo comitato, non più nominato dal vertice, ma rappresentativo della base.

Le urne favorirono la lista Speranza-Marino, che ebbe 253 voti, ma la lista Arena conquistò una significativa minoranza con 209 voti (14 ottobre 1944). Il 16 ottobre venne rieletto segretario Filadelfo Nigro.

Alla fine dell'anno il comitato, sovraccarico di lavoro, decise di dimettersi per dare spazio ai nuovi quadri che man mano affluivano, non senza aver fatto un bilancio dell'attività del partito dalla liberazione in poi:

in particolare il PCI aveva promosso la costituzione del C.L.N., aveva ottenuto l'inserimento di un proprio rappresentante nella commissione comunale dell'agricoltura, aveva organizzato un convegno intercomunale per l'applicazione del decreto Gullo per le terre incolte, aveva appoggiato l'occupazione di vari latifondi, in seguito alle quali mille ettari di terreno erano stati assegnati alle cooperative di Lentini, Carlentini, Scordia e Pedagaggi, aveva ottenuto dal Comune che il nome di Garibaldi fosse rimesso alla via principale del paese e che i locali del Dopolavoro fossero assegnati alla Camera del Lavoro.

La convulsa attività delle sinistre a Lentini nel 1944 era, in modo più o meno discreto, seguita dalle autorità di polizia, come si evince da un telegramma che il segretario nazionale del PCI inviò, nel novembre di quell'anno, in risposta ad una presumibile richiesta di direttive della sezione comunista di Lentini:

> «Respingete richiesta questura consegnare elenco iscritti punto simili richieste sono assolutamente illegittime et si ricollegano a disposizioni fasciste che devono intendersi abrogate punto leggete comunicato Unità 10 novembre.
>
> Palmiro Togliatti»[147].

Tra la fine del 1943 e l'inizio del '44, per impulso soprattutto di Andrea Finocchiaro Aprile, sorse in Sicilia, e rapidamente si sviluppò, il M.I.S. (Movimento per l'Indipendenza Siciliana).

Il M.I.S. svolgeva una propaganda sottile e penetrante e in qualche misura demagogica, favorita dalle ambiguità degli anglo-americani, che toccava il tema della Sicilia ricca e derubata, oppressa e tradita, ma anche orgogliosa e ribelle e che mirava ad una repubblica siciliana indipendente, federata o meno con gli altri Stati della penisola.

Al suo interno convivevano due anime: un'ala destra feudale, fautrice della più completa staticità sociale e una sinistra riformista che considerava l'indipendenza non solo sotto il profilo politico ed istituzionale, ma anche come veicolo di un rinnovamento strutturale della società siciliana.

In ogni caso, la battaglia perduta dal M.I.S. per l'indipendenza fu però importante per quell'autonomia che la Sicilia avrà riconosciuta nel nuovo Stato italiano.

A Lentini il movimento ebbe qualche barlume di vita, riuscendo anche ad aprire una sede in via Paradiso, con esponenti Ciccio

---

147 Archivio Nigro.

Valenti, Turi Grimaldi e Tano Consiglio e cogliendo un discreto risultato alle elezioni per la Costituente del 1946 con 666 voti (5,25%).

Scarsa influenza ebbero invece in città, nell'immediato dopoguerra, il Partito d'Azione e il PRI, i cui più noti rappresentanti erano stati rispettivamente l'avv. Sebastiano Scarfì e il barbiere Alfio Cannone.

Mancava, infine, una presenza organizzata del partito cattolico, la DC, che era stata fondata il 30 ottobre 1942, in seguito alla confluenza di ex popolari, capeggiati da Alcide De Gasperi, di dirigenti dell'Azione Cattolica, provenienti per lo più dalla FUCI e dal Movimento Laureati, e di altri gruppi minori.

Il partito, ancorato sul terreno dell'antifascismo e dei principi democratici, era strettamente collegato con la Chiesa, che riuscì, in pochi anni, a fornirgli quella base di massa che l' avrebbe reso ben presto il più forte.

E fu sostanzialmente opera della Chiesa di Lentini la formazione dei futuri quadri dirigenti della DC locale, che però avrebbe fatto la sua comparsa autonoma sulla scena politica solo negli anni '50.

Questa attività di preparazione religiosa e culturale, in alcuni casi per così dire propedeutica all'ingresso in politica, è ascrivibile particolarmente al parroco della Chiesa Madre, il ragusano mons. Francesco La Rosa, trapiantato a Lentini fin dal 1935, che praticamente fu il creatore dell'organizzazione di tutti i rami dell'Azione Cattolica locale.

Con queste premesse, non sorprende quindi che il primo presidente della FUCI di Lentini, il dott. Giuseppe La Pira, diventasse uno dei primi segretari della DC (1953).

Per il momento, però, i ceti sociali esterni al bracciantato e all'area della sinistra classista, di gran lunga prevalente a Lentini, e ai piccoli gruppi laici, erano alquanto disorientati sia per gli imprevedibili sviluppi delle agitazioni sociali che si andarono sviluppando nel corso del '44 e del '45, che per l'andamento della guerra nel Continente, il cui esito ormai scontato poteva far presagire sconvolgimenti sociali nuovi e incontrollabili.

Sicché, quando il 17 dicembre 1944 il commediografo napoletano Guglielmo Giannini pubblicò a Roma il primo numero del settimanale "L'uomo qualunque", a cui seguì, da lì a poco, la costituzione dell'omonimo movimento politico, anche a Lentini i ceti moderati trovarono una sponda a cui approdare, almeno provvisoriamente.

Il qualunquismo, se da un lato non intendeva identificarsi con il passato regime, dall'altro tendeva la mano ai nostalgici, assumendo una posizione di netta ostilità al CLN ed ai partiti che lo componevano.

Interessante a questo proposito la posizione dell'avv. Alessandro Tribulato:

> «Eravamo quasi tutti ex sottufficiali e qualche ex fascista che avevamo aderito all'Uomo Qualunque perché ci ritenevamo dei liberali che non ammettevano la "politica liberale di persecuzione del fascista", questa era la differenza fra Uomo Qualunque e Partito Liberale. Poi l'Uomo Qualunque si sciolse e, sotto le continue pressioni di Mons. La Rosa, aderii alla DC (si era già negli anni '50). Una DC con valori simili a quelli della mia formazione, che operava con metodo liberal democratico»[148].

Comunque a Lentini, il problema, esploso alla liberazione della città e destinato a durare per molti anni, più sentito dalle masse era quello della terra. Ed esso era reso più drammatico in quanto

---

148 B. Russo *La Democrazia Cristiana ecc.*, pag. 66. Anche l'avv. Vincenzo Bombaci, che nel 1948 aveva aderito all'U. Q., nel '50 passò alla DC (B. Russo, cit., pag. 67).

era inserito in un quadro economico e sociale caratterizzato dalla penuria di generi di prima necessità, a cui faceva da corollario un diffuso mercato nero e una crescente inflazione.

All'esigenza di riammodernamento dei rapporti sociali in agricoltura e di tutela dei lavoratori della terra cercarono di dare una prima risposta i decreti dell'autunno 1944 del ministro comunista Fausto Gullo sulla proroga dei contratti agrari, sulla concessione delle terre incolte e sui contratti di compartecipazione.

Detti decreti, fornirono fra l'altro, obbiettivi concreti al proletariato lentinese, alla cui testa furono ancora una volta, ma in concorrenza, Filadelfo Castro e soprattutto Francesco Marino, che aveva fondato nel 1943 la cooperativa *Unione* con circa 3000 soci.

Essa operava accanto alla risorta *Il Lavoro* guidata da Castro e ad altre che via via si costituiranno (*Fede e lavoro, Isonzo, Produzione e consumo*).

Inoltre già il 26 marzo 1944 era stato ricostituito il sindacato dei lavoratori della terra, presieduto da Cirino Speranza e parte essenziale della locale CGIL.

Cresceva frattanto la disperazione di un proletariato costretto ad affrontare giornalmente il problema della sopravvivenza materiale; non era raro assistere al tragico spettacolo di masse di bambini scalzi e denutriti, costretti a vivere in abitazioni spesso miserabili, in cui la regola erano la promiscuità e la mancanza dei servizi essenziali, mentre anche malattie come la malaria e la tubercolosi mietevano le loro vittime. La ruota della storia continuava a girare, ma i più deboli e i più indifesi rischiavano di rimanerne travolti.

Il 1945 si aprì con la nomina a Commissario Prefettizio del Comune del cav. Guglielmo Li Greci, in attesa delle prime elezioni democratiche. Nel corso dello stesso anno si concluse la guerra, con l'insurrezione partigiana del 25 aprile 1945 a cui seguirono, il 28, la fucilazione di Mussolini e il 29, la capitolazione dei Tedeschi.

Intanto l'attività delle cooperative cominciava a registrare dei successi parziali che tuttavia non riuscivano ad assorbire la domanda di lavoro del bracciantato agricolo.

Si venne anzi a creare, in una certa misura, una frattura sociale fra il PSIUP di Castro, che si avviava sempre più a diventare il partito dei contadini piccoli proprietari, di quelli che avevano la mula, e il PCI che andava via via qualificandosi come il partito dei braccianti nullatenenti e che pertanto si allontanava pian piano dal suo leader Marino, soprattutto impegnato nel campo cooperativistico, non solo lentinese.

E in effetti Marino aveva incominciato a spostare il suo impegno un po' fuori Lentini, anche per la sua nomina a membro della Consulta Regionale, quella che poi redigerà lo Statuto Siciliano.

«In qualche modo ora Marino appariva come un notabile rispetto alla politica paesana»[149].

Cresceva nel frattempo, anche se per il momento in seconda fila, un nuovo gruppo dirigente che, tra qualche anno, avrebbe travolto le vecchie figure carismatiche del comunismo locale, da Arena a Marino, a tutto il gruppo dei fondatori, per lo più artigiani idealisti.

Per il momento il PCI era agitato da un risorto contrasto tra il gruppo dirigente e Nello Arena, che col suo linguaggio rivoluzionario e le sue notevoli capacità oratorie raccoglieva un largo seguito nelle masse, prevalentemente, ma non solo, bracciantili, in cui spiccavano elementi che in futuro avrebbero avuto un ruolo di primo piano nel rinnovato PCI, come Ciccio Ciciulla, Cirino Garrasi e Fortunato Mastrogiacomo.

---

149 R. Mangiameli *Officine ecc.*, cit., pag. 151.

Il "Movimento Comunista", così si chiamava l'organizzazione creata da Arena, si caratterizzava anche per il fatto di inglobare nelle sue file gran parte degli evangelici di Lentini.

In effetti il mondo protestante di Lentini aveva radici che affondavano a pieno titolo nel periodo della lotta antifascista - basti citare la figura del farmacista Zarbano - quando probabilmente si era sentito soffocato ed emarginato dal binomio Chiesa cattolica / Fascismo, creatosi con i Patti del 1929.

In ogni caso esso aveva assorbito idee libertarie che nel corso della sua storia porteranno suoi qualificati esponenti a schierarsi costantemente a sinistra; ciò anche in considerazione della composizione sociale dei suoi aderenti, quasi tutti provenienti dal proletariato.

Esempio luminoso di questo impegno nelle lotte sociali e politiche, che non comportò la sua adesione organica ad un partito, è la figura di Salvatore Formica, dirigente contadino e integerrimo amministratore negli anni '60 e '70.

Il "Movimento Comunista" riuscì a mobilitare vaste masse, organizzate in strutture dal vago sapore militaresco, che alla lontana richiamavano alla mente le "quadrate legioni" mussoliniane. E gli avversari comunisti di Arena non mancavano di sottolineare questa strana assonanza che, secondo loro, trovava riscontro anche nello stile oratorio del leader somigliante a quello del tribuno romagnolo disinvoltamente passato dal socialismo al fascismo.

Ciò non toglie comunque che si trattava di un movimento di sinistra, attestato su posizioni rivoluzionarie, che del resto non erano limitate solo a questo settore del PCI.

Piuttosto, occorre ricordarlo, è vero che queste posizioni erano assai diffuse nel PCI, soprattutto nel periodo precedente il ritorno di Togliatti (27 marzo 1944) dall'esilio russo, ma anche per qualche tempo dopo, fin quando non penetrò nella base comunista la linea politica del "partito nuovo", non più attestato sulle posizioni settarie del bordighismo, ma profondamente radicato nelle masse e propenso ad assolvere compiti di partecipazione attiva nel governo e nella ricostruzione del Paese: un partito, cioè, che non doveva restare una setta staccata dalle masse, ma, al contrario, doveva diventare un fondamentale strumento per la loro organizzazione e mobilitazione; un partito, inoltre, che, per assicurare efficienza all'attività politica, doveva regolare la sua vita interna in base ai principi del "centralismo democratico".

Un sistema quest'ultimo che se aveva il vantaggio di trasmettere all'esterno un'immagine di forte coesione, senza cancellare la partecipazione e la discussione democratica al suo interno, era destinato a provocare un forte irrigidimento del processo decisionale, a tutto vantaggio dei gruppi dirigenti, che per natura hanno la vocazione all'autoconservazione, anche attraverso il metodo furbesco della cooptazione. Una simile impostazione era, nei mesi a cavallo tra il 1945 e il 1946, assai lontana dalle istanze popolari lentinesi, orientate piuttosto per il "tutto e subito" e certamente poco si addiceva al comunismo romantico e barricadiero degli areniani, percorso anche da venature anarchicheggianti.

Lo sviluppo del movimento ebbe momenti di esaltante passione, con grandissimi cortei che sfilavano cantando inni proletari ed entusiasmanti sventolii di bandiere rosse; l'organizzazione areniana arrivò anche ad avere due sedi: una in via G. Verdi e una nel quartiere S. Paolo.

Quando si arrivò alle soglie delle prime elezioni democratiche il conflitto tra l'area areniana e il gruppo dirigente della sezione, ricco sì di vecchie glorie, ma che agli occhi dei rivali appariva un po' mummificato, spinse il "Movimento Comunista" a cercare l'accordo con il PSIUP di Castro per inserire propri aderenti nelle liste socialiste. Anche il Partito d'Azione di Lentini (segretario Panebianco) inserì due suoi esponenti nella lista di Castro.

Gareggiavano per la conquista dei trenta seggi del Consiglio Comunale, in vista delle elezioni del 17 marzo 1946 tre liste di 24 candidati ciascuna:

- A) La lista del PSIUP, capeggiata da Filadelfo Castro, in cui erano presenti quasi tutti i maggiori esponenti del partito, da Severino Ielo a Ferdinando Celza, da Sebastiano Nipitella a Salvatore D'Anna. Essa comprendeva due esponenti del Partito d'Azione e cioè Carmelo Conti e Sebastiano Scarfì e sei candidati provenienti dal "Movimento Comunista" (Filadelfo Maci, Giuseppe Di Giorgio, Filadelfo Miuzzo, Filadelfo Caponetto, Antonio Fazio, Maria Berio).

- B) La lista del PCI con capolista Giovanni Pattavina, in cui erano presenti, oltre al leader Francesco Marino, esponenti della vecchia guardia come Sebastiano Scatà, Filadelfo Nigro, Ignazio Magrì, Cirino Speranza, Filadelfo Santocono e giovani esponenti come il commerciante Vincenzo Crisci e il maestro Salvatore Di Mauro.

Fra i candidati figurava una sola donna, Elena Nipitella, moglie dell'allora minorenne Sebastiano Centamore, futuro leader del PSI, che allora orbitava nell'ambiente della Camera del Lavoro.

- C) Infine una lista civica, espressione del mondo moderato e conservatore, pare ispirata da elementi della associazione degli agricoltori e del Circolo Alaimo. La lista era capeggiata da Vincenzo Magnano San Lio, maggiore in congedo dei carabinieri e ultimo sindaco della città, al tempo dell'occupazione inglese. Vi partecipavano personalità di varia estrazione politica (cattolica, liberale, nostalgica) fra cui il rag. Francesco Bombaci, l'ing.

Vincenzo Ragazzi, l'avv. Giuseppe Bruno e il rag. Sebastiano Neri.

Quest'ultima lista aveva, come poi i risultati dimostreranno, poche speranze di avere una rappresentanza in Consiglio Comunale, in una Lentini politicamente dominata dai due partiti della sinistra; i quali però, come più volte evidenziato, avevano tra loro un rapporto conflittuale, nonostante il Patto di unità d'azione che li impegnava a consultarsi e a cercare l'accordo preventivamente, fra l'altro, «per tutta l'azione governativa, parlamentare e comunale». Nel corso della campagna elettorale, quasi a ridosso delle votazioni, si verificò un colpo di scena: il disimpegno degli esponenti del "Movimento Comunista" dalla lista socialista e il riavvicinamento del movimento stesso al PCI ufficiale, da cui sarà lentamente assorbito. Cos'era accaduto? Secondo la testimonianza di Ignazio Magrì, da me a suo tempo raccolta, c'era stato l'intervento, nell'anomala situazione di Lentini, di Umberto Fiore, ormai buon conoscitore dell'ambiente e dei personaggi locali.

Egli era intervenuto ad un'affollatissima assemblea del movimento (dalla cui imponenza, secondo alcuni, rimase assai impressionato) e con un appassionato discorso aveva fatto appello all'esigenza imprescindibile di sanare la rottura nel comunismo locale, che invece abbisognava della massima compattezza e unità per sostenere le grandi lotte che si prospettavano al proletariato, a cominciare da quella amministrativa. Egli seppe dunque toccare così bene le corde del sentimento dei presenti, da indurli ad aderire al suo accorato invito.

Secondo altre testimonianze la posizione assunta dagli areniani rischiava di andare incontro al discredito presso le masse bracciantili, in buona parte orbitanti nell'area comunista, le quali percepivano la rottura come un fatto innaturale e contrario agli interessi unitari del proletariato e forse ascrivibili a posizioni personalistiche che, al di là di ogni giustificazione, finivano per danneggiare il partito proprio in un momento di massima importanza. Pertanto furono queste riflessioni e questo riesame a spingere il movimento a recedere dalla sua precedente posizione.

Le due versioni non sembrano fra di loro in contrasto: probabilmente ambedue i fattori concorsero a determinare la rottura fra gli areniani e Castro, il quale non mancò, anche se tardivamente, di sottolineare l'estremismo dei suoi ex alleati e di chiedere all'elettorato socialista di non votarli, considerato che ormai erano in lista. Cosa che puntualmente avvenne.

Per eleggere i 30 componenti del Consiglio Comunale gli elettori avevano la possibilità di esprimere un massimo di 24 preferenze per candidati della stessa lista (in questo caso, secondo la legge, bastava votare il contrassegno) o anche per candidati di liste diverse, purché le preferenze non fossero superiori a 24.

Si potevano quindi cancellare candidati di una lista (come disciplinatamente fecero gli elettori socialisti con i sei candidati areniani) ed eventualmente tracciare il segno di croce nelle apposite caselle a fianco dei nomi prescelti di altre liste.

Con questo tipo di votazione è difficile dire quali furono precisamente i voti riportati dai due partiti della sinistra.

Il PSIUP, che certo era la forza politica maggiore, elesse tutti i suoi candidati e cioè diciotto consiglieri (esclusi, come già detto, i sei areniani, cancellati dagli elettori).

I rimanenti dodici seggi andarono al PCI che era, per consistenza elettorale, la seconda forza. Anche il suo elettorato fu notevolmente disciplinato, votando compattamente il contrassegno, dando così la preferenza a tutti e 24 i suoi candidati. Tra il primo degli eletti (Pattavina) e l'ultimo (Caracciolo) ci furono appena 9 voti di differenza.

A determinare l'elezione dei primi dodici fu solo una manciata di voti.

Osservando i voti riportati dal primo e dall'ultimo eletto delle due liste di sinistra si possono però evidenziare i rapporti di forza fra i due partiti, che sono nettamente a favore dei socialisti.

Castro (primo eletto del PSIUP) riportò 5809 voti contro 3809 di Pattavina (primo eletto del PCI), con una differenza a suo favore di 2000 voti.

Carmelo Conti (ultimo eletto nella lista del PSIUP) ebbe 5732 voti a fronte dei 3800 di Salvatore Caracciolo (ultimo eletto del PCI), prevalendo quindi per 1932 voti.

Questi risultati si prestano ad alcune considerazioni:

- A) Nella città si ha una netta prevalenza della sinistra, con un PSIUP più forte del PCI, che sarà riconfermata nelle successive votazioni del 2 giugno.

- B) Il centro-destra, che per il sistema elettorale non riesce ad eleggere nessun consigliere, è disorientato e disorganizzato, ma non scomparso, come dimostreranno i risultati di due mesi dopo, per l'elezione dell'Assemblea Costituente. Approderà inizialmente nell'Uomo Qualunque e, quando questa formazione si dissolverà, prenderà due strade diverse: la parte più moderata approderà nella DC che lentamente si andrà costituendo, anche per l'opera di formazione spirituale di mons. La Rosa, stimato sacerdote aperto al sociale, dotato anche di notevole intuito politico. La parte più estrema e più legata al passato andrà a costituire il M.S.I..

- C) La disciplina e la compattezza dell'elettorato dei partiti socialista e comunista ha operato non solo nei confronti del mondo conservatore, ma anche nei rapporti fra i due partiti. I risultati delle votazioni e le vicende del "Movimento Comunista" evidenziano che le prime crepe tra socialisti "castriani" e comunisti, già presenti subito dopo la liberazione, sono destinate ad allargarsi fino a diventare incolmabili a partire dal 1948.

I risultati delle prime amministrative sanzionarono dunque la vittoria dei socialisti, che così, dopo oltre vent'anni, ritornavano alla guida del Comune, da cui erano stati estromessi dal fascismo e vi ritornavano con il prestigio di un glorioso passato di lotte.

Gli eletti del PSIUP furono, oltre il capolista Castro, Severino Ielo, Salvatore D'Anna, Ferdinando Celza, Giuseppe Pulvirenti, Alfio Centamore, Francesco Antico, Sebastiano Nipitella, Orazio Ramondetta, Alfio Ferrauto, Francesco Di Mauro, Domenico Bongiovanni, Filadelfo Floridia, Alfio Crifò, Francesco Falcone, Alfio Ventura e i due azionisti Sebastiano Scarfì e Carmelo Conti.

A rappresentare il PCI in Consiglio Comunale furono chiamati Giovanni Pattavina, Francesco Marino, Alfio Raiti, Salvatore Moscato, Gaetano Emanuele, Alfio Gaeta, Ignazio Magrì, Sebastiano Ventura, Salvatore Cattano, Salvatore Caracciolo; fra gli eletti vi erano inoltre l'indipendente Elena Nipitella e il repubblicano Alfio Cannone.

Il Consiglio Comunale si insediò il 1° aprile 1946 con 29 consiglieri presenti (18 socialisti e 11 comunisti) e dopo la relazione del Commissario Prefettizio, la presidenza venne assunta dal consigliere anziano Castro.

Il primo a intervenire fu Francesco Marino (PCI), il quale preliminarmente rivolse il suo saluto al nuovo Consiglio Comunale, «espressione della volontà popolare di Lentini»[150].

«La reazione», egli disse, che pensava di poter sfruttare a suo vantaggio la divisione tra comunisti e socialisti, «si è vista sgominare per merito della maturità politica raggiunta dai lavoratori lentinesi». Aggiunse inoltre che la minoranza non

---

150 Dal verbale della seduta del Consiglio Comunale di lentini del 1° aprile 1946.

avrebbe fatto un'opposizione preconcetta, qualora la maggioranza avesse ritenuto di amministrare da sola e lo avesse fatto senza settarismo.

Queste premesse sembravano preludere ad un nuovo clima di distensione fra le due forze proletarie.

Ma pochi minuti dopo apparve evidente che il fossato esistente fra i due schieramenti era destinato ad allargarsi sempre più.

Marino chiese infatti che fosse dichiarato ineleggibile colui che poteva considerarsi il "secondo" di Castro e cioè don Severino Ielo, in quanto dipendente comunale al momento della presentazione della lista, e che i consiglieri Bongiovanni e Celza dessero in Consiglio la prova di alfabetismo.

Queste richieste furono respinte a maggioranza (18 a 11), ma le ostilità erano aperte e lo si vide subito dopo, quando Castro, dopo aver dichiarato che nulla ci sarebbe stato di tralasciato o intentato «per migliorare lo stato dei lavoratori», i quali sarebbero stati assistiti e sorretti in tutti i loro bisogni, propose di rinviare l'elezione del sindaco e di passare invece a quella della Giunta.

Fu Pattavina, a nome del gruppo comunista, a chiedere spiegazioni in merito, ma Castro si limitò a sottolineare che la legge non vietava di attuare le sue proposte.

L'insoddisfacente risposta determinò l'astensione dei comunisti.

Furono eletti assessori effettivi Filadelfo Castro con 18 voti, Sebastiano Scarfì, Severino Ielo e Salvatore D'Anna con 17.

Quel voto in più faceva di Castro l'assessore anziano e in tale veste egli poteva quindi presiedere l'esecutivo.

La situazione mostrava curiose analogie con quella del 1920.

Anche allora Castro non si era fatto eleggere sindaco, ma come assessore anziano aveva governato il comune in veste di prosindaco, fino al suo arresto del 1922.

Assessori supplenti furono eletti, con 18 voti ciascuno, Alfio Crifò e Francesco Falcone, nonostante le proteste della minoranza (Pattavina, Magrì, Gaeta) che lamentava presunte irregolarità procedurali.

Nello stesso mese di aprile del '46, il 23, si verificarono assalti ai forni e ai magazzini dei ricchi e dei benestanti da parte della popolazione affamata ed esasperata. La notevole quantità di derrate requisite fu ammassata nella Camera del Lavoro, nella prospettiva di una improbabile distribuzione al popolo, anche se non mancò qualche caso di approfittamento personale.

Lo scomposto e incontrollabile moto della piazza disperata non sortì gli effetti desiderati, anzi contribuì ad impaurire ulteriormente la borghesia, ormai alla ricerca frenetica di un argine da contrapporre alla marea proletaria, che a volte sfuggiva anche alla guida dei partiti organizzati della sinistra. Quanto ammassato fu comunque trasferito a Siracusa.

Il 13 maggio 1946 Castro si decise a farsi eleggere sindaco.

La sua maggioranza compattamente lo sostenne (18 voti), mentre i nove presenti del gruppo comunista si astennero.

Non mancò, nella stessa seduta del Consiglio Comunale, il battibecco con Marino, il quale lamentò «il mancato intervento circa il problema alimentare sfociato nei disordini del 23 aprile» ed anche «l'iniqua applicazione dell'imposta di famiglia nei confronti della classe dei lavoratori»[151].

---

151 Dal verbale del Consiglio Comunale, del 13-5-1946.

Castro ribattè che la Commissione Comunale per i Tributi Locali di cui Marino faceva parte, aveva preso decisioni che avevano «leso gli interessi del Comune a tutto vantaggio della borghesia».

«Le classi lavoratrici», egli concluse, «vanno escluse dalla tassazione»; invece, a suo parere, la Commissione agevolava sfacciatamente «le famiglie agiate».

Ma l'attenzione politica era ormai destinata a spostarsi rapidamente su un tema che appassionava tutta l'Italia: l'elezione dell'Assemblea Costituente e il referendum istituzionale, per la scelta fra monarchia e repubblica, ambedue contestualmente fissati per il 2 giugno 1946.

A questo proposito tutti i grandi partiti nazionali avevano preso posizione. Decisamente schierati per la repubblica erano il PCI, il PSIUP, il P.d'A, ormai di tendenza socialista[152], in quanto la sua ala destra, guidata da Ugo La Malfa e Ferruccio Parri, se ne era staccata, dando vita alla Concentrazione Democratica Repubblicana, che dopo le elezioni confluirà nel PRI, il quale, ovviamente, della forma repubblicana dello Stato era l'assertore storico.

A sostegno dell'istituto monarchico, dal 9 maggio 1946 impersonato, in seguito all'abdicazione di Vittorio Emanuele III, dal nuovo re Umberto II, il quale veniva rappresentato come un volto nuovo e libero da ogni collegamento con le tristi vicende seguite all'8 settembre 1943, furono il "Blocco Nazionale della Libertà" (i monarchici), l'"Unione Democratica Nazionale", formata dai liberali e da una parte dei demo-laburisti, il "Fronte dell'Uomo Qualunque" e il "Partito dei Contadini d'Italia".

---

152 Il 21-10-1947 la maggioranza del Partito d'Azione, guidata da Riccardo Lombardi e Francesco De Martino, confluirà nel PSI.

Una posizione particolare aveva la Democrazia Cristiana, il cui leader Alcide De Gasperi dall'11 dicembre 1945 presiedeva un governo formato dai partiti del C.L.N..

Essa, dopo aver organizzato al suo interno un referendum (503.085 per la repubblica, 146.061 per la monarchia e 187666 agnostici), al suo primo congresso nazionale tenuto a Parma dal 23 al 29 aprile 1946 aveva lasciato liberi i suoi elettori.

In questo modo essa cercava di evitare il conflitto che poteva opporre la maggioranza filorepubblicana dei suoi quadri al suo elettorato prevalentemente monarchico.

I risultati, com'è noto, sanzionarono la vittoria repubblicana col 54,3% dei voti e confermarono, dopo la precedente tornata elettorale amministrativa, la DC, non ancora divenuta esplicitamente il partito dei ceti moderati e conservatori, ma fortemente sostenuta dalle gerarchie ecclesiastiche, come il partito di maggioranza relativa (35,2%).

Al secondo posto si classificò il PSIUP (20,7%), che ottenne la presidenza dell'Assemblea Costituente[153], seguito dal PCI (19%).

A Lentini, in controtendenza con la prevalenza monarchica verificatasi nel Meridione d'Italia, si ebbe una netta vittoria repubblicana (65,8%), festeggiata con grandi ed entusiastiche manifestazioni di massa.

Ma il 34,2% conseguito in città dalla monarchia, stava a significare la presenza di una destra consistente, anche se ancora organizzativamente sbandata.

I voti per l'Assemblea Costituente confermarono il PSIUP, col 33% come il primo partito di Lentini e il PCI come il secondo, col 23,1%. Deludente fu invece il risultato del PRI (1,5%) e del P. d'Az. (1,3%).

---

153 Presidente dell'Assemblea Costituente fu inizialmente eletto Giuseppe Saragat (PSIUP), che dopo la scissione socialdemocratica si dimise e fu sostituito dal comunista Umberto Terracini.

Significativo il fatto che la DC, pur senza una sezione ufficiale, avesse conseguito il 12,5%, il che dimostrava che certi settori del clero erano in grado di orientare consistenti nuclei di elettori. Questo risultato avrebbe finito per attirare nelle file del partito democristiano una buona parte dell'elettorato conservatore che, per il momento, schierato a destra della DC, aveva dato il 7,7% ai monarchici del B.N.L., il 6% all'Uomo Qualunque e il 3,8% ai liberali dell'U.D.N..

Dopo la tornata elettorale riprese l'attività amministrativa e il 14 giugno al posto di Castro che, essendo ormai sindaco, si era dimesso da assessore, il Consiglio Comunale elesse come effettivo il già assessore supplente Alfio Crifò (con 15 voti e 9 schede bianche dei comunisti), al cui posto sarà eletto, il 27 luglio successivo, il consigliere Ferdinando Celza (con 16 voti e 7 schede bianche).

Nella stessa seduta del 27 luglio, presieduta da Severino Ielo, su proposta del capogruppo comunista Giovanni Pattavina, il Consiglio Comunale approvò all'unanimità una mozione che rifletteva la situazione di grave disagio del bracciantato agricolo, la quale un paio d'anni dopo avrebbe dato luogo ad un episodio clamoroso.

La mozione così recitava:

> «Constatato che alcuni proprietari non intendono accettare la disciplina imposta dalla Commissione Paritetica circa il collocamento della manodopera agricola disoccupata e che per boicottarne il funzionamento si rifiutano di corrispondere i salari agli operai ingaggiati per decisione della suddetta Commissione;
>
> constatato che tutto ciò minaccia l'ordine pubblico e scuote la fiducia che i lavoratori finora hanno riposto nell'organizzazione data all'avviamento al lavoro dei

> disoccupati per volontà delle associazioni sindacali interessate dalle autorità locali e dal Prefetto:
>
> fa voti
>
> che il Prefetto, avvalendosi delle facoltà derivanti dall'art. 19 della Legge Comunale e Provinciale, obblighi i proprietari che si trovano nelle condizioni sopradette al pagamento dei salari mediante rimborso esecutivo e con pagamento immediato».
>
> La pressione tumultuosa delle masse di affamati e disoccupati doveva aver assunto toni esasperati, se nella seduta del Consiglio Comunale del 2-10-1946 lo stesso consigliere Pattavina chiedeva con insistenza al sindaco spiegazioni sulla presenza di forza pubblica «nell'aula e fuori dell'aula, armata di moschetti, mitra, pistole»[154].

Il 26 dicembre 1946, a Roma, nell'ufficio dell'assicuratore rag. Arturo Michelini, ex vicesegretario federale della città, si radunò un gruppo di promotori, fra cui Giorgio Almirante, il giornalista Giorgio Pini, il sindacalista Biagio Pace, Pino Romualdi e il giovane Roberto Mieville, che diede vita ad un raggruppamento politico che si proponeva di raccogliere gli elementi di estrema destra. Fu scelta una sigla che sembrava ricordare la R.S.I. e cioè M.S.I. (Movimento Sociale Italiano) e segretario venne nominato Giorgio Almirante. Il simbolo era costituito da una fiamma tricolore che sorgeva da un catafalco nero (forse il riferimento era a quello di Mussolini).

Dal 9 al 13 gennaio 1947 si svolse a Roma il 25° Congresso Nazionale del partito socialista che, dopo il successo alle elezioni per l'Assemblea Costituente, nella successiva tornata elettorale amministrativa del novembre 1946, aveva segnato il passo a vantaggio dei comunisti.

---

154 Dal verbale del Consiglio Comunale del 2-10-1946.

In esso si fronteggiavano, ormai a viso aperto, due concezioni del partito. La prima sottolineava l'esigenza dell'unità del movimento operaio ed era rappresentata da Pietro Nenni: «I principi ai quali noi intendiamo richiamarci sono quelli di Marx che non hanno subìto nel corso dei secoli alcuna alterazione e che segnano al socialismo come fine la socializzazione dei mezzi di produzione e di scambio, come mezzo la conquista dei pubblici poteri e come metodo la lotta di classe»[155]; la seconda invece insisteva sulla necessità dell'autonomia socialista nell'azione politica ed aveva il suo uomo di punta in Giuseppe Saragat, secondo cui soltanto un partito socialista veramente autonomo poteva tenere l'Italia estranea alle sfere di influenza: «Si pone per noi imperioso il problema di dare al paese un Partito che abbia questa caratteristica fondamentale: che il socialismo debba essere opera della classe lavoratrice stessa [...]. Noi riteniamo che il socialismo come è stato sempre concepito e trattato in Europa abbia perduto in Italia il suo organo politico, mentre è rimasta più urgente che mai la necessità della sua funzione nel Paese e più vivo che mai l'amore per esso nella coscienza dalla classe lavoratrice italiana; e noi rispondiamo a questa esigenza profonda [...]»[156].

La scissione si rivelò irreversibile, nonostante i tentativi di Pertini per evitarla; e mentre il PSIUP riprendeva la vecchia sigla di P.S.I., i seguaci di Saragat si riunirono a Palazzo Barberini e diedero vita ad un nuovo partito: il P.S.L.I. (Partito Socialista dei Lavoratori Italiani).

A Castro, che partecipò al Congresso, probabilmente non parve vero di trovare un partito socialista che lo svincolasse anche sul piano nazionale dai comunisti, e vi aderì.

---

155 Franco Pedone *Il socialismo in questo dopoguerra* Edizioni del Gallo, Milano, 1968, pag. 115.
156 F. Pedone, cit., pagg. 121-122.

Ritornato a Lentini egli relazionò all'assemblea della sua sezione che, a stragrande maggioranza, condivise la sua scelta.

Pochi furono i socialisti che non lo seguirono; fra essi Peppino Aliano, Vincenzo Garrasi, Sandro Tornello, Andrea Magnano.

Da allora a Lentini il PSLI, il "partito di Castro" come fu inteso, cominciò ad evolversi, in maniera sempre più vistosa, in direzione di un anticomunismo netto e rancoroso.

E così a Lentini, mentre il PSI si riduceva a pochi elementi disorientati ma fermi nell'attaccamento alla bandiera, il PCI tendeva ad assumere l'intera rappresentanza della classe lavoratrice.

Gli effetti si videro qualche mese dopo, il 20 aprile 1947, in occasione dell'elezione della prima Assemblea Regionale Siciliana.

In quell'occasione il Blocco del Popolo (PCI+PSI, ma a Lentini essenzialmente il PCI) conquistò la maggioranza relativa dei voti (6.025) col 42,9% ed elesse Francesco Marino all'ARS, lasciando al PSLI il secondo posto col 25,7% (3.614 voti), capovolgendo così le rispettive posizioni.

La DC, non ancora presente sul territorio, fu ridimensionata al 5,3%, anche perché non riscuoteva ancora la fiducia dei ceti moderati (De Gasperi non aveva ancora rotto l'alleanza di governo con le sinistre).

La destra lentinese di tutte le gradazioni, moderata, conservatrice e nostalgica si ritrovò tutta in quell'occasione nel "Blocco democratico liberalqualunquista" a cui diede 3.219 voti (22,9%).

Un mese dopo a Roma si consumò la rottura fra D.C. e sinistre, che De Gasperi escluse dal suo quarto ministero, ottenendo la fiducia con i voti, oltre che della D.C., dei liberali, dei monarchici e dei qualunquisti.

E mentre il mondo si avviava alla divisione in due blocchi contrapposti, guidati uno dagli U.S.A. e l'altro dall'U.R.S.S., anche in Italia si verificava una spaccatura fra le forze centriste e quelle di sinistra destinata a durare per molto tempo.

Intanto i risultati delle regionali avevano provocato una riflessione all'interno del PSLI di Lentini, a conclusione della quale il sindaco Castro decise di presentarsi dimissionario in Consiglio Comunale nella seduta del 18 giugno 1947 «in seguito ai risultati delle elezioni regionali del 20 aprile, risultati che hanno fatto conseguire ai partiti della minoranza in seno al Consiglio un maggior numero di voti rispetto al Partito Socialista dei Lavoratori Italiani che costituisce la maggioranza del Consiglio Comunale».

Accettate le dimissioni del Sindaco e della Giunta e quella da consigliere dell'avv. Sebastiano Scarfì, che era stato nominato vicepretore onorario[157], il Consiglio, in base ad accordi politici già intervenuti, diede vita ad una Giunta PCI-PSLI eleggendo sindaco, con 23 voti su 23 presenti, Giovanni Pattavina (PCI). Assessori effettivi vennero eletti: Severino Ielo (PSLI, 23 voti), Alfio Crifò (PSLI, 21 voti), Sebastiano Ventura (PCI, 20 voti) e Salvatore Cattano (PCI, 19 voti). I supplenti furono Francesco Falcone (PSLI, 23 voti) e Gaetano Emanuele (PCI, 21 voti).

Sembrava così ristabilito un nuovo clima di armonica collaborazione fra i due partiti, tanto che a fine seduta il consigliere Magrì (PCI) ritenne di mandare «un saluto al Sindaco ed agli Assessori uscenti e quindi ai Consiglieri socialisti per l'opera proficua spesa a favore dell'Amministrazione e della cittadinanza».

Anche il nuovo sindaco Pattavina volle sottolineare il «nuovo clima di intesa e di concordia creatosi recentemente»[158] tra la maggioranza socialista e la minoranza comunista. Ma il clima idilliaco doveva essere di breve durata, sia per le tensioni

---

157 Non erano previste surroghe.
158 Dal verbale del Consiglio Comunale del 18-6-1947.

accumulatesi nel tempo fra le basi dei due partiti che per l'approssimarsi di un nuovo appuntamento elettorale.

Nel dicembre del 1947 PSLI e PRI entrarono nel Governo, sicché gli schieramenti che si sarebbero affrontati per la conquista della maggioranza nell'imminente consultazione politica del 18 aprile 1948 apparivano ormai ben definiti.

Da un lato ci sarebbe stata la DC e i suoi alleati e dall'altro il PSI e il PCI che, con l'apporto di gruppi minori e di indipendenti[159], avevano dato vita al Fronte Democratico Popolare e si presentavano in lista unica nonostante la perplessità di una forte minoranza del PSI (Basso, Pertini, Romita, ecc.). Qualche mese prima delle elezioni una piccola ala destra del PSI, capeggiata da Ivan Matteo Lombardo diede vita, il 7 febbraio 1948, ad un movimento detto "Unione dei Socialisti", che alle elezioni si presenterà assieme al PSLI, sotto la comune denominazione di "Unità Socialista".

Inoltre sul PSI esercitava forti pressioni in direzione di una rottura col PCI il Comisco (Comitato della Confederazione Socialista Internazionale), che finì col sospendere il PSI e riconoscere Unità Socialista.

A destra dello schieramento politico stavano il Blocco Nazionale (PLI e U.Q.), il P.N.M. (Partito Nazionale Monarchico) e il M.S.I..

La campagna elettorale, che era già cominciata fin dai primi mesi del 1948, andò assumendo toni via via più aspri man mano che si avvicinava la data delle votazioni.

Anche a Lentini, città fortemente politicizzata, si formavano capannelli di persone che discutevano animatamente di politica, le

---

159 Ad es. I cattolici Ada Alessandrini e Gerardo Bruni, gli ex repubblicani Arnoldo Azzi e Silvio Paolucci, gli ex socialdemocratici Giuseppe Dagnino e Leonida Repaci, i demolaburisti Enrico Molé e Francesco Cerabona (Vedi F. Pedone, cit., pag. 206).

sezioni dei partiti erano sempre affollate, i muri pieni di manifesti e la lotta politica diventava sempre più appassionante e partecipata.

In questo contesto divenne fatale l'urto fra Castro, ormai nell'area governativa e i comunisti, di essa tenaci oppositori.

Cominciarono così gli attacchi, anche in pubblici comizi, all'Amministrazione Pattavina, al punto che il gruppo consiliare del PSLI arrivò a presentare, il 15-2-48, una mozione di sfiducia contro il sindaco, di cui lo stesso Pattavina diede lettura nella riunione del Consiglio Comunale del 16 marzo 1948:

> «I sottoscritti consiglieri comunali chiedono la riunione straordinaria del Consiglio, entro brevissimo termine e comunque non oltre 10 giorni da oggi, per deliberare sul seguente ordine del giorno: "voto di sfiducia al Sindaco Pattavina Giovanni per comportamento antidemocratico ed impopolare, scarsa capacità amministrativa e dannosa negligenza nello espletamento degli atti e delle funzioni inerenti la carica"».

I consiglieri del PSLI chiedevano inoltre che l'argomento venisse trattato in seduta segreta, in quanto il dibattito avrebbe potuto comportare apprezzamenti sulla persona, mentre il gruppo del PCI insisteva per la seduta pubblica, perché sarebbe stato antidemocratico pretendere che la cittadinanza ignorasse il modo in cui si era svolta l'attività amministrativa e anche perché il Consiglio Comunale era stato convocato in seduta pubblica. Per ragioni di trasparenza, diremmo oggi. E l'una e l'altra parte si appigliavano a norme di legge e alla loro interpretazione.

In merito a quest'ultimo punto si svolse, nell'aula consiliare di via Aspromonte, un acceso dibattito in cui intervennero molti consiglieri, ma di cui furono protagonisti i due vecchi leaders della sinistra Castro e Marino, un tempo uniti nella lotta politica ed ora rivali.

Interessante ci sembra, a questo punto, riportare dal verbale della seduta, alcuni stralci dei principali interventi.

Il sindaco rilevò che poiché l'argomento all'o.d.g. non riguardava «soltanto un uomo nella sua qualità di Sindaco, bensì i partiti e le organizzazioni da cui ha avuto il mandato, nonché gli interessi di migliaia e migliaia di cittadini, è necessario ed indispensabile che la sua attività di amministratore, nonché di uomo, sia pubblicamente discussa, affinché tutti possano essere in condizioni di giudicare. Denuncia come nemici dei lavoratori e della cittadinanza lentinese, coloro i quali, per argomenti delicatissimi che riguardano tutti i cittadini, vogliono privare tutti i cittadini medesimi del diritto e del dovere» di sapere in che modo erano stati amministrati.

Il sindaco inoltre sosteneva di non poter accedere «ad una proposta che mira, nel caso in specie, a fare in modo che la democrazia diventi una burla e una truffa, anziché essere come i comunisti la intendevano, un Governo di popolo per il popolo e nell'esclusivo interesse del popolo». E concludeva dicendo che poiché i firmatari della mozione «dopo di aver sempre approvato tutte le deliberazioni e tutti gli atti proposti dal Sindaco e dalla Giunta, in vista delle elezioni vogliono fare delle meschine speculazioni elettoralistiche, è giusto ed onesto che tutti i cittadini siano consci del come è andata l'Amministrazione e che una volta per sempre finisca il malcostume di parlare alle spalle e pubblicamente si metta tutto sul tavolo in maniera che il popolo sappia chi difende i [suoi] interessi e chi difende gli interessi personali».

«Il consigliere Castro respinge le affermazioni del Sindaco circa gli apprezzamenti fatti sui consiglieri della maggioranza e non segue questi in una affermazione degna di comizi di piazza e non del consesso comunale ove si discutono gli interessi della cittadinanza. In merito all'accusa di antidemocraticità rileva che il vero antidemocratico è il sindaco, il quale con una concezione propria più unica che rara intende rimanere abbarbicato al suo posto contro la volontà della maggioranza del Consiglio, il che significa essere contro la maggioranza della cittadinanza».

«Il consigliere Marino contesta le affermazioni del consigliere Castro che il Sindaco Pattavina intende rimanere abbarbicato alla sua carica». L'on. Marino non mancò di ricordare alla maggioranza consiliare che essa stessa aveva accettato le dimissioni di Castro e concorso alla elezione di Pattavina dopo le elezioni del 20 aprile 1947 in cui il Blocco del Popolo aveva superato in consensi il PSLI.

Marino, dopo aver bollato la mozione come «una bassa manovra politica elettorale», parlando in nome della maggioranza degli elettori e del Fronte Democratico Popolare che rappresentava ancora «la maggioranza in Lentini e fino al risultato del 18 aprile» concluse chiedendo al Sindaco di rimanere al suo posto.

Non mancò di precisare che l'invito andava considerato come fatto anche dal PSI[160] «che con deliberazione presa il 14 marzo 1948 ha dichiarato che i 5.800 voti dati ai consiglieri della maggioranza rappresentano per buona parte gli elettori di detto partito i quali, come è noto, con il loro distacco, hanno dato la sfiducia al PSLI».

Alla fine il sindaco, anche in considerazione del fatto che, essendo due consiglieri entrati nel merito della mozione, non si poteva consentire di cominciare un argomento in seduta pubblica per poi continuarlo in seduta segreta, e su invito di Marino che sollevò eccezioni sulla legalità dell'adunanza, sciolse la seduta, tra le proteste del PSLI e gli schiamazzi del pubblico.

L'imminenza delle elezioni spostò per qualche tempo l'attenzione sui temi nazionali.

---

160 I socialisti (Peppino Aliano, ˇNzulu Garrasi, Puddu Saccà, ‚Sebastiano Centamore, ecc.) che non avevano seguito Castro nella scissione del PSLI, avevano dato dato vita ad un nucleo organizzato, che avrà però vita effimera.

I risultati di Lentini registrarono qualche sorpresa.

Il Blocco del Popolo conseguì 5.388 voti (36,2%) per la Camera e 4.583 (35,8%) per il Senato, accusando quindi una flessione, ma mantenendo la maggioranza relativa.

Al contrario Unità Socialista, raccogliendo 4.337 voti (29,1%) per la Camera e 3.797 (29,7%) per il Senato, ebbe un incremento che comprovava la notevole presa che Castro ancora esercitava sull'elettorato.

Ma il dato più significativo fu certamente il risultato che conseguì la D.C.: 3.995 voti (29,6%) per la Camera e 2.932 (23%) per il Senato, che corrispondevano al decremento dei liberlqualunquisti e alla molto scarsa presa degli altri rappresentanti di destra. Il che stava a significare che i ceti moderati avevano cominciato a considerare la D.C. come "la diga", come il partito che meglio poteva tutelarli rispetto alle istanze della sinistra, di cui temevano rivolgimenti tali da mettere in discussione la loro posizione sociale.

Passate le elezioni, i cui risultati avevano causato un momentaneo scoramento e disorientamento nel PCI lentinese, probabilmente per l'impossibilità di governare una città con un Consiglio Comunale in maggioranza ostile, Pattavina e i tre assessori comunisti rassegnarono le dimissioni, che furono comunicate nell'adunanza del 5 maggio 1948:

> «Il sindaco Giovanni Pattavina, gli assessori effettivi Sebastiano Ventura e Salvatore Cattano e l'assessore supplente Gaetano Emanuele;
>
> Premesso che carpendo la buona fede del corpo elettorale di Lentini per la prima volta chiamato alle urne dopo 25 anni di dittatura fascista e sfruttando i voti dei veri socialisti e dei simpatizzanti nelle elezioni amministrative del marzo 1946 gli pseudo socialisti allora dirigenti la sezione di Lentini del P.S.I.U.P. riuscirono ad ottenere la

maggioranza consiliare e conseguentemente l'Amministrazione attiva di questo Comune;

Tenuto conto che i risultati elettorali del 20 aprile 1947 dimostrarono chiaramente il fallimento dell'Amministrazione Castro, il quale tentò una manovra politica con la collaborazione [ad] una Amministrazione mista allo scopo di sfiduciare gli amministratori comunisti;

Che, malgrado il sistematico subdolo sabotaggio in seno alla Giunta ed al Consiglio Comunale, gli amministratori comunisti sono riusciti ad espletare brillantemente il loro mandato con una serie imponente di lavori pubblici e con molti atti amministrativi di carattere ordinario e straordinario che hanno permesso al Comune di Lentini di sanare il deficit di 14.000.000 lasciato dall'Amministrazione Castro e di raggiungere un pareggio nell'esercizio finanziario del corrente anno[161];

Considerato che la prova elettorale del 18 aprile u.s. ha riconfermato ancora una volta la fiducia della cittadinanza nei nostri confronti e che ciononostante l'aperta opposizione della strombazzata maggioranza consiliare Castro, maggioranza che non esiste nel paese, è divenuta letale e provoca l'arresto dell'Amministrazione;

Ritenuto che questo stato di cose si ripercuote a tutto danno delle esigenze e degli interessi della popolazione, i sottoscritti, pur appartenendo allo schieramento politico che per ben due volte ha ottenuto a Lentini la massima fiducia del corpo elettorale, solleciti e pensosi solo del benessere dei loro concittadini, superando qualsiasi considerazione di indole personale

---

161 Tale affermazione saràcontestata da Castro nella seduta del C.C, del 15-9-1948.

Decidono

Di restituire il loro mandato al Consiglio Comunale, malgrado la illogica assurda e anacronistica composizione di esso.

Pertanto rassegano le dimissioni rispettivamente da Sindaco e da assessori»[162].

Dopo che il Consiglio, con voto unanime, ebbe preso atto delle dimissioni, Castro e i suoi lasciarono l'aula facendo venir meno il numero legale e la seduta fu rinviata al 25 giugno 1948, quando però furono i comunisti a far mancare il quorum di 2/3 di consiglieri presenti per poter procedere all'elezione del Sindaco; non mancarono tuttavia, nel corso della seduta le scaramucce fra Castro e Marino, quando ognuno dei due propose la decadenza dell'altro dalla carica di consigliere, per motivi diversi.

Si poté procedere però all'elezione di due assessori effettivi e di quello supplente.

Vennero eletti effettivi Salvatore D'Anna e Carmelo Conti e supplente Ferdinando Celza, tutti con i soli 15 voti del PSLI[163] e con l'astensione dei due comunisti presenti (Marino e Magrì).

A quel punto la maggioranza cominciò a colpire duro e votò la decadenza di tre consiglieri del gruppo comunista «per il mancato intervento alle sedute delle due ultime sessioni ordinarie».

Si trattava di Salvatore Moscato, di Elena Nipitella e di Salvatore Caracciolo, i quali persero il seggio consiliare, nonostante le proteste di Marino, che aveva fatto presente che il Moscato aveva lavorato a Catania, ove si era anche ammalato e che la Nipitella si era trovata in stato interessante («come può controllarsi dal lieto

---

162 Dalverbale del Consiglio Comunale del 5-5-1948.
163 Era deceduto il consigliere Giuseppe Pulvirenti ed era assente Alfio Ferrauto.

evento registrato allo stato civile») e di Magrì che considerò quel voto un «atto degno di amministrazioni reazionarie»[164].

Il 6 luglio 1948, col voto favorevole di tutti e 16 i consiglieri del suo gruppo e con l'astensione dei due unici comunisti presenti (Gaeta e Magrì), Castro tornò a rioccupare - per l'ultima volta - la poltrona di primo cittadino.

Il fossato tra le due sinistre era divenuto davvero incolmabile e il PCI iniziò una dura opposizione contro Castro sia nel Consiglio Comunale che, e soprattutto, nella città.

Nel frattempo, in un periodo di sbandamento dei vecchi quadri, demoralizzati dalla sconfitta del 18 aprile e poi dalla perdita della guida del Comune, andava formandosi, nel partito comunista, un nuovo gruppo dirigente di giovani e giovanissimi, fra cui Guido Grande, Carmelo Baudo, Giovanni Pupillo, Vitale e Salvatore Martello, Filadelfo Pupillo e Mario Strano.

La loro crescita politica avveniva nel fuoco della lotta per la terra e per l'imponibile di mano d'opera, di cui la Camera del Lavoro[165] e il partito comunista[166] avevano assunto la direzione, anche se la massa bracciantile, prevalentemente composta di disoccupati e sottooccupati, spesso sfuggiva ad una guida organizzata.

Il bracciantato doveva infatti fare ogni giorno i conti con la fame e la miseria e anche i discorsi più o meno rivoluzionari perdevano di qualsiasi consistenza di fronte alla lapidarietà dell'espressione, cruda e disarmante, del povero jurnataru: «A sta sira iù chi c'ià mettiri na pignata?[167]».

La drammatica situazione aveva quindi portato ad un crescendo di battaglie sindacali, a volte caotiche e disperate.

---

164 Dalverbale del Consiglio Comunale del 25-6-1948.
165 Segretario ne era Giulio Brunno.
166 Segretario ne era Cirino Speranza.
167 "Questa sera io cosa potrò mettere nella pentola?".

La lotta era cresciuta d'intensità nell'autunno del 1948, quando gruppi di braccianti esasperati avevano preso a coltivare, senza il preventivo ingaggio, i terreni di vari latifondisti.

I padroni, a lavoro effettuato, a volte pagavano e altre volte riuscivano a far sgombrare, con l'intervento della forza pubblica, le loro proprietà; ma, in ogni caso, apparivano assai fiduciosi nella svolta moderata e conservatrice verificatasi in campo nazionale.

Nell'ottobre del '48 la tensione era ormai al massimo e tutti, i lavoratori temendolo e il padronato auspicandolo, prevedevano un massiccio intervento della forza pubblica.

Il che puntualmente avvenne il 18 ottobre in occasione dell'occupazione della "Vaddara" di proprietà del B.ne Beneventano, il nipote del senatore, in contrada Riina.

Quella mattina i tre o quattrocento braccianti che vi lavoravano si trovarono circondati da ingenti forze di polizia; ma l'intervento di una moltitudine di altri braccianti, provenienti da altri feudi[168], rovesciò la situazione: i militi, disarmati dalla massa esasperata di lavoratori, fuggirono e le loro armi furono gettate nel vicino fiume.

Ma la cosa non poteva finire così. La sera l'intero paese di Lentini fu occupato dalle forze di polizia che si avvalevano di una cinquantina di autoblindo e per un attimo alla gente sembrò di rivivere i tempi della guerra da poco finita.

Fu attuata una vasta retata e operati circa 52 arresti fra partecipanti e dirigenti, a cominciare da Salvatore Dugo, segretario provinciale del sindacato, e da Mario Strano, punta avanzata del proletariato agricolo.

Il processo sarà celebrato dopo diciotto mesi, tanto che vari imputati, benché condannati, usciranno lo stesso per aver già scontato la pena. Saranno difesi da un agguerrito gruppo di

---

168 Carrubbazza, Acqua Mentita, Canniddazza, Tenuta Grande.

avvocati: Casalaina, Di Giovanni, Amato e il lentinese Salvatore Lazzara, oltre all'avv. Assennato, inviato dalla Direzione del PCI, che svolse una arringa difensiva lunga e appassionata, seguita con attenta commozione da numerosi amici e compagni degli imputati, partiti da Lentini per seguire la fase finale del processo.

Intanto il duro colpo inferto al proletariato portò ad un ulteriore indebolimento del PSLI di Castro, a cui taluni addebitavano la mancata convocazione della Commissione per il Collocamento, oltre che la sua appartenenza ad un partito facente parte di un governo, di cui criticavano l'impiego della forza pubblica.

Ma un ulteriore sbandamento ci fu anche nel PCI, la cui sezione rimase chiusa per alcuni giorni e senza effettiva direzione.

Fu in quella occasione che emerse la figura del segretario giovanile Giovanni Pupillo, allora appena diciannovenne che, per essersi messo alla testa di imponenti manifestazioni di protesta, venne a sua volta fermato, ma solo per un paio di giorni, durante i quali migliaia di lavoratori che riempivano le due contigue piazze della città gli espressero la loro piena solidarietà.

Egli era figlio di uno dei fondatori della sezione del partito a Lentini nel '21, l'artigiano Filadelfo Pupillo, che era stato amico personale di Castro, assieme al quale tanti anni prima era emigrato in America.

Il giovane Pupillo da alcuni anni si era immerso negli studi, costruendosi una solida preparazione politica, arricchita dalla partecipazione, prima come spettatore attento e poi come attivo militante, ai turbolenti avvenimenti sociali e politici che si svolgevano nella città negli anni di fuoco del dopoguerra.

Di carattere schivo (non farà mai un comizio), verrà ben presto considerato la "testa d'uovo" della sezione, senza però diventare mai un dirigente da tavolino, ma calandosi nell'azione politica, che allora richiedeva, almeno per il PCI, un impegno totale.

Circa un anno dopo i fatti della "Vaddara" egli fu chiamato a dirigere la sezione, di cui divenne segretario[169] e la guida del partito passò di fatto alla schiera di nuovi quadri che insieme a lui si erano formati.

Il compito fondamentale che la nuova dirigenza si assunse, oltre quello di riorganizzare il partito, fu quello della formazione di un gruppo dirigente in grado di applicare coerentemente la linea del "partito nuovo", che si doveva calare fra le masse e assumerne la guida.

Iniziò così una lotta su diversi fronti, anzitutto contro la residua influenza sulle masse del partito di Castro, che si considerava ormai omologato al fronte borghese.

La battaglia ebbe il suo epilogo alle comunali del '52, quando la socialdemocrazia di Castro fu praticamente cancellata dalla scena politica locale e ridotta ad una ristretta cerchia di amici del vecchio leader, per lo più soci della cooperativa di Bonvicino.

All'interno del mondo comunista fu realizzata la rottura col rivoluzionarismo - in contrasto con le nuove impostazioni della lotta politica - del movimento areniano, che fu fortemente ridimensionato. Molti suoi elementi vennero cooptati nel nuovo gruppo dirigente, con cui presto si amalgamarono: basti pensare a Fortunato Mastrogiacomo, a Ciccio Ciciulla, a Cirino Garrasi. Arena si apparterà per diversi anni per ricomparire ufficialmente nel 1956.

Si veniva così a costruire, poco a poco, un compatto e organizzato movimento politico, prevalentemente bracciantile, che si sarebbe così profondamente radicato nella coscienza e nell'azione di centinaia di militanti da consentire ai successivi gruppi dirigenti, fin quasi alle soglie del Duemila, di vivere elettoralmente di rendita.

---

169 Lo rimarrà fino ai primi mesi del 1953. Nella carica gli succederà Giulio Brunno.

Questa frenetica attività non trascurava l'educazione politica interna, per consentire ai militanti di abbandonare posizioni di vago populismo o di anarchismo non più consone alla nuova realtà e di acquisire una più matura coscienza politica che gli consentisse di gestire una lotta che non poteva essere più quella del "tutto e subito", ma che invece si presentava, per il PCI, lunga e difficile.

Furono, però, allentati i legami col vecchio gruppo dirigente - che si trovò così ad essere precocemente pensionato - allontanandosi dalle radici, considerate elitarie, del movimento e mummificando le vecchie "glorie", forse perché più vicine, quantomeno per età a Francesco Marino, che appariva sempre più lontano dalle impostazioni delle nuove leve e che comunque aveva allargato la sua attività in provincia, oltre che all'ARS, riducendo i contatti con una base prima fedelissima, anche se non trascurava la cooperativa "Unione" e l'intrapresa di nuove iniziative.

Il gruppo consiliare comunista, via via ridottosi praticamente ai soli Pattavina e Magrì, quasi abbandonato a se stesso, continuò la sua solitaria battaglia fino alla fine della legislatura, che coincise con il ritiro dall'attività politica di Giovanni Pattavina, che si dedicherà poi agli studi scientifici e letterari[170].

La vita amministrativa naturalmente continuava, registrando alcuni momenti significativi del nuovo clima politico.

Il Consiglio Comunale, ad esempio, nella seduta dell'11 aprile 1949, dopo aver approvato a maggioranza la proposta del sindaco «di erogare un contributo di £ 10.000 per l'organizzazione del "Treno della Riconoscenza"», un'iniziativa tendente a ricambiare gli americani per «gli aiuti forniti al nostro Paese» col loro "Treno dell'Amicizia", respinse una proposta di Magrì di inviare un

---

170 Fra le opere del prof. Giovanni Pattavina si ricordano *Come passera monogama* (romanzo), *Maria de Nullis, figlia di NN* (racconti), *L'Innominato, un assurdo storico e psicologico* (saggio letterario), *Alekos Panagulis*, saggio politico-letterario).

telegramma di adesione al Congresso della Pace, che si doveva svolgere, di lì a poco, a Parigi, perché esso venne considerato «di opposizione al Patto Atlantico»[171].

Un momento di convergenza si registrò fra i consiglieri il 20 luglio 1949, quando essi approvarono per acclamazione la seguente proposta del presidente:

> «Il Presidente, nell'illustrare il gesto altamente munifico compiuto dal benemerito concittadino ing. Giuseppe Manzitto, mercé il quale sta sorgendo in questa Città un nuovo Istituto di Beneficenza, segnala alla attenzione del Consiglio la di lui consorte sig.ra Virginia Gervasoni, di Bergamo, che con gentilezza d'animo e bontà di cuore ha assecondato ed incoraggiato i propositi generosi del marito. Propone che in segno di viva e commossa riconoscenza della Città il Consiglio conferisca alla sig.ra Gervasoni la cittadinanza onoraria»[172].

Ma il successivo 18 luglio un duro colpo venne inferto al gruppo consiliare comunista, quando venne sottoposto al Consiglio Comunale «un ricorso di vari cittadini tendenti a far pronunciare la decadenza del consigliere Francesco Marino [...], perché - quale Presidente della cooperativa "Unione" - ha appaltato lavori per la costruzione della conduttura dell'acqua potabile nei quartieri alti, lavori nei quali il Comune è interessato».

L'on. Marino, in quel momento a Palermo, aveva a suo tempo[173] presentato un'opposizione scritta in merito, in cui elencava i motivi per cui, a suo avviso, non doveva essere accolta la richiesta di decadenza:

---

171 Dal verbale dell'11-4-1949.
172 Per una biografia del filantropo lentinese Giuseppe Manzitto vedasi di F. Leonzio *Giuseppe Manzitto* in *13 storie leontine*, APED, Carlentini, 2007, pag. 99 ss.
173 Il 13 settembre 1948.

«1° - L'appalto stipulato con me quale Presidente della cooperativa "Unione", per i lavori "Costruzione acquedotto quartieri alti di Lentini" fu stipulato col Genio Civile di Siracusa e nessuna clausola c'è nel contratto che accenni ad un qualsiasi intervento finanziario del Comune di Lentini.

2° - L'appalto, essendo stato stipulato con la cooperativa, non può avere riflessi di incompatibilità con me come persona.

3° - L'appalto ormai è stato ultimato e se mai l'incompatibilità avrebbe dovuto avere effetto per la durata dei lavori e non all'infinito.

4° - E' importante far conoscere che l'appalto non fu preso a scopo di lucro, ma semplicemente nell'interesse del Comune e della cittadinanza che da decenni aspettava l'acqua nei quartieri alti. Difatti è noto che trattasi di appalto rimasto deserto più volte per deficienza dei prezzi [...]. In partenza era così prevista una perdita di £ 400.000 [...]».

Per evitare il rischio che i lavori non fossero eseguiti, perché le somme stanziate erano insufficienti, continuava Marino, «la cooperativa "Unione" affrontò da sola i lavori, incontrando la perdita prevista, perdita su cui non si piange, data la felicità arrecata a 3.000 abitanti, quasi tutti soci della cooperativa "Unione" [...]»[174].

La maggioranza, dopo un breve dibattito, nonostante il dissenso dei comunisti presenti[175], che abbandonarono l'aula prima della votazione, deliberò compattamente la dichiarazione di decadenza dell'on. Marino dalla carica di consigliere comunale.

---

174 Dalverbale del Consiglio Comunale del 15-9-1949.
175 Pattavina, Cattano, Gaeta, Magrí e Raiti.

Il 2 dicembre 1949 il Consiglio Comunale fu chiamato a pronunziarsi circa un altro riconoscimento proposto dall'Amministrazione Comunale.

Si trattava di stanziare centoventimilalire per «erigere nella Villa Comunale "Gorgia" un busto marmoreo - su colonna di marmo - del sen. On.le Beneventano, in riconoscimento dell'opera da lui svolta a suo tempo a favore del Comune nel campo della beneficenza e nella soluzione dei due problemi che più di ogni altro assillavano allora l'Amministrazione Comunale; il rifornimento idrico della città e l'illuminazione pubblica», considerata la parte avuta dal senatore nella risoluzione «di tali problemi, per i quali ebbe ad anticipare cospicui capitali, e nella costruzione dell'edificio adibito ora ad Ospedale Civico»[176].

La proposta venne approvata, a scrutinio segreto, con 13 voti a favore, 3 contrari e 3 schede nulle.

Il 21 marzo 1950 Magrì propose al Consiglio Comunale una mozione del Comitato Italiano dei Partigiani della Pace, (organizzazione vicina ai comunisti), articolata in cinque punti: riduzione dei bilanci di guerra, proibizione di armi atomiche, fine delle guerre contro i popoli, di ogni repressione contro i Partigiani della Pace e della guerra dei nervi.

Ma, su proposta di Castro, il Consiglio Comunale finì con l'approvare all'unanimità una mozione più generica e politicamente più equilibrata:

> «Il Consiglio Comunale di Lentini, interprete dei sentimenti della cittadinanza, fa voti perché il Governo della Repubblica Italiana intervenga efficacemente presso tutte le Nazioni del mondo perché si adoperino per rimuovere ogni e qualsiasi movente che possa minacciare la pace fra i popoli».

---

176 Dal verbale del Consiglio Comunale del 2-12-1949.

Ma il quadro politico locale stava per subire importanti mutamenti: a poca distanza l'una dall'altra si avviavano al tramonto le carriere politiche di Marino e Castro, che avevano impersonato le due anime del proletariato lentinese.

Dopo essere stato presentatore di un progetto di legge di riforma agraria all'ARS, progetto osteggiato dal centro-destra, Marino si trovò di fronte, nel 1950, ad una proposta, sullo stesso oggetto, presentata dall'Assessore all'Agricoltura Milazzo. Essa rappresentava un passo indietro rispetto al suo progetto, ma andava pur sempre nella direzione da lui auspicata della «disintegrazione del latifondo»[177].

Marino si trovò quindi di fronte ad una drammatica scelta[178]: rinunciare al sogno della sua vita o comportarsi in maniera difforme dal suo gruppo.

La sua cultura che, al di là della sua militanza politica, era fondamentalmente riformista, lo portò ad assumere di fronte alla proposta governativa «un atteggiamento costruttivo»[179], il che, in un periodo di forte contrapposizione nazionale e internazionale dei blocchi fu valutato in modo assai critico all'interno del suo partito. E in effetti si era assai allentato il suo rapporto con la base di massa del PCI. In un'occasione aveva subito una forte contestazione all'interno della Camera del Lavoro, a cui egli aveva risposto con una frase ad effetto che voleva toccare le corde del sentimento: «Anche se mi buttaste fuori, il mio spirito rimarrebbe qui».

Ma il suo destino politico era ormai segnato.

E quando le critiche dei suoi oppositori investirono anche la sua attività di cooperatore, la nuova dirigenza comunista, facendosi

---
177 R. Mangiameli, cit., pag. 154.
178 Vedi in proposito di F. Leonzio *Una storia socialista*, ed. ebook ZeroBook, 2017, pag. 34 e 35.
179 R. Mangiameli, cit., pag. 154.

interprete della crescente ostilità della base, propose la sua espulsione dal partito.

Superando i consigli di moderazione che in merito venivano dalla Federazione provinciale e da sfere ancora più alte, fu organizzata in proposito un'assemblea di sezione in cui fu ampiamente dibattuto il caso e non mancò chi difese Marino. Ma essa si concluse con una votazione a scrutinio segreto, con tanto di urna, che sanzionò, a grandissima maggioranza, l'espulsione del leader[180].

Non è difficile supporre che forse il suo vecchio antagonista Castro se la rideva sotto i baffi, anche se le elezioni regionali del 3 giugno 1951 avrebbero segnato, se non la sua scomparsa politica, l'inizio del suo inarrestabile declino.

Lentini era allora una città di 28.829 abitanti[181], con un'altissima percentuale di analfabeti e semianalfabeti, e in cui il 60% della popolazione attiva era impegnato nell'agricoltura, in prevalenza nel settore agrumicolo.

Con questa massa soprattutto si era ormai identificato il PCI, con dirigenti come Ciccio Ciciulla, Mario Strano, Fortunato Mastrogiacomo, i cugini omonimi Cirino Garrasi, Carmelo Baudo, ecc.

E questa massa non mancò di premiare il partito che la rappresentava tramite uomini che provenivano dalle sue file.

Il Blocco del Popolo (PCI e PSI), alle elezioni regionali del 3 giugno 1951 conquistò la maggioranza assoluta con 8.298 voti (56,1%).

L'Unione Democratica Siciliana (sostanzialmente i liberali) si classificò al secondo posto con 1.849 voti (12,6%), il che stava a

---

180 Pare con soli 28 voti contrari difronte a centinaia favorevoli all 'espulsione. Successivamente il Marino rientrerà nel PSI, senza però svolgervi parte attiva. Morirà il 16-10-1961.
181 Vedi B. Russo, cit., pag. 5.

significare come i ceti conservatori locali fossero ancora esitanti tra liberali e DC, la quale riportò 1.725 voti (11,6%).

Per quanto riguarda il Fronte dell'Uomo Qualunque, esso era stato cancellato dal panorama politico italiano fin dal 18 aprile 1948.

In quella occasione, in cui si era presentato insieme ai liberali, era sceso dai 30 deputati del 1946 a soli 5 seggi alla Camera e appena 1 al Senato. Da quel momento in poi il partito di Giannini aveva cominciato a sgretolarsi.

A parte le frange che passeranno al PNM, al MSI e al PLI, la massa dell'elettorato qualunquista sarà conquistato dalla DC. Il qualunquismo era però destinato a sopravvivere come sentimento di disprezzo per la classe politica e per la politica stessa, di sfiducia nelle istituzioni, di scetticismo per gli ideali sbandierati dai "politicanti" unitamente ad una tendenza a rinchiudersi nel piccolo mondo degli interessi particolari, ad un'aspirazione al quieto vivere e al moderatismo che investivano essenzialmente il mondo della piccola borghesia, istintivamente portato ad un anticomunismo, che era sostanzialmente avversione alla crescita politica e sociale delle masse proletarie.

Comunque il quadro politico lentinese si stava definendo, in quanto anche la destra estrema aveva ormai deciso la sua collocazione, come dimostra il fatto che il MSI, di cui era stata costituita la sezione, attorno a figure come Salvatore Zammataro e Sebastiano Neri, aveva riportato 1.533 voti (10.4%).

All'ultimo posto si collocò il PSLI di Castro con i suoi 1.371 voti (9,3%), iniziando una discesa che si sarebbe conclusa col drastico ridimensionamento della socialdemocrazia e del suo leader. Era quello un periodo in cui i socialdemocratici, definiti "i socialisti del dollaro", venivano considerati, nell'ambiente della sinistra socialcomunista, allora condizionata da influenze staliniste, come coloro che avevano abbandonato il campo proletario per passare a quello borghese.

E sempre in quegli anni quell'aria politica era stata travagliata da scissioni e fusioni.

Il 21 maggio 1949 l'ala autonomista del PSI (la destra nella geografia politica interna), guidata da Giuseppe Romita, si era posta fuori del partito e, nel successivo dicembre, insieme all'"Unione dei Socialisti" (alla cui testa stava ora Ignazio Silone) e alle correnti di centro e di sinistra del PSLI, a loro volta uscite da quel partito, aveva dato vita, nel "Congresso di Unificazione" tenutosi a Firenze, a un terzo partito socialista, il P.S.U. (Partito Socialista Unitario).

Il nuovo partito si era posto in una posizione intermedia fra PSI e PSLI, ma nell'aprile del 1951 finì col fondersi col PSLI, dando così vita al PS-SIIS (Partito Socialista -Sezione Italiana dell'Internazionale Socialista).

Se la sigla PSLI aveva suggerito l'appellativo onomatopeico di "piselli" affibbiato agli aderenti, la nuova denominazione PS-SIIS aveva un suono assai simile ad un sibilo, per cui, nel gennaio 1952, il nuovo partito deciderà di chiamarsi PSDI (Partito Socialista Democratico Italiano), nome con cui sarà conosciuto fino alla sua dissoluzione.

Fu probabilmente questo caotico rimescolamento delle carte in seno alla socialdemocrazia che portò Castro ad una temporanea rottura con la sua Federazione Provinciale, sì da determinarlo, anche e soprattutto per la bruciante sconfitta alle regionali, alle anticipate dimissioni e a presentarsi alle successive comunali con una lista indipendente.

Seguì la gestione commissariale del dott. Mario Vaccaro e le nuove elezioni furono fissate per il 25 maggio 1952.

La sinistra era presente con tre liste:

una ("Autonomia e Rinascita") era quella organizzata dal PCI e comprendeva anche alcuni elementi che si richiamavano al PSI nenniano, il quale non aveva ancora raggiunto un assetto organizzativo, nonostante i tentativi di alcuni giovani, come Sebastiano Centamore e l'avv. Filadelfo Pupillo, che dopo l'espulsione di Marino aveva lasciato il PCI.

Si trattava del prof. Alfio Baracca, di Guglielmo Moncada e del prof. Giuseppe Ferrauto. C'erano inoltre l'indipendente Alfio Caracciolo e l'indipendente repubblicano Alfio Cannone.

Obbiettivo evidente del PCI era la costituzione di un largo fronte rappresentativo dell'intera area di sinistra. Gli altri candidati erano esponenti delle nuove leve, quali Giovanni Pupillo, segretario della sezione, Peppino Calamaro, Cirino Garrasi e Salvatore Caruso.

Della vecchia guardia, di fatto emarginata, nessuno venne ripresentato, se si eccettua il bracciante Alfio Raiti.

La lista riportò un enorme successo raggiungendo la maggioranza assoluta (8327 voti pari al 56,3%) ed eleggendo 24 consiglieri su un totale di 32 seggi disponibili, in base alla legge elettorale che assegnava i ¾ dei seggi alla lista prima classificata e il restante quarto, proporzionalmente diviso, alla seconda e alla terza lista (se quest'ultima avesse superato il 12% dei voti validi).

Un insuccesso registrarono invece le due liste di area socialdemocratica, sia quella ufficiale del PSDI (495 voti pari al 3,4%) che quella socialista indipendente (simbolo "martello e spighe"), capeggiata da Castro (1703 voti, 11,5%), le quali non conquistarono alcun seggio.

Per il blocco guidato dai comunisti ("Autonomia e Rinascita") furono eletti il prof. Giuseppe Ferrauto, il prof. Alfio Baracca e Federico Guglielmo Moncada, di area socialista; gli indipendenti Alfio Cannone e Alfio Caracciolo e i comunisti Giovanni Pupillo, Carmelo Vinci, Cirino Roccaforte, Giuseppe Calamaro, che avrà un ruolo da protagonista, Salvatore Sorbello, che in futuro passerà al PSI, Sebastiano Sampugnaro, Francesco Aurora, Alfio Ferrante, Filadelfo Carrà, Filadelfo Gaeta, Salvatore Caruso, Cirino Garrasi (figlio del socialista Vincenzo), Sebastiano Mangiameli, Giuseppe Castelli, Salvatore Nanfitò, Francesco Aliano, Alfio Raiti, Antonino Bova e Gaetano Giuseppe Vacanti.

L'aria di centro-destra, dissoltosi l'Uomo Qualunque, si era divisa. Una parte era andata a rinforzare il MSI, il quale riportò una consistente affermazione (1982 voti e il 13,4%), conquistando quattro degli otto seggi della minoranza, che andarono a Sebastiano Neri, Salvatore Zammataro, Giovanni Busà e Filadelfo Conti.

La parte più moderata, a parte qualche frangia andata al PLI, che a Lentini, almeno dal punto di vista organizzativo, avrà quasi sempre vita effimera, era confluita nella sorgente Democrazia Cristiana - ancora ai primi passi a Lentini - che si andava formando essenzialmente su nuclei di giovani dell'Azione Cattolica.

Esponenti principali di questo gruppo erano l'avv. Vincenzo Bombaci[182], commissario zonale della DC nel 1951 e l'avv. Alessandro Tribulato, ambedue futuri e stimati sindaci di Lentini, e il prof. Alfio Moncada, già assessore ai tempi del sindaco Magnano di San Lio.

La DC, già allora percepita a Lentini come il vero argine contro il dilagante comunismo, non era però ancora abbastanza forte da poter presentare una propria lista, cosa che sarebbe stata comunque sconsigliabile per il meccanismo della legge elettorale e preferì dar vita assieme ad elementi liberali, ad una "Unione Cittadina" che poteva aspirare al sostegno del mondo cattolico

---

182 Per una biografia del Bombaci vedi di F. Leonzio *L'avv. Vincenzo Bombaci* in
13 storie leontine, cit., pag.63 ss.

organizzato e che rappresentava un chiaro segnale per le forze moderate locali.

La lista si classificò al secondo posto (2.275 voti, pari al 15,4%), conquistando quattro seggi che furono occupati dai liberali avv. Giuseppe Bruno e avv. Alfio Sgalambro e dai democristiani avv. Alessandro Tribulato e prof. Alfio Moncada.

Il nuovo Consiglio Comunale venne insediato l'8 giugno 1952, in una seduta tenuta all'aperto, nel cortile dell'Avviamento Professionale, alla presenza di un numeroso pubblico.

Dopo la relazione del Commissario Prefettizio, la presidenza venne assunta dal consigliere anziano prof. Giuseppe Ferrauto e si passò all'elezione del sindaco, dei quattro assessori effettivi e dei due supplenti.

Furono eletti, tutti con i 23 voti dei consiglieri di maggioranza presenti, Giuseppe Ferrauto (Sindaco), Federico Guglielmo Moncada, Giovanni Pupillo, Alfio Baracca e Cirino Roccaforte (assessori effettivi) e Alfio Ferrante e Alfio Caracciolo (assessori supplenti).

Il sindaco assicurò che l'Amministrazione avrebbe svolto il suo compito «nel modo migliore, con equità scevra da preconcetti, nell'interesse superiore dell'ente e di tutta la cittadinanza» ed invitò la minoranza ad una collaborazione fattiva.

Il consigliere avv. Bruno, a nome del suo gruppo, assicurò che esso avrebbe collaborato attivamente «nei riguardi delle proposte vantaggiose e rispondenti al bene collettivo e ad un saggio indirizzo amministrativo»[183].

Analoghi propositi espresse il rag. Neri per il M.S.I.

La nuova Amministrazione cominciò a svolgere un'intensa attività per migliorare le condizioni di vita della città e assicurarne lo

---

183 Dal verbale del Consiglio Comunale dell'8-6-1952.

sviluppo, ottenendo, nella maggior parte dei casi, la collaborazione delle opposizioni.

Una particolare attenzione fu rivolta all'annoso problema idrico, mediante l'approntamento di vari progetti tendenti a potenziare l'approvvigionamento e la rete di distribuzione, di cui si comincerà a predisporre una pianta topografica, prima inesistente.

La stessa cosa si fece per l'impianto di trasformazione e di distribuzione dell'energia elettrica, predisponendo anche la pratica per istituire un'azienda municipalizzata.

Vennero poste le basi per il completamento della rete interna delle fognature, avviando intanto la costruzione di quelle di via Agnone e del quartiere Campo Sportivo.

Sempre nel campo dei lavori pubblici, vennero risistemate varie vie cittadine (via Libertà, via Bosco Cappuccio, ecc.) e approvati i progetti per le strade di accesso al Liceo e all'Orfanotrofio Manzitto; vennero alberati il Campo Sportivo e via Vittorio Emanuele III.

Fu inoltre istituito il servizio della farmacia notturna e avviato il completamento del liceo "Gorgia", di cui si sollecitò la statizzazione. Fu anche potenziata l'attività assistenziale a favore dei bambini e dei poveri.

Una nota stonata, in tanto fervore, fu l'episodio riguardante un noto poeta lentinese, Ciccio Carrà Tringali, il quale solo a distanza di anni dalla sua scomparsa viene ricordato in convegni, pubblicazioni, tesi di laurea e quant'altro, ma il cui valore venne per anni sottovalutato, se non misconosciuto.

L'eminente poeta, l'anno precedente, aveva ottenuto dal Commissario Prefettizio una graziale di £ 5.000 mensili.

Il Consiglio Comunale, il 7 settembre 1952, di fronte ad analoga domanda, con votazione segreta (16 voti contrari, 11 favorevoli, 1 scheda bianca), gli negò la riconferma del sussidio.

Nel successivo 1953, all'approssimarsi delle nuove elezioni politiche, fissate per il 7 giugno, l'entusiastico attivismo degli amministratori e di riflesso anche lo sviluppo e la compattezza del partito comunista, subirono una brusca battuta d'arresto.

Si era infatti verificata la scomparsa, dal magazzino comunale, di rottami di ferro: «[...] era sparito tutto il materiale in ferro costituito dalle ringhiere del palco della musica di Piazza Duomo, che qualche tempo prima era stato rimosso, dai lampioni in ferro delle strade e delle piazze, da sedili in ferro e da altre attrezzature fuori uso»[184].

La vicenda provocò notevole turbamento in città e negli ambienti politici[185], tanto che, in data 25 marzo 1953, la Giunta Municipale, con i poteri del Consiglio Comunale, dopo aver deliberato di «autorizzare il sindaco, in rappresentanza del Comune, a stare in giudizio con mandato e piena facoltà di costituirsi parte civile»[186] contro i responsabili, decise di rimettere il mandato al Consiglio Comunale.

Il 29 successivo la delibera fu sottoposta alla ratifica del Consiglio Comunale e venne accordata con i soli voti dei 21 presenti della maggioranza.

Le minoranze invece votarono compattamente contro perché, disse l'avv. Bruno, «l'autorizzazione a stare in giudizio tutt'al più spetta alla nuova amministrazione».

---

184 G. Aletta, cit., pag. 100.
185 Sulla vicenda si può vedere: G. Aletta, cit., pagg. 92-103 e B.Russo, cit., pagg.89-90.
186 Dal verbale della G.M.del 25-3-1953.

Fu lo stesso avv. Bruno a fare la dichiarazione di voto per il suo gruppo:

> «Il Gruppo Torre Civica vota contro la deliberazione, non perché il Comune non debba costituirsi parte civile contro i responsabili, ma perché l'attuale Sindaco e l'attuale Giunta non sono legittimati a stare in giudizio».

Si associò anche il rag. Neri per il gruppo del M.S.I.

Dopo un'ampia relazione sull'attività della sua amministrazione, che il sindaco prof. Ferrauto volle fare nel momento in cui si accingeva a congedarsi dalla carica, una nuova polemica si aprì tra maggioranza e opposizione. Le minoranze, infatti, propendevano per le dimissioni dell'intero Consiglio Comunale e per ridare la parola al corpo elettorale.

L'avv. Sgalambro, fra l'altro, disse: «Quando nella delibera si dice che il Sindaco ha mostrato debolezza e che non c'è stata coesione fra voialtri, vuol dire che è fallita l'impalcatura. La maggioranza non rappresenta più la volontà popolare».

Le opposizioni finirono con l'abbandonare l'aula facendo mancare il numero legale per l'elezione del nuovo sindaco.

Nella seduta dell'8 aprile 1953, in seconda convocazione, assenti le opposizioni, le dimissioni dell'Amministrazione Comunale vennero accettate dalla sola maggioranza, a scrutinio segreto, con venti voti favorevoli e uno contrario.

Si passò quindi all'elezione della nuova Giunta che risultò così composta: Giuseppe Calamaro (sindaco), con 18 voti su 21 presenti, Cirino Roccaforte, con 20 voti, Francesco Aliano, 17 voti, Salvatore Sorbello, 17 voti e Carmelo Vinci, 15 voti (assessori effettivi); Antonino Bova, 19 voti e Giuseppe Castelli, 16 voti (assessori supplenti).

I diversi voti dispersi costituivano probabilmente un piccolo segnale di insofferenza all'interno della maggioranza.

Dopo una breve dichiarazione di Calamaro che si impegnò a prodigare tutte le sue energie e a fare di tutto «per il bene del paese», il sindaco Ferrauto sciolse la seduta dando appuntamento ai consiglieri per una nuova riunione (in seduta segreta) per discutere gli addebiti che nel frattempo erano pervenuti dalla Prefettura, a seguito di accertamenti ispettivi.

Ma il bravo e volitivo Calamaro non si insedierà mai sulla poltrona di primo cittadino.

Infatti proprio il 16 aprile successivo, nella cui serata si sarebbe tenuta la nuova riunione del Consiglio Comunale, alcuni consiglieri di minoranza presentarono opposizione contro la delibera di accettazione delle dimissioni della giunta Ferrauto.

Il Prefetto, ritenendo che l'argomento «avrebbe dovuto essere discusso e deliberato in seduta segreta anziché in seduta pubblica poiché comportava apprezzamenti e giudizi sull'operato del Sindaco e dell'Assessore effettivo Pupillo Giovanni» e quindi considerando giuridicamente fondate le argomentazioni dei ricorrenti e la delibera in esame «illegittima per violazione di legge»[187], con proprio decreto del 27-4-53, ne deciderà l'annullamento.

Annullata la delibera di accettazione delle dimissioni, ovviamente decaderanno le successive elezioni del nuovo Sindaco e dei nuovi Assessori, in quanto da quella dipendenti.

E poiché la giunta Ferrauto riterrà di non ribadire le dimissioni in seduta segreta, essa rimarrà in carica, con qualche variazione nella sua composizione, fino alla fine della legislatura.

---

187 Decreto del Prefetto del 27-4-1953, N di prot. 1144, in ASCL.

Nella seduta del Consiglio Comunale del 16 aprile 1953 intanto il sindaco Ferrauto diede lettura della nota prefettizia dell'1-4-53, concernente vari addebiti alla G.M. e al Consiglio Comunale, ai quali contrappose lunghe e argomentate controdeduzioni, che furono approvate dalla sola maggioranza. Per quanto riguardava in particolare la vicenda del ferro fece rilevare che l'Amministrazione aveva «già denunciato i responsabili all'Autorità Giudiziaria» alla cui competenza si rimetteva.

Subito dopo vennero accettate le dimissioni di Caracciolo da assessore supplente e da consigliere comunale, a cui subentrò, come consigliere Antonino Guercio, primo dei non eletti della lista di maggioranza.

E sarà lo stesso sindaco a rispondere all'avv. Sgalambro che, nella seduta del Consiglio Comunale del 14-11-53, aveva chiesto quale sorte avesse avuto «la deliberazione riguardante le dimissioni presentate a suo tempo dalla Giunta Municipale», dicendo che «la deliberazione fu annullata per illegittimità, perché avrebbe dovuto essere adottata in seduta segreta» e aggiungendo che la G.M. aveva continuato «nell'esercizio delle sue funzioni e, conseguentemente, si doveva ritenere «quale rinunciataria alle dimissioni presentate».

Alla fine del 1953 poteva quindi considerarsi chiusa una vicenda che aveva avuto profonde ripercussioni nell'opinione pubblica.

Ma intanto, nel corso della primavera del '53 il clima politico si era piuttosto arroventato per l'approssimarsi delle elezioni politiche, fissate per il 7 giugno 1953, che si sarebbero svolte con una nuova legge elettorale con premio di maggioranza approvata alla fine del marzo del '53, che assegnava i due terzi dei seggi al gruppo di liste apparentate che avessero conseguito la maggioranza assoluta dei voti.

La legge, che le sinistre avevano battezzato "legge-truffa", era stata approvata dalla sola maggioranza, nonostante l'ostruzionismo parlamentare dei socialcomunisti, in un clima infuocato sia nel Parlamento che nel Paese.

Essa aveva determinato lacerazioni anche in alcuni partiti di governo.

Esponenti della sinistra repubblicana (Ferruccio Parri) e di quella socialdemocratica (Piero Calamandrei e Tristano Codignola) avevano costituito Unità Popolare e dissidenti cattolici e liberali facenti capo ad Epicarmo Corbino avevano dato vita ad Alleanza Democratica.

Contro la legge elettorale si schierò anche l'U.S.I. (Unione Socialista Indipendente) che nel giugno del 1951 si era formata attorno ad Alfredo Cucchi e Valdo Magnani, due deputati usciti dal PCI.

La campagna elettorale si svolse in un clima di infiammate polemiche, che a Lentini furono amplificate dai recenti avvenimenti amministrativi.

Nel corso di essa si può dire che si cominciò a gettare le basi dell'impianto organizzativo della DC lentinese, la quale fece chiudere la sua campagna elettorale al Ministro degli Interni Mario Scelba, considerato il simbolo di quell'anticomunismo e antisocialismo che avevano caratterizzato il partito.

Per quanto riguarda il PCI, al suo interno si era verificato, in seguito alla vicenda del ferro, uno sbandamento che sarà il preludio per un'ulteriore modifica del gruppo dirigente.

La vecchia guardia, appartata e in certo senso emarginata, abituata ad uno stile politico "puritano", che del puritanesimo aveva i pregi ed i limiti, dopo un primo disorientamento, lentamente si era riavvicinata alla sezione. Ed anche Arena comincerà a riaccostarsi alla vita politica.

Alla vigilia del voto si era quindi raggiunta nel PCI una sostanziale compattezza dei militanti di varie tendenze. Com'è noto la coalizione nazionale centrista (DC, PSDI,PRI,PLI) non superò il 50% dei voti e il premio di maggioranza previsto dalla legge elettorale non fu attribuito[188].

A Lentini le sinistre ebbero un'impennata di orgoglio.

Alla Camera il PCI, con i suoi 7.716 voti, raggiunse il 49,3% che, sommato al 4,3% del PSI (670 voti), che si stava appena ricostituendo e al circa 1% (176 voti) dell'U.S.I., sostanzialmente riconfermò gli esaltanti risultati raggiunti nelle amministrative del 1952 dalla lista "Autonomia e Rinascita".

La socialdemocrazia, ora riunificata sotto la guida di Castro, crollò, col 5,3% (830 voti), al suo minimo storico, avviandosi ad un futuro di piccola formazione politica stretta attorno al vecchio leader e poi al suo delfino politico Peppino Pisano.

Le elezioni evidenziarono anche il consolidamento della DC, balzata con 2944 voti, al 18,8% che sommato al 2,1% (330 voti) del PLI, ormai senza base in città, superava, e di molto, il 15,4% raggiunto dalla Torre Civica nel 1952.

E per giunta, ciò avveniva nel momento in cui la destra riconfermava la sua forza col 12,3% (1932 voti) del MSI, risultato tanto più importante se si considera la presenza alle politiche del PNM che, con i suoi 898 voti, raggiunse un buon 5,7%.

Al Senato il PCI ebbe un risultato inferiore a quello della Camera.

Il suo candidato, Spagna, riportò 6410 voti (45,6%), mentre il candidato del PSI, il professore francofontese Matteo Gaudioso, raccolse 1008 voti (8,5%).

---

188 La legge elettorale fu abrogata il 9-6-1954 alla Camera e il 12-7-1954 al Senato.

Si trattava di uno spostamento di circa quattro punti percentuali dal PCI al PSI, dovuto al prestigio del candidato socialista, militante nel partito fin dal periodo prefascista, docente universitario di Storia del diritto italiano, storico nonché ottimo oratore, che nel 1958 sarà eletto deputato. Influiva inoltre probabilmente un certo malumore che serpeggiava nella sezione del PCI nei confronti del suo candidato pare proveniente da esperienze di destra.

In calo rispetto alla Camera furono anche Di Giovanni del PSDI (656 voti pari al 4,6%), Innorta della DC (2252 voti e il 16,1%), Rubino del MSI (1187 e l'8,5%) che probabilmente avevano dovuto cedere qualcosa al forte candidato monarchico Cremisini, che raccolse 1906 voti (13,5%) e al liberale Rizzo che, con i suoi 521 voti, raggiunse il 3,7%.

Insignificanti i risultati del PRI e dell'Alleanza Democratica Nazionale sia alla Camera che al Senato.

Dopo le elezioni la vita amministrativa riprese il suo corso, caratterizzato soprattutto da numerose variazioni nella composizione del Consiglio e della Giunta.

Nella seduta del Consiglio Comunale dell'11 gennaio 1954 vennero accolte le dimissioni da consigliere del repubblicano Alfio Cannone, a cui subentrò Filadelfo Ossino.

Nella stessa seduta il Consiglio prese atto delle dimissioni degli assessori effettivi Giovanni Pupillo, Guglielmo Moncada e Alfio Baracca.

Al loro posto vennero eletti, dai sedici consiglieri presenti, Alfio Ferrante (con 15 voti), che così passò da supplente ad effettivo, Francesco Aurora (15 voti) e Antonio Guercio (14 voti).I posti lasciati vuoti dai supplenti A. Ferrante e A. Caracciolo, vennero occupati da Francesco Aliano (15 voti) e Giuseppe Calamaro (14 voti).

La Giunta Municipale riacquistò così una propria stabilità che durò fino alla fine della legislatura.

Il 6-7-1954 il Consiglio accolse le dimissioni da consigliere di Filadelfo Conti (MSI), a cui subentrò l'avv. Giuseppe Curcio, e quelle di Giovanni Pupillo, sostituito da Giuseppe Inserra.

Con queste ultime dimissioni sostanzialmente scomparve dalla scena politica uno dei più lucidi dirigenti del PCI. In effetti Pupillo farà ancora qualche effimera ricomparsa nel partito negli anni '60 e '70, senza però ricoprire incarichi dirigenziali o istituzionali, per poi appartarsi definitivamente dalla politica attiva.

Il 13 dicembre 1954 il Consiglio Comunale, dopo aver respinto una prima volta le dimissioni, poi reiterate, del consigliere della "Torre Civica" prof. Alfio Moncada, le accettò e chiamò a succedergli, come primo dei non eletti, uno degli uomini più prestigiosi della DC, l'avv. Vincenzo Bombaci.

Infine il 21 aprile 1955 il Consiglio Comunale accolse le dimissioni da consigliere del prof. Alfio Baracca e dichiarò decaduto, per assenze, il rag. Antonino Bova. A Baracca subentrò l'ultimo e quindi unico dei candidati della lista "Autonomia e Rinascita" Michele Lo Presti, il quale però comunicò di non poter accettare la carica per ragioni di famiglia e di lavoro. Di ciò il sindaco informò il Consiglio Comunale nella seduta del 30-6-1955.

Il 19 dicembre 1955, con la deliberazione n° 152, il Consiglio Comunale approvò una mozione dell'avv. A. Sgalambro con cui decise «di dare mandato all'Amministrazione attiva di partecipare ai funerali di Consiglieri e Amministratori, in carica e non, mediante la rappresentanza del Comune con gonfalone e scorta di vigili», ufficializzando quella che prima era solo una consuetudine[189].

---

189 Sull'argomento vedi l'articolo di F. Leonzio *L'onore del gonfalone* sulla rivista *Leontínoi oggi*, N 1/2012.

Ben piccolo "privilegio" per i politici locali, che allora svolgevano la loro opera gratuitamente!

E del resto si trattava di un privilegio di cui mai nessun interessato avrebbe potuto personalmente usufruire.

Lo scenario politico cominciò in quegli anni ad assumere nuove configurazioni.

Ormai fortemente ridimensionato il PSDI, come si è già detto, cominciò un certo risveglio in campo socialista.

L'iniziativa fu presa da due giovani assai intraprendenti: il giovane avvocato, nipote dell'on. F. Marino, Filadelfo Pupillo che dopo l'espulsione dello zio aveva lasciato il PCI e Sebastiano Centamore, proveniente da esperienze sindacali fatte nella Camera del Lavoro di Lentini.

Naturalmente non mancavano i vecchi esponenti socialisti come Vincenzo Garrasi, Puddu Saccà, Giuseppe Di Mauro, Carlo Centamore, Peppino Aliano, Gaetano Zarbano, Guglielmo Moncada, Luigi Di Pietro, Peppino Ferrauto, a cui man mano si aggiunsero elementi provenienti dalla socialdemocrazia come Carlo Cicero, Alfio Ferrauto e Alfio Floridia e dal PCI come Salvatore Sorbello, Nino Giudice, Sebastiano Ventura e Salvatore Cattano e giovani appassionati come Peppino Battiato, Alfio Serratore e Salvatore Mangiameli.

In primo tempo fu aperto un "Circolo Socialista" in via Arrigo Testa, trasformatosi poi in una sezione del PSI, con sede in via Alfio Incontro.

Primo segretario fu Peppino Aliano, a cui poi subentrò Gaetano Zarbano[190].

---

190 Su Gaetano Zarbano si può vedere di F. Leonzio *Una storia socialista*, cit.

Anche il MSI cominciò a riorganizzarsi[191] e alle due iniziali figure di spicco di Salvatore Zammataro e di Sebastiano Neri, si aggiunsero in seguito il figlio di quest'ultimo, l'avv. Salvatore, che ne diventerà per molti anni il leader indiscusso, l'ing. Sebastiano Angelico, il cav. Attilio Iachelli, il rag. Salvatore Manoli. Uno degli oratori[192] che il MSI chiamava più spesso a Lentini era l'on. Pino Calabrò che riusciva a suscitare nell'animo dei nostalgici sentimenti di viva commozione, come quando rievocava la bianca neve delle sterminate pianure russe che era stata colorata dal rosso del sangue dei soldati italiani.

Egli aveva sul pubblico del MSI la stessa presa che, con ben maggiore afflusso di partecipanti, aveva esercitato sulle platee comuniste l'on. Giacomo Calandrone, ex combattente garibaldino di Spagna, i cui comizi dai toni accesi e appassionati finivano a volte con lo scioglimento.

Ma il fatto politicamente più significativo fu l'emergere e il coagularsi di una effettiva e sempre più solida organizzazione della DC.

Questo partito, specialmente dopo l'8 settembre si era rivelato per la Chiesa, preoccupata per l'affacciarsi del "pericolo comunista" e consapevole del pluralismo che sarebbe emerso dal regime democratico, la garanzia più solida e più concreta.

E in effetti, assai probabilmente, la DC, senza il legame con l'istituzione ecclesiastica, non sarebbe riuscita ad ottenere quella base di massa che l'avrebbe resa, fin dalle prime consultazioni elettorali, il partito più forte.

---

191 Sulla storia del M.S.I. di Lentini vedi „*Italiani di Lentini*" – *Breve storia della destra nella Lentini del secondo dopoguerra* in *13 storie leontine*, cit.

192 Non mancarono oratori di primo piano come Filippo Anfuso, Rodolfo Graziani e Giorgio Almirante.

L'inizio della "guerra fredda", la divisione del mondo in due blocchi contrapposti e le prime elezioni politiche in Italia nel 1948 avevano estremamente radicalizzato la lotta politica.

A Lentini, subito dopo la liberazione della città, le sinistre avevano recuperato quel ruolo di primo piano che avevano occupato nel periodo immediatamente precedente l'avvento del fascismo, e l'avevano fatto grazie agli stessi uomini che si erano distinti prima del ventennio e nel corso di esso.

I ceti moderati e conservatori, sbandati ed intimiditi, dopo il fallimentare tentativo della loro lista alle elezioni comunali del 1946, avevano trovato un momentaneo rifugio nell'Uomo Qualunque, che per i suoi attacchi ai partiti del CNL, Democrazia Cristiana compresa, e all'antifascismo, appariva loro come la forza politica che meglio avrebbe potuto difendere gli interessi di certa borghesia intellettuale o proprietaria. Quelli che nel '46 e nel '48 avevano votato per la DC erano singoli elettori che in realtà avevano espresso un voto secondo loro coerente con la loro fede cattolica, senza alcun collegamento organico con il partito.

Fu solo dopo il dissolvimento dell'Uomo Qualunque che si fece più pressante l'esigenza di costruire una consistente e stabile presenza della DC nella città.

A dare impulso alla realizzazione di questo progetto fu particolarmente il parroco della Chiesa Madre, mons. Francesco La Rosa, il quale, oltre alle naturali doti di umanità e di amore per il prossimo, possedeva una lucida mente organizzativa e un notevole intuito politico.

Egli orientò la sua azione partendo dalle organizzazioni in cui si ramificava l'Azione Cattolica, che egli stesso aveva notevolmente rinvigorito, facendo inizialmente leva sugli esponenti cattolici più brillanti già impegnati in politica, come l'avv. Vincenzo Bombaci e l'avv. Alessandro Tribulato, che avevano avuto esperienze nelle organizzazioni universitarie durante il passato regime e poi nell'Uomo Qualunque, o il prof. Alfio Moncada, ex assessore della giunta di Magnano di S. Lio.

> «Egli comprese anche che per formare un partito che fosse rappresentativo della Chiesa e dei suoi valori, bisognava agire su coloro che per famiglia avrebbero avuto un'educazione cattolica, sui ragazzi indirizzati alle questioni Catechismo, Azione Cattolica, FUCI, senza nulla imporre, ma amalgamando, creando poi un legame di valori, principi, ideologia tra Azione Cattolica e Democrazia Cristiana»[193].

Fu nei primi anni cinquanta che il lavoro cominciò a dare i primi frutti, con l'apertura di una sezione (1951) di cui sarà poi segretario un giovane intellettuale, Giuseppe La Pira[194], destinato ad affermarsi nel campo del giornalismo piuttosto che in quello della politica, nel mentre l'avv. Bombaci ricopriva l'incarico di commissario zonale.

Si trattava di un nucleo che inizialmente stentò ad ottenere una soddisfacente visibilità per il partito, tanto che nelle elezioni del 1952 preferì inserirsi in una lista composita, in cui primeggiavano elementi liberali come gli avv. Bruno e Sgalambro, a ciò probabilmente spinto dal meccanismo maggioritario della legge elettorale.

Ancora alla venuta dell'on. Scelba a Lentini per la chiusura della campagna elettorale del 1953, come si è già ricordato, il partito aveva una mediocre consistenza organizzativa.

Essa migliorò notevolmente quando cominciò ad affluire nella sezione la seconda ondata di elementi - per lo più giovani -

---

193 B. Russo, cit., pag. 59.
194 Gli subentrerá l´avv. Giovanni Sgalambro.

provenienti dall'Azione Cattolica: Salvatore Moncada, Carlo Mugno, Cirino Di Mauro e, soprattutto, Enzo Nicotra[195].

Una figura che esercitò notevole influenza nella formazione di questi giovani fu certamente quella del pretore Salvatore Paglialunga, arrivato a Lentini dopo un'esperienza di collaborazione con Giorgio La Pira[196] e portatore di una visione politica assai più avanzata sotto il profilo sociale rispetto a quella predominante nella DC locale, scelbiana e anticomunista.

Il suo esempio ed il suo insegnamento tendevano a dimostrare che si poteva essere cattolici e progressisti nello stesso tempo, rompendo così uno schema per cui ancora si percepiva la DC come partito portatore di interessi conservatori, tutore della proprietà privata e a volte non alieno da un paternalismo spicciolo.

Mentre gli altri giovani seguivano sostanzialmente la strada tracciata da Paglialunga, vivendo la militanza politica come un impegno sociale che aveva forti radici nella loro fede religiosa, l'avv. Enzo Nicotra recepì sì il messaggio del Maestro ma lo rielaborò secondo una sua originale interpretazione, che rivelò in lui le doti del leader politico.

Egli intuì che nella "repubblica rossa", per sperare di battere il predominio della sinistra, bisognava scendere a volte sul suo stesso terreno cercando di sposare determinate istanze popolari, fino ad anticipare i comunisti in alcune iniziative.

Questo tipo di impostazione lo mise forse in contrasto con l'avv. Bombaci, ma lo fece entrare nelle simpatie del commissario provinciale della DC Graziano Verzotto.

---

195 Per una biografia dell'on. Nicotra vedi, di F. Leonzio *Intervista ad Enzo nicotra*, APED, Carlentini, 2005.
196 Famoso sindaco di Firente, esponente della sinistra DC, su posizioni sociali assai avanzate e noto pacifista.

Il giovane politico, sempre sostenuto da mons. La Rosa, fu quindi nominato dal commissario sezionale Tribulato suo vice ed iniziò la sua ascesa politica, dando prova di praticità e di intraprendenza.

Egli cercò di sviluppare l'influenza della DC non più basandosi solamente sul laicato cattolico, ma cercando anche di penetrare in categorie produttive prima lontane dal partito.

Costituì, per esempio, con l'aiuto di Vittorio Chiaramonte, che ne divenne presidente, la sezione cittadina dell'Associazione Cristiana Artigiani.

Una ulteriore e ancora più concreta prova delle sue capacità di incidere sulla realtà socio-economica locale la diede sulla questione del Biviere.

> «Per le sue caratteristiche fondamentalmente paludose, il Biviere [era divenuto] nel tempo un grosso pericolo per la salute pubblica. Il continuo coprirsi e discoprirsi della vegetazione costituiva infatti un habitat ideale per l'anofele così che la malaria [aveva inciso] gravemente sulla popolazione diventando quasi "una componente naturale del territorio"»[197].

Poiché i piani di lotta antimalarica, basati essenzialmente sulla distribuzione gratuita del chinino, si erano rivelati insufficienti, aveva preso corpo l'idea del prosciugamento dei terreni paludosi.

Il primo progetto in merito era stato «quello studiato nel 1876 dall'ing. Ferrauto di Augusta dietro incarico del barone lentinese Luigi Beneventano: esso [prevedeva] il totale prosciugamento del lago, allo scopo di debellare la malaria e recuperare al tempo stesso l'utilizzo agrario dei terreni (circa 1.200 ettari)»[198].

---

197 Salvatrice Tocco *Il lago di lentini*. Tesi di laurea, Universitá di Catania - Facoltà di Scienze matematiiche, fisiche e naturali., A.A. 1989/90, pag. 62.
198 S. Tocco, cit., pag. 64.

Erano seguiti poi i progetti dell'ing. Gentile, incaricato dalla famiglia Trobia e quello del funzionario Luca Rossa per conto del Ministero dei LL.PP.

«La tesi del prosciugamento», però «oltre a suscitare il forte disappunto delle numerose famiglie di pescatori che vivevano del reddito del lago, [aveva fatto] insorgere il giustificato timore di una alterazione della climatologia del bacino con gravi danni per gli agrumeti»[199].

Neanche progetti alternativi di prosciugamento parziale erano apparsi però praticabili.

> «Nel 1923 [era intervenuto] il gruppo elettrofinanziario della S.G.B.I. (Società Generale Bonifiche e Irrigazioni) con la richiesta, avanzata dall'ing. Angelo Amodeo, di potere eseguire la bonifica del Biviere attraverso la realizzazione di un grande invaso. Questo serbatoio, alto oltre 2 metri, avrebbe consentito di irrigare circa 10.000 ettari del versante meridionale della Piana di Catania e nello stesso tempo avrebbe assicurato un moto ondoso in grado di eliminare la causa della malaria.
>
> Sembra[va] essere questo, tra tutti, il programma che [offriva] la maggiore utilità sociale. Tuttavia il blocco agrario locale [aveva impedito] la realizzazione di questo ambizioso progetto, il quale solo molti anni dopo, e solo in parte, [sarà] ripreso dal Consorzio di Bonifica del Lago di Lentini (nato nel 1926 con lo scopo di provvedere alla bonifica idraulica ed igienica della zona).
>
> I lunghi studi idrologici ed idraulici di cui negli anni [sarà] oggetto il lago si concretizzano alla fine nel suo prosciugamento realizzato, tra gli anni '30 e '50, attraverso i seguenti interventi:

---

199 S. Tocco, cit., pag. 65.

> 1933 - Il torrente Trigona, immissario del lago, viene deviato ed immesso direttamente nel fiume S. Leonardo.
>
> 1936 -Viene costruita una galleria di scarico delle acque basse e delle gronde nord-orientali che, lunga poco più di 900 metri, si immette nel fiume S. Leonardo.
>
> 1947 -Viene costruita una rete di canali che convoglia le acque nella galleria predetta"[200].

Il prosciugamento del lago aveva però privato del loro lavoro cannucciai e pescatori, i quali pertanto iniziarono una lotta per ottenere in compenso una parte della superficie prosciugata. Essi finirono per rivolgersi a mons. La Rosa che a sua volta interessò l'avv. Nicotra.

Puntuali interventi presso l'assessore all'agricoltura Silvio Milazzo e presso il deputato regionale DC di Siracusa Gaetano Lo Magro si rivelarono decisivi ed alla fine l'ARS approvò la relativa legge.

La riuscita dell'operazione ovviamente fece guadagnare alla DC le simpatie degli assegnatari e aprì una breccia nel proletariato prima saldamente egemonizzato dal PCI[201].

L'avv. Nicotra nel 1956 sarà eletto al Consiglio Comunale. Conquistata la segreteria della sezione inizierà un'ascesa politica che, attraverso varie tappe, lo porterà per tre volte alla Camera dei Deputati. Il periodo compreso fra le elezioni politiche del 1953 e le comunali del 1956 vedrà dunque la nascita a Lentini di una DC effettivamente organizzata, con una sezione stabile e regolari organi dirigenti.

A dare impulso a questo sviluppo aveva contribuito l'avvento alla segreteria nazionale (1 luglio 1954) di Amintore Fanfani, che si adoperò efficacemente per dare al partito una salda struttura

---

200 S. Tocco, cit., pagg. 66/69.
201 Le notizie sulla vicenda sono tratte da B. Russo, cit., pagg. 92/95.

organizzativa. Linea che in provincia di Siracusa fu realizzata da Graziano Verzotto.

La DC lentinese si era andata configurando inizialmente come una forza politica avente lo scopo di proiettare nella città le istanze cattoliche e di arginare il predominio delle sinistre. Era quello un periodo in cui la lotta di classe spesso travalicava in odio di classe; cosa spiegabile da un lato con le sofferenze di un bracciantato la cui sopravvivenza, sostanzialmente il lavoro, oltre che dal bello o cattivo tempo e dalle stagioni, dipendeva dalla pura volontà del patronato agrario; e dall'altro con la paura ancestrale che i proprietari, i grandi ma anche i piccoli, avevano di un rivolgimento sociale che poteva, almeno così sembrava loro, mettere in forse o addirittura privarli del loro privilegio e del loro benessere. E ad essi si aggiungeva la borghesia colta che, per la sua origine sociale e per il monopolio culturale che essa esercitava, occupava nella città posizioni di supremazia che a volte le consentivano anche qualche punta di paternalismo.

La differenza fra "colti" e "incolti" sarà superata nel tempo con l'acculturamento dei giovani provenienti dai ceti popolari. La penetrazione della DC in queste masse giovanili contribuì a trasformarla in un partito interclassista e sempre più autonomo dalla Chiesa. L'autonomia dalla Chiesa fu favorita probabilmente anche dal fatto che nel partito man mano cominciarono ad affluire elementi che non provenivano da esperienze di militanza nelle organizzazioni cattoliche, ma che aderivano in base ad una visione centrista della politica o qualche volta perché il partito stabilmente al governo era quello che meglio poteva soddisfare determinate aspirazioni.

Il partito di Lentini, specie dopo l'affermazione del gruppo guidato dall'avv. Nicotra, ebbe sempre due anime, due modi di porsi di fronte alla politica e alle sue problematiche.

Non si trattava però di un conflitto generazionale, o solo di esso.

Semplificando si può dire che le due anime erano rappresentate essenzialmente dall'avv. Bombaci e dall'avv. Nicotra.

Bombaci (e con lui Tribulato, Rossitto, Butera) rappresentava l'anima per così dire "aristocratica" del partito, organicamente legata alla Chiesa, come del resto inizialmente lo fu Nicotra, espressione di un conservatorismo illuminato legato a principi di trasparenza e di rigore che in qualche modo richiamavano la Destra storica.

Nicotra impersonava l'anima "popolare", più aperta verso le istanze che salivano dal basso, aliena da discriminazioni sociali - tanto da suscitare le speranze e le aperture di Marilli[202] in un suo comizio del 1956 - e assai più concreta nella conduzione della lotta politica.

Ma solo con qualche forzatura si potrebbero etichettare la prima come destra interna e la seconda come sinistra. Tanto più che sul terreno della dialettica interna il gruppo dei "vecchi" finì col convergere con la sinistra di "Base" dei Mugno, dei Di Mauro e dei Moncada, sostanzialmente fedeli al pensiero lapiriano e che lo stesso avv. Salvatore Moncada finirà per assumere, in seguito, la leadership della intera minoranza interna, mantenendo posizioni rilevanti nel partito fino alla sua estinzione.

Né si può liquidare il tutto come pura lotta di potere.

Probabilmente si trattava, in linea di massima, di due concezioni un po' diverse della strategia politica, tenute insieme dalla comune matrice cattolica, di cui l'una poneva l'accento prevalentemente sui principi ideali e religiosi che dovevano ispirare l'azione politica nella città e nelle istituzioni e l'altra sul risultato pratico che di

---

202 Otello Marilli (1915-1979) deputato comunista, libero docente di Meccanica Agraria, a lungo sndaco di lentini. Per una biografiadi Marilli si veda di F. Leonzio *Marilli e i comunisti di Lentini* in *13 storie leontine*, cit.

quell'azione politica doveva essere l'effetto e sulla sua capacità di incidere nella realtà.

Gli anni futuri comunque, con l'afflusso di nuove leve[203], vedranno un'accelerazione della dialettica interna e un moltiplicarsi delle visioni strategiche, che daranno luogo a un groviglio di posizioni non facilmente decifrabile, in cui correnti e gruppi, personalità forti e diverse culture, posizioni moderate e riformistiche, condurranno una non sempre facile convivenza, fino alla scomparsa di una formazione politica che ha inciso profondamente nella storia della città.

Anche il PCI, nello stesso arco di tempo, subì dei mutamenti a livello di gruppo dirigente che, seppure non traumatici, sostanzialmente posero fine alla egemonia del gruppo che era stato guidato da Giovanni Pupillo.

Si verificò anzitutto il lento riavvicinamento di Nello Arena, attorno a cui negli anni si andò coagulando un gruppo[204] che si aggiunse a quello dei vecchi sodali del leader, il cui carisma appariva immutato. Ma sarà solo alla fine degli anni '50 che il gruppo conquisterà, sia pure per un breve periodo, il vertice del partito e quello della città, con la sindacatura Arena.

Anche alcuni dei vecchi esponenti (Magrì, Santocono, Speranza) si riaffacciarono alla politica attiva e alla vita della sezione, come dimostrano la delibera del Consiglio Comunale del 7-2-55 con cui I. Magrì, F. Santocono e Angelo Peluso vennero inseriti nella Commissione Tributaria Comunale di 1° grado e quelle del 18-7-55 con cui F. Santocono venne eletto nel "Comitato per le attività

---

203 Alcuni fra i piú validi esponenti della „terza ondata saranno Gianni Cannone, Pippo La Rocca, Salvatore Martines, Giacomo Capizzi, Davide Battiato, Ciccio Fisicaro, Carmelo Russo, Nino Mazzone, Roberto Addamo,ecc.

204 Ad es. Paolo Carani, Peppino Mendola, Salvatore Leonardi.

ricreative, artistiche, culturali e folcloristiche" e C. Speranza nel Comitato Comunale "Pro assistenza".

Dopo la segreteria Pupillo si avvicendarono al vertice del partito Giulio Brunno, ex segretario della Camera del Lavoro, il deputato regionale Mario Strano, anch'egli proveniente dal sindacato e quindi Nicolò Manganaro (8-9-19/04/9-1-1985), un vecchio antifascista originario di Giampilieri e poi, dal 1958, il falegname Angelo Peluso.

Queste due ultime segreterie segneranno l'emergere e il consolidarsi di una componente "centrista", a cui parteciperanno anche vecchi elementi come Ignazio Magrì e Vincenzo Ferlito.

Essa si collocherà tra quella di Arena, in lenta ma costante espansione, e quella che potremmo chiamare dei giovani, di cui finirà per assumere la leadership Guido Grande, visto il disimpegno di G. Pupillo.

«Il Manganaro (unitamente ad Angelo Peluso, divenuto poi anche lui segretario politico della sezione "Gramsci") rimase equidistante da questi due gruppi cercando di amalgamarli, con scarso risultato, riconoscendo nel primo la grande popolarità e nel secondo la cospicua qualità politico-dirigenziale anche se punteggiata da rigidi atteggiamenti»[205].

Il Manganaro che «era solito dire e testimoniare che l'intolleranza e la superbia sono la rovina degli uomini»[206] sarà tra i promotori di altre due sezioni del PCI di Lentini, oltre quella tradizionale (sez. "Gramsci") di via Roma: la sezione "Lenin" e la sezione "Lo Sardo", dislocate la prima nella zona "Soprafiera" e la seconda nel quartiere S. Paolo.

---

205 Da una nota di Giovanni Battista Manganaro del 13-2-2001.
206 In G.B. Manganaro, cit.

Le elezioni regionali del 5-6-1955 registrarono un lieve arretramento del PCI (6.897 voti pari al 44,5%)[207], dovuto probabilmente al successo del PSI (1.588 e il 10,2%) che schierava il concittadino Giuseppe Ferrauto.

Inarrestabile apparve il declino del PSDI che pur si presentava insieme al PRI (500 voti e il 3,2%).

Crebbe invece la DC (3.498 voti e il 22,2%), che coglieva i frutti della sua migliorata organizzazione e si confermava come la principale forza di opposizione alle sinistre.

Stabili a destra il PLI (340 voti e il 2,2%), il MSI (1.677 voti e il 10,8%) e i monarchici, ora divisi in due tronconi : il Partito Nazionale Monarchico di Alfredo Covelli (3%) e il Partito Monarchico Popolare di Achille Lauro (2,2,%).

Il successivo appuntamento elettorale, riguardante il rinnovo del Consiglio Comunale, venne fissato per il 27 maggio 1956.

La legge elettorale maggioritaria che assegnava i ¾ dei seggi consiliari, ora passati da 32 a 40 per l'incremento della popolazione, alla lista che avesse riportato il maggior numero di voti spinse i partiti a non presentare liste autonome, creando invece ampie coalizioni.

La sinistra presentò la lista "Gorgia" (PCI-PSI) capeggiata dall'on. Otello Marilli.

Marilli, nato a Firenze l'11 novembre 1915, nel dopoguerra aveva aderito al PRI.

---

207 Per il PCI fu comunque eletto deputato all'ARS il carismatico leader contadino Mario Strano, che aveva frequentato la scuola di partito ed era stato uno dei protagonisti più lucidi dei "Fatti della Vaddara", come si evince anche da uno studio del ricercatore universitario Marco Leonzio, in corso di pubblicazione.

Trasferitosi in Sicilia nel 1945 da studioso di problemi agricoli aveva avuto la possibilità di seguire da vicino le lotte per la terra delle affamate masse bracciantili.

Le disperate condizioni dei lavoratori siciliani avevano fatto del tecnico e dello studioso anche un appassionato difensore degli operai agricoli, tanto che, nel 1947, anche per gli stretti rapporti con l'on. Mario Ovazza, egli aveva aderito al PCI, che più di altri partiti strenuamente si batteva per la riforma agraria.

Fu un comunista in certo senso "anomalo", in quanto mantenne sempre la sua mentalità laica, sapendo guardare oltre le ideologie e rimanendo aperto al nuovo senza settarismi di sorta.

Negli anni dal '50 al '52 aveva insegnato Meccanica Agraria all'Università di Catania. Per il suo prestigio professionale, per la sua dirittura morale, per la sua dedizione alla causa dei lavoratori nel 1953 era stato eletto deputato nazionale nel collegio della Sicilia orientale, col consistente apporto dell'elettorato lentinese, con cui aveva instaurato stretti rapporti negli anni precedenti, quale esponente della Lega Nazionale delle Cooperative. Nel 1956 era stato anche eletto segretario del PCI di Siracusa.

L'on. Marilli era stato chiamato a capeggiare la lista "Gorgia" dalla direzione "centrista" del PCI, in ciò fiancheggiata dall'ancora consistente frazione di Guido Grande ed altri, evidentemente per contrastare eventuali pretese di Arena, la cui influenza appariva intatta presso l'elettorato comunista lentinese e in crescita all'interno della sezione, fino a suscitare, in qualche caso, punte di fanatismo, assai ostiche alle altre due componenti, molto più allineate alle posizioni e alle caratteristiche che il partito si era date nazionalmente nel dopoguerra.

Per quanto riguarda il PSI esso si era dato da qualche tempo una struttura organizzativa che praticamente rimarrà stabile fino alla sua estinzione e che probabilmente era anche un effetto del lavoro realizzato a livello nazionale da Rodolfo Morandi, che praticamente aveva ricostruito l'ossatura del partito dopo la scissione di Saragat e le successive minori. Ma era anche il frutto dell'instancabile lavoro di giovani e appassionati dirigenti provinciali come Egidio Greco, segretario della federazione e Salvatore Pitruzzello, entrambi di Siracusa.

Al nucleo fondatore della sezione formato dai vecchi socialisti, si erano aggiunti, come già detto, elementi provenienti dalla socialdemocrazia, delusi dalla politica di Castro, ed altri che si erano distaccati dal PCI. Comunque il partito, attestato su posizioni classiste, si presentava sostanzialmente compatto.

Sempre a causa delle legge maggioritaria anche gli altri partiti diedero vita ad una lista di coalizione (lista "Torre Civica") che tuttavia appariva, dal punto di vista politico assai meno omogenea di quella avversaria per la presenza in essa non solo dei rappresentanti dei partiti dell'area governativa, ma anche di quelli della destra estrema.

Di questa coalizione asse portante era la DC, ora guidata dall'avv. Nicotra, saldamente appoggiata dalla Chiesa cattolica e in continuo sviluppo sul piano organizzativo.

Il partito, se da un lato era sentito come il più autentico rappresentante dei ceti moderati, dall'altro aveva cominciato ad aprirsi, con un'abile politica ad altre categorie sociali, come i piccoli proprietari e gli artigiani, in buona misura trascurate dal PCI, sempre più considerato essenzialmente il partito del bracciantato agricolo. Al suo interno convivevano, per il momento pacificamente, le due anime di cui si è parlato: quella dei "fondatori", ancora forte e autorevole e quella delle nuove leve, più pragmatica.

Partecipava alla coalizione quel che restava del partito liberale, erede per lo più di parte di quell'aria sociale che aveva orbitato intorno al qualunquismo del dopoguerra, costituita essenzialmente da proprietari di agrumeto, che si consideravano ceto privilegiato e che vedevano nel partito di Malagodi il più convinto garante e difensore della proprietà privata, fonte della loro ricchezza, che essi ancora percepivano insidiata dalle sinistre, anche se la situazione del 1956 era assai lontana da quella agitata e tumultuosa del dopoguerra.

Aderivano al movimento liberale anche gruppi moderati in qualche modo distanti dal clericalismo che in buona misura permeava e influenzava la DC e che amavano sottolineare la loro autonomia da quel partito, anche se sostanzialmente si riconoscevano nel blocco sociale che esso rappresentava.

Tuttavia il partito sul piano organizzativo ruotava essenzialmente su alcune figure di intellettuali come gli avvocati Bruno e Sgalambro, che sostanzialmente ne erano l'anima.

Aderiva al cartello elettorale anche il M.S.I., partito di opposizione sul piano nazionale, costituito prevalentemente da nostalgici. Il suo gruppo dirigente, formato da esponenti della piccola e media borghesia, poteva però contare su una base elettorale, allora piuttosto consistente, che comprendeva anche settori popolari, affascinati dai miti del passato, come quello della sicurezza e dell'ordine, quando "si poteva dormire con le porte aperte" e "i treni arrivavano in orario".

Comunque la presenza del M.S.I. nella coalizione gettava un'ombra sul reale antifascismo degli altri patner per i quali era preminente bloccare le organizzazioni della sinistra, forse per evitare... che i cosacchi entrassero a Roma e che i cinesi dilagassero in Europa.

Insomma l'anticomunismo, allora veramente viscerale, era il collante vero della coalizione.

E proprio questo può forse spiegare la presenza in essa della socialdemocrazia, o di ciò che ne restava.

Nel corso della precedente legislatura, per la quale non era stato eletto al Consiglio Comunale, Castro aveva accelerato la sua evoluzione politica in senso anticomunista, in assonanza con quanto avveniva nella socialdemocrazia nazionale, che sempre più si allontanava dalle originarie posizioni riformiste e navigava verso le sponde moderate e che, per questo, verrà man mano abbandonata dai vari gruppi di sinistra interni che via via rientreranno nel PSI.

Se atlantismo e anticomunismo erano ormai i caratteri più appariscenti della socialdemocrazia, Castro ne era un corretto interprete a Lentini. Tuttavia il suo passato, che di tanto in tanto riemergerà in lui, come nel '60 in occasione del governo Tambroni, giustificava lo stupore per la sua presenza nella coalizione di chi ancora ricordava le sue battaglie classiste.

La campagna elettorale fu aspra fra i due schieramenti divisi da uno steccato ideologico, politico e per molti aspetti classista, che li rendeva inconciliabili, nonostante le aperture mentali di un Marilli o di un Nicotra.

La lista "Gorgia" riportò la maggioranza con 8388 voti (54%) e conquistò 30 seggi su 40.

Per il PCI furono eletti, oltre l'on. Marilli, altri 21 comunisti: anzitutto Nello Arena, che nel corso della legislatura manterrà un ruolo alquanto marginale nel Consiglio Comunale, ma crescente all'interno del partito; i sindacalisti Fortunato Mastrogiacomo e Ciccio Ciciulla, dirigenti di prima linea della locale Camera del Lavoro, il rag. Vitale Martello, che il 18 ottobre 1957 succederà a Marilli nella carica di primo cittadino, e il rag. Giuseppe Limaccio che per un momento sembrerà dover succedere a Martello nella stessa carica; le signore Concetta Conti e Adelma Lelli, moglie dell'on. Mario Strano; i battaglieri veterani Peppino Calamaro e Cirino Garrasi, il pittore Sebastiano Vinci e il vecchio esponente Sebastiano Pignatello, che lascerà il partito negli anni '60; e poi

Francesco Aliano, Alfio Cicero, Filadelfo Gaeta, Filadelfo Grazzini, Sebastiano Mangiameli, Salvatore Nanfitò, Filadelfo Ossino, Alfio Raiti, Sebastiano Sampugnaro e il sindacalista, futuro segretario regionale della CGIL siciliana, Epifanio La Porta, il quale, però, essendo stato eletto pure a Siracusa, rinunciò subito all'incarico, cedendo il posto a Francesco Caponetto.

Per il PSI entrarono in Consiglio Comunale Gaetano Zarbano, futuro segretario della sezione, Federico Guglielmo Moncada, assessore nella predente legislatura, Luigi Di Pietro futuro sindaco facente funzioni, Alfio Ferrauto, già consigliere comunale nel 1946, il dott. Edoardo Ottimo, il rag. Salvatore Giuga e infine due giovani dirigenti destinati a diventare, negli anni '60 i leaders del partito: l'impiegato Sebastiano Centamore e l'avv. Filadelfo Pupillo[208].

La coalizione di centro-destra raccolse 7148 voti (46%) e si dovette accontentare dei dieci seggi spettanti alla minoranza.

Tutti i raggruppamenti in essa presenti ebbero la loro rappresentanza in Consiglio Comunale.

Della DC vennero eletti l'avv. Alessandro Tribulato, uno dei suoi leader più prestigiosi, conservatore galantuomo, futuro sindaco della città, il prof. Alfio Rossitto, democristiano della prima ora, l'ing. Vincenzo Ragazzi, molto noto per il suo impegno nel campo dello sport ed infine l'avv. Enzo Nicotra, che iniziò la sua presenza nelle istituzioni.

Il MSI fu rappresentato ai più alti livelli, con l'elezione dei suoi più influenti esponenti quali il rag. Sebastiano Neri e l'ing. Sebastiano Angelico. Fu inoltre eletto il prof. Salvatore Ciancio, noto grecista e appassionato cultore dell'archeologia e della storia locale[209].

---

208 Sull'attivitá dell'avv. Pupillo si veda, di F. Leonzio *Una storia socialista*, cit. e, dello stesso F. Leonzio, *Un ricordo dell'avv. Filadelfo Pupillo,* in *13 storie leontine*, cit.
209 Di S. Ciancio si veda *Leontínoi-Lentini*, ed. Tiranna, Roma, 1967.

Per i liberali entrarono in Consiglio Comunale due noti professionisti, quali gli avv. Gaetano Di Mauro, persona dai vasti interessi culturali, e Alfio Sgalambro.

Quest'ultimo era figlio del socialriformista avv. Francesco, che era stato uno dei pionieri del socialismo a Lentini e dal padre aveva ereditato la viva intelligenza e la passione per la sua città.

Alfio Sgalambro fu per molti anni vicepresidente del Centro Studi "Notaro Jacopo", fucina di importanti iniziative culturali, in stretta simbiosi con uomini come Carlo Cicero e Carlo Lo Presti, con i quali fu anche tra gli organizzatori del "Premio Lentini". Fu, anche appassionato di archeologia per quanto riguarda soprattutto l'antica Leontinoi, divenendo poi anche ispettore onorario ai monumenti.

Rientrava infine nel Consiglio Comunale, per rimanervi fino alla morte, Filadelfo Castro.

Il nuovo Consiglio Comunale si insediò il 18 giugno 1956 e, dopo le formalità di rito, procedette all' elezione del Sindaco.

Su 38 presenti[210] l'on. Otello Marilli (che si era astenuto dal voto) riportò 27 voti e assurse quindi alla suprema carica. La minoranza aveva votato per l'avv. Alessandro Tribulato, che riportò 9 voti (sua probabilmente l'unica scheda bianca risultata dallo scrutinio).

Successivamente ci fu il solito scambio di buone intenzioni fra maggioranza e minoranza, come era già avvenuto nel 1946 e nel 1952, quando però le prime dichiarazioni erano state seguite da sviluppi imprevedibili e i rapporti tra i due schieramenti erano diventati assai tesi.

Il sindaco disse, fra l'altro:

> «Invito e prego tutti i consiglieri ad operare col Sindaco e con la Giunta nell'interesse del popolo, superando gli

---

210 Assenti il dimissionario Epifanio La Porta e il socialista Alfio Ferrauto.

> interessi di parte, il che non significa rinunciare neppure per un istante alle proprie ideologie e convinzioni, ma significa porle a servizio della collettività.
>
> Non esporrò alcun programma, poiché il popolo ha giudicato già sulla base di programmi o, per lo meno, di speranze e fiducia sui programmi.
>
> Non dovremo tradirli, né noi, né voi.
>
> Dovrà essere fatto ogni sforzo per inserire le forze della opposizione nella concretezza dell'Amministrazione (Commissioni ecc. e domani chissà nella Giunta).
>
> Sarà in ogni caso un nostro dovere non lasciar cadere nessuna idea buona da qualunque parte venga. Quando trasformerete le idee buone in proposte [...] le faremo nostre e le realizzeremo assieme, e senza egoismo.
>
> Quando farete delle critiche utili vi ringrazieremo e ce ne serviremo in modo positivo per correggere eventuali errori che ogni uomo (singolo o associato) commette».

Gli rispose, per la minoranza, l'avv. Sgalambro, preannunciando una opposizione «ardente, appassionata e soprattutto costruttiva»:

> «La linea di condotta implica la nostra collaborazione schietta, essendo desiderosi di guardare all'interesse di tutta la popolazione. Si può sbagliare anche da parte nostra, ma sempre in buona fede e per l'attuazione di finalità prettamente collettive».

Dopo una dichiarazione dell'avv. Tribulato, che ribadì le posizioni della minoranza, si passò all'elezione dei sei assessori effettivi e dei due supplenti.

Nel mentre era giunto il subentrante Caponetto e i presenti erano saliti a 39.

Furono eletti, come effettivi, tutti con 29 voti, Gaetano Zarbano, che diventerà vicesindaco, Filadelfo Pupillo ed Edoardo Ottimo per l'area socialista, e Adelma Lelli, Vitale Martello e Cirino Garrasi per quella comunista e come supplenti il socialista Sebastiano Centamore (29 voti) e il comunista Fortunato Mastrogiacomo (28 voti).

La sindacatura Marilli, seppure interrotta nell'ottobre 1957, per la sua non fortunata ricandidatura alla Camera, e poi riconfermata nel 1964 e nel 1970, favorì certamente una svolta, sia pure lenta e graduale, nella vita interna del PCI e anche nel clima politico della città, che si fece più disteso, più attento ai problemi concreti e più aperto alla dialettica democratica fra i partiti.

Il PCI si aprirà a nuovi apporti, cercando di valorizzare i giovani che vi aderiranno, come Alfio Siracusano, Giuseppe Moncada, Michelangelo Cassarino, Enzo Tondo, ecc. e gli altri che a questi successivamente seguiranno come Riccardo Insolia, Elio Magnano, Fino Giuliano, Pippo Cosentino, Guglielmo Tocco, Paolo Censabella, Mario Bosco, ecc.

Saranno anni in cui diventerà assai forte la presenza femminile e giovanile all'interno della sezione, che si animerà di dibattiti entusiastici e costruttivi, potendo usufruire dell'apporto di tante intelligenze.

Marilli si rendeva lucidamente conto che il PCI di Lentini se voleva mantenere la sua influenza politica ed elettorale, non poteva continuare ad essere il rappresentante quasi esclusivamente della classe bracciantile.

Le ricorrenti crisi dell'agricoltura, l'emigrazione interna ed esterna, la scolarizzazione di massa faranno registrare infatti nella città notevoli mutamenti sociali che vedranno, accanto all'assottigliarsi del bracciantato agricolo, l'emergere di nuove categorie, specialmente nel terziario e nel campo impiegatizio, per non parlare della formazione di una classe operaia che sorgerà per l'attrazione esercitata dal vicino polo industriale.

La sinistra aveva dimostrato di avere radici profonde a Lentini e aveva governato la città dal 1946 pur fra spaccature dolorose e contrasti interni. Ma, mentre essa cominciava ad interrogarsi sulle problematiche alle quali abbiamo accennato, proprio nel 1956 si creavano le premesse per una nuova e più profonda divisione, per il momento allo stato embrionale, ma destinata ad ingigantirsi sempre più, quando intorno ai dissensi ideologici e politici di alto profilo potranno abbarbicarsi i settarismi, gli opportunismi, i rancori e le ambizioni per ora latenti nello schieramento proletario organizzato.

Ciò aprirà, dal 1975 in poi, nuovi spazi alle forze democratico-cristiane, assai più dinamiche politicamente e in continua espansione, che potranno così conquistare il primato politico nella città e mantenerlo fino ai primi anni '90, fiancheggiate da partiti e movimenti che sapranno avvantaggiarsi dell'indebolirsi delle ideologie e della tensione politica e del frastagliamento sociale.

Il 1956, accennavamo, è un anno cruciale per l'evolversi della politica italiana e dei rapporti fra le forze di sinistra in particolare.

Dal 14 al 25 febbraio si svolse a Mosca il XX Congresso del PCUS, durante il quale il segretario Nikita Krusciov demolì il mito di Stalin col suo famoso "rapporto segreto", diffuso poi in Occidente nel giugno successivo.

Sull'argomento il segretario del P.S.I. Nenni scrisse alcuni memorabili articoli sulla rivista ufficiale del partito *Mondo Operaio*, avanzando una critica che andava ben oltre la condanna dello stalinismo e investiva la sostanza del sistema sovietico, basato essenzialmente sul partito unico.

Deviazione questa considerata inconciliabile con i principi di democrazia e di libertà che stanno alla base del socialismo e che il PSI riconfermava come propri.

Il 28 giugno a Pozman, in Polonia, scoppiarono sanguinosi incidenti tra operai e polizia.

Il 25 agosto ebbe luogo l'incontro di Pralognan tra Nenni e Saragat che sembrava preludere ad un riavvicinamento fra i due tronconi del socialismo italiano e ad una loro prossima riunificazione[211].

Il 4 ottobre il Patto di Unità d'Azione tra PCI e PSI venne trasformato in un Patto di Consultazione che ben presto perderà ogni importanza pratica.

La mattina del 24 ottobre, infine, carri armati sovietici fecero il loro ingresso a Budapest per domare la rivolta degli operai e degli studenti ungheresi contro il regime stalinista; e il 4 novembre essi aprirono il fuoco sui rivoltosi, lasciandosi dietro una scia di sangue.

I segni lasciati dai carri armati sovietici provocarono una divisione profonda nei rapporti fra comunisti e socialisti.

I comunisti sostanzialmente si mantennero compatti sulle posizioni di Togliatti che, sulla base di presunte infiltrazioni reazionarie nella rivoluzione ungherese, approvò l'intervento sovietico, pur subendo la perdita di circa 200.000 tesserati e di qualche importante dirigente[212].

Ma per i socialisti i fatti di Ungheria furono ben più traumatici e la loro Direzione approvò all'unanimità un documento di condanna.

Scrive Nenni nei suoi diari:

---

211 Essa però avverrà circa dieci anni dopo, il 30-10-1966.
212 Per es. Antonio Giolitti che uscirà dal PCI il 23-7-1957 e successivamente entrerà nel PSI ed Eugenio Reale che, con un gruppo di ex comunisti, costituirà „Alleanza Socialista", che nel 1959 confluirà nel PSDI.

> «[...] A Budapest si combatte. A Budapest si muore. E nei combattimenti e nel sangue si spegne un sistema. L'intervento sovietico è un atto di provocazione. [...]. L'internazionalismo diviene colonialismo. È spaventoso...»[213].

> «L'intervento sovietico in Ungheria scava un abisso fra noi e i comunisti. Ormai la polemica sta per diventare aperta e pubblica...»[214].

Il socialismo italiano riacquistava così la sua piena autonomia mettendo in movimento l'intero quadro politico italiano, come si vedrà nei decenni successivi, nel mentre ribadiva la fedeltà agli ideali della sua lunga storia.

Democrazia, classismo, internazionalismo sono infatti i cardini su cui ruoterà il 32° Congresso socialista di Venezia del febbraio 1957, che a buon diritto figura tra i più importanti congressi della tradizione socialista.

---

213 Pietro Nenni *Gli anni del centro-sinistra* ED. Sugarco, 1981, pag. 755.
214 Idem, pag. 756.

BIBLIOGRAFIA

ARCHIVIO STORICO COMUNE LENTINI (ASCL)-Documenti e Registri.

ARMANDO SAITTA - *Il Cammino Umano* -Vol. 3 -La Nuova Italia, Firenze, 1968.

GIULIO TREVISANI - *Storia del movimento operaio italiano* -Edizioni Del Gallo, Milano, 1965.

LEO VALIANI - *Questioni di storia del socialismo* - Ed. Einaudi, 1975.

GIOVANNI SABBATUCCI (direttore) *Storia del socialismo italiano* Vol. I-VI – Il POLIGONO editore, 1980-81.

GAETANO ARFE' - *Storia del socialismo italiano (1892-1926)* - Ed. Einaudi, Torino, 1965.

FRANCO PEDONE - *Il PSI nei suoi Congressi* - voll. 1/5 - Edizioni *Avanti!,* Milano, 1959/1968.

GIORGIO GALLI - *Storia del Partito Comunista Italiano* - Schwarz, Milano, 1958.

GIAMPIERO CAROCCI - *Storia del Fascismo* - Ed. Garzanti, Milano, 1961.

PIERRE MILZA – SERGE BERSTEIN - *Storia del fascismo* – BURrizzoli, Milano, 2004.

MAX GALLO - *Vita di Mussolini* - Ed. Laterza, Bari, 1967.

ANDREA FINOCCHIARO APRILE - *Il Movimento Indipendentista Siciliano* (a cura di massimo Ganci) - Ed. Libri Siciliani, Palermo, 1966.

SANDRO SETTA - *L'Uomo Qualunque -1944/1948* -Ed. Laterza, Bari, 1975.

ANNA FLOPERLA - *La mia Sicilia* - C. Trincale Editore, Catania, 1976.

FRANCESCO RENDA - *I Fasci Siciliani - 1892-1894* - Ed. Einaudi, Torino, 1977.

RENATO MARSILIO -*I Fasci Siciliani* - Edizioni *Avanti!,* Milano, 1954.

MATTEO GIOVAMBATTISTA - *I Fasci Siciliani - Piombo invece di pane* - in *Historia* n° 430, Industrie Grafiche Cino Del Duca, Dicembre 1993.

ROSARIO MANGIAMELI - *Officine della nuova politica* - C.U.E.M., Catania, 2000.

RENATA RUSSO DRAGHI - *Movimenti politici e sociali nel Siracusano dal 1892 al 1898* - In Archivio Storico Siracusano, 1963.

GIUSEPPE MICCICHE' - *I Fasci dei Lavoratori nella Sicilia sud-orientale* - Sicilia Punto L - "Zuleima" Edizioni, Ragusa, 1981.

GIUSEPPE MICCICHE' - *La ripresa socialista nella Sicilia sud-orientale all'inizio del secolo* – in *Movimento Operaio e Socialista* Nn3/4 del 1964 - Centro Ligure di Storia Sociale, Genova.

GIUSEPPE MICCICHE' - *Il suffragio Universale e l'avanzata dei lavoratori nella Sicilia sud-orientale* - in *Movimento Operaio e Socialista* n° 1 del 1967 - Centro Ligure di Storia Sociale, Genova.

GIUSEPPE MICCICHE' - *Riformismo e massimalismo nella Sicilia sud-orientale* - in *Movimento Operaio e Socialista* n° 2 del 1966 -Centro Ligure di Storia Sociale, Genova.

GIUSEPPE MICCICHE' - *La Sicilia sud-orientale dall'occupazione delle terre al Fascismo: 1919-1922* -in *Movimento Operaio e Socialista* Nn 1 e 4 del 1970 - Centro Ligure di Storia Sociale, Genova.

GIUSEPPE MICCICHE' - *Dopoguerra e Fascismo in Sicilia* - Editori Riuniti, Roma, 1976.

GIUSEPPE ALETTA - *Lentini un Comune rosso nell'Italia del Dopoguerra (1943-54)* - Tesi di laurea (Università Catania - Facoltà di Scienze Politiche) - A.A. 1997/98 – in Biblioteca Comunale Lentini.

ALFIO CURCIO - *Gruppi sociali ed elites poliche a Lentini dai Fasci siciliani ai Fasci di combattimento* - Tesi di laurea (Università Catania - Facoltà di Scienze Politiche) - A.A. 1993/94, in Biblioteca Comunale Lentini.

SALVATORE MARINO - *Cooperazione e lotte bracciantili a Lentini nel II Dopoguerra* - Tesi di laurea (Università Catania - Facoltà di Scienze Politiche) - A.A. 1993/94 – in Biblioteca Comunale Lentini.

BARBARA RUSSO - *La Democrazia Cristiana in un Comune rosso (1944-1970)* -Tesi di laurea (Università Catania - Facoltà di Scienze Politiche) -A.A. 1998-99 – in Biblioteca Comunale Lentini.

SALVATRICE TOCCO - *Il Lago di Lentini* - Tesi di laurea (Università Catania - Facoltà di Scienze Matematiche, Fisiche e Naturali) - A.A. 1989/90.

Archivio di FILADELFO NIGRO

NATALE VELLA - Memoriale *Lentini dell'Antifascismo. Dal 1921 al 1943*.

SINDACI DI LENTINI

Già prima dello sbarco di Garibaldi, un po' dovunque in Sicilia, nei vari comuni, erano sorti comitati segreti che si proponevano di fiancheggiare la sperata spedizione garibaldina, al fine di favorire il progetto di annessione dell'isola al regno di Vittorio Emanuele II.

Da Pisano Baudo -"Storia di Lentini" - tip. Scolari, 1988:

PAGINA 101:

«Un Comitato segreto fu organizzato in Lentini composto dai signori: Vincenzo Consiglio Maxheo, barone Giovanni Fuccio Corbino, barone Giovanni Fuccio Sanzà, Alfio e Domenico fratelli Bugliarello, Eustachio Meli, Francesco Consiglio Marzano, Francesco Alemagna, Vincenzo Zappalà e Francesco De Felice» (1859).

PAGINA 102:

«Il Comitato di Lentini [...] fece adesione al Comitato segreto di Catania sotto il dì 21 settembre 1859 per l'annessione della Sicilia al Piemonte».

PAGINA 104:

«Il popolo unanime nomina un Comitato centrale composto dai signori: Presidente avv. Domenico Sciarrino; Vicepresidente barone Salvatore Perrotta; Segretario Francesco Alemagna; Deputati: [sono elencati 35 nominativi]» (20-5-1860).

«Il Comitato appena eletto, per provvedere all'ordine pubblico ed alla sicurezza interna, istituisce una Commissione composta dai signori barone Giovanni Fuccio Corbino, barone Giovanni Fuccio Sanzà, baronello Vincenzo De Geronimo, Vincenzo Zappalà,

Benedetto Perrotta, segretario, alla quale affida l'incarico di organizzare la forza pubblica per la guerra».

PAGINA 106:

«Il giorno 5 giugno il Comitato fa atto di adesione all'annessione della Sicilia al Regno costituzionale di Vittorio Emanuele [...] ed adotta la Dittatura del generale Garibaldi» (1860).

PAGINA 108:

«Secondo il disposto del potere dittatoriale di Sicilia e sulla base della Costituzione del 1812, in luogo del Comitato Provvisorio fu costituito il Consiglio Civico di quaranta cittadini che tennero la prima adunanza il giorno 5 luglio» (1860).

PAGINA 109:

«[...] Il Consiglio, presieduto da Vincenzo Consiglio Maxheo, assunse la rappresentanza comunale [...]».

Dr. Vincenzo Consiglio Maxheo -1860 -Presidente del Consiglio Civico[215].

---

215 Le note sui sindaci sono state collocate subito dopo la seguente elencazione degli stessi

SINDACI 1860/2018

Fino all'entrata in vigore della legge comunale del 1888, in base ai decreti 23-10-1859 n° 3702 e 09-10-1861 n° 249, il sindaco, nel Regno di Sardegna (e, successivamente nel Regno d'Italia), veniva nominato dal Governatore (poi chiamato Prefetto) della Provincia, tra i consiglieri comunali. Quando scadeva il suo mandato, o in seguito a dimissioni, o per morte, o per altre cause che comportassero la decadenza dalla carica, le funzioni sindacali venivano esercitate dall'assessore anziano, in attesa della nomina del nuovo sindaco, che non sempre era tempestiva. La Giunta, invece, veniva eletta dal Consiglio Comunale, tra i suoi componenti.

1) Barone <u>Salvatore Perrotta</u>

    1860/63

    Patrizio Presidente del Municipio, poi Sindaco.

Segue una gestione dell'assessore anziano Bonfiglio Giuseppe.

2) Barone <u>Giovanni Fuccio Corbino</u>

    3-6-1864/22-10-1872

    Sindaco.

3) Sig. <u>Gaetano Guarany</u>

    22-10-1872/23-10-1873

    Regio Delegato Straordinario

Segue una gestione dell'assessore anziano barone Giovanni Fuccio Corbino, occasionalmente sostituito da altri assessori.

4) Sig. Vincenzo Conti

aprile 1874/ottobre 1875

Sindaco.

Dall'ottobre 1875 il Comune è gestito dall'assessore anziano Alfio Mazzeri fino al 6-10-1876 e successivamente da altri (fra cui Erodico Consiglio) fino al febbraio 1878.

5) Sig. Francesco Magnano S.Lio

marzo 1878/31-12-1881

Sindaco.

Dal dicembre 1880 all'ottobre 1881 il Sindaco (forse impossibilitato) è sostituito da vari assessori (Giovanni Bugliarello, Alessandro Tribulato, Francesco Alemagna).

Dal gennaio 1882 (dopo la cessazione dalla carica) all'aprile 1882 è sostituito dall'assessore anziano Francesco Alemagna.

6) Prof. Alfio Incontro

maggio 1882/luglio 1884

Sindaco.

Dal luglio 1884 al giugno 1885 al vertice del Comune si avvicendano gli assessori Vincenzo Conti, Geronimo Geronimo e Gaetano Falcia.

7) Prof. <u>Alfio Incontro</u>

    luglio 1885/31-12-1887

    Sindaco.

Dal gennaio 1888 al 21-10-1890 alla direzione del Municipio si alternano vari assessori (Paolo Iannitto, Mario Bonfiglio, Salvatore Inserra, Vincenzo Bonfiglio).

8) Sig. <u>Alessandro Corso</u>

    21-10-1890/3-3-1891

    Regio Commissario.

9) Sig. <u>Arnaldo Raimondi</u>

    3-3-1891/25-4-1891

    Regio Commissario.

IL 25-4-1891 viene insediato il nuovo Consiglio Comunale, il quale prima elegge soltanto la Giunta, per cui al vertice dell'amministrazione si avvicendano gli assessori Giovanni Bugliarello, Sebastiano Falcia, Salvatore Geronimo Modica e Giuseppe Signorelli. Successivamente, e precisamente il 30-6-1891, in applicazione della nuova legge comunale del 1888, che prevedeva l'elezione indiretta del sindaco nei Comuni con popolazione superiore a diecimila abitanti, lo stesso Consiglio eleggerà sindaco Rosario Consiglio, che è dunque il primo sindaco eletto di Lentini.

10) Dr. <u>Rosario Consiglio</u>

    30-6-1891/3-8-1895

    Sindaco.

11) B.ne <u>Giuseppe Luigi Beneventano</u>

    3-8-1895/24-9-1898

Sindaco

Segue una breve vacatio. Le temporanee mancanze di un sindaco si ripeteranno anche successivamente e saranno dovute al fatto che al Consiglio Comunale occorre un certo tempo per accordarsi sul nome del sindaco. La mancanza di accordo poteva provocare una gestione commissariale

12) Cav. Filadelfo Mazzara

    8-11-1898/10-6-1900

    Sindaco.

13) Cav. Uff. Sante Rossi

    10-6-1900/6-9-1900

    Regio Commissario.

14) Dr. Rosario Consiglio

    11-9-1900/13-3-1905

    Sindaco.

15) Cav. Avv. Giuseppe Signorelli

    4-5-1905/27-7-1906

    Sindaco.

16) Rag. Salvatore Bianco

    27-9-1906/3-11-1906

    Commissario Prefettizio.

17) Dr. Giovanni Monti

    3-11-1906/12-1-1907

    Regio Commissario

18) B.llo Francesco Beneventano

12-1-1907/8-3-1907

Sindaco.

19) Cav. Giovanni Bugliarello

8-3-1907/9-10-1907

Sindaco.

20) Dr. Pasquale Randone

9-10-1907/15-11-1907

Commissario Prefettizio.

21) Sig. Francesco Giglio

15-11-1907/13-12-1907

Commissario Prefettizio.

22) Cav. Giacomo Plunkett

13-12-1907/13-6-1908

Regio Commissario.

23) B.llo Francesco Beneventano

13-6-1908/25-2-1913

Sindaco.

24) Cav. Giovanni Bugliarello

9-4-1913/13-8-1913

Sindaco.

25) Dr. Vincenzo Gueli

13-8-1913/3-8-1914

Commissario Prefettizio.

26) Cav. Giovanni Bugliarello

3-8-1914/15-1-1916

Sindaco.

27) Ing. Gesualdo Angelico

29-1-1916/26-9-1916

Sindaco.

28) Avv. Raimondo Bruno

26-11-1916/22-7-1919

Sindaco.

29) Ing. Gaetano Pupillo

23-7-1919/19-10-1919

Commissario Prefettizio.

30) Avv. Francesco Ryllo

19-10-1919/13-1-1920

Regio Commissario.

31) Avv. Isidoro Crimando

13-1-1920/21-2-1920

Regio Commissario.

32) Cav. Rag. Giuseppe Scichilone

21-2-1920/31-10-1920

Regio Commissario.

33) Sig. Filadelfo Castro

31-10-1920/7-7-1922

Prosindaco

La figura del Prosindaco è assimilabile a quella dell'assessore anziano (per voti) e a quella del moderno Vicesindaco. In tale veste Castro dirige il Comune fino al suo arresto. Ne prenderà il posto Rosario Mangano, fino al commissariamento del Comune.

34) Sig. Rosario Mangano

    7-7-1922/12-11-1922

    Prosindaco

35) Cav. Rag. Alfredo Polizzy

    12-11-1922/12-12-1923

    Commissario Prefettizio.

36) Farm. Giuseppe Bonfiglio

    12-12-1923/15-12-1925

    Sindaco

È l'unico sindaco eletto in epoca fascista. La carica sarà abolita e sostituita dalla figura del Podestà, di nomina governativa. che aveva i poteri del Sindaco, della Giunta e del Consiglio Comunale.

37) Cav. Giuseppe Bonfiglio

    15-12-1923/23-4-1926

    Commissario Prefettizio.

38) B.ne Francesco Aurelio Bonfiglio

    23-4-1926/22-4-1927

    Commissario Regio.

39) Comm. Giuseppe Bonfiglio

    22-4-1927/18-7-1928

Podestà.

40) Cav. Salvatore D'Agata

18-7-1928/24-7-1928

Commissario Prefettizio.

41) Col. Cav. Filippo Taito

24-7-1928/8-9-1928

Commissario Prefettizio.

42) Dr. Luigi Violi

8-9-1928/10-10-1928

Commissario Prefettizio.

43) Sig. Francesco Cicirata

10-10-1928/19-2-1929

Commissario Prefettizio.

44) Sig. Francesco Cicirata

19-2-1929/28-10-1930

Podestà.

45) Rag. Giuseppe Cappellani

28-10-1930/29-11-1930

Commissario Prefettizio.

46) Dr. Luigi Bonfiglio

29-11-1930/7-3-1931

Commissario Prefettizio.

47) Dr. Luigi Bonfiglio

7-3-1931/27-10-1931

Podestà.

48) Cav. Uff. Rag. Francesco Matranga

27-10-1931/9-1-1932

Commissario Prefettizio.

49) Cav.Uff.Avv. Sebastiano Consiglio

9-1-1932/19-4-1932

Commissario Prefettizio.

50) Cav. Uff. Avv. Sebastiano Consiglio

19-4-1932/20-3-1935

Podestà.

51) Farm. Costantino Signorelli

20-3-1935/22-5-1935

Commissario Prefettizio.

52) Dr. Giacomo Magnano S. Lio

22-5-1935/8-6-1937

Podestà.

53) Cav. Uff. Dr. Giulio Cesare Rizza

8-6-1937/26-6-1937

Commissario Prefettizio.

54) Cav. Rag. Guglielmo Li Greci

26-6-1937/10-9-1937

Commissario Prefettizio.

55) Cav. Uff. Dr. Giulio Cesare Rizza

10-9-1937/23-10-1937

Commissario Prefettizio.

56) Cav. Rag. Guglielmo Li Greci

23-10-1937/1-4-1938

Commissario Prefettizio.

57) Ing. Giuseppe Cardillo

1-4-1938/30-7-1938

Podestà.

58) Cav. Geom. Francesco Conti

30-7-1938/23-8-1938

Commissario Prefettizio.

59) Cav. Geom. Francesco Conti

23-8-1938/29-8-1938

Podestà.

60) Ing. Giuseppe Cardillo

29-8-1938/9-4-1941

Podestà.

61) Cav. Uff. Francesco Augello

9-4-1941/19-7-1941

Commissario Prefettizio.

62) Cav. Geom. Francesco Conti

19-7-1941/28-3-1942

Commissario Prefettizio.

63) Comm. Dr. Paolo Fici

28-3-1942/23-5-1942

Commissario Prefettizio.

64) Cav. Geom. Francesco Conti

23-5-1942/26-3-1943

Commissario Prefettizio.

65) Ten.Col. Comm. Dr. Luigi Bugliarello

26-3-1943/29-5-1943

Commissario Prefettizio.

66) Ten.Col. Comm. Dr. Luigi Bugliarello

29-5-1943/23-10-1943

Podestà

Il col. Bugliarello, dopo l'occupazione di Lentini (15-7-1943), fu riconfermato dall'AMGOT nella carica di podestà.

67) Ten. Col. Comm. Dr. Luigi Bugliarello

23-10-1943/13-11-1943

Sindaco

In continuità e con gli stessi poteri della precedente carica di Podestà, ma con la qualifica di Sindaco.

68) Comm. Dr. Vincenzo Magnano S. Lio

13-11-1943/20-1-1945

Sindaco

Dal 5 gennaio 1944 gli vengono affiancati quattro assessori, che insieme al Sindaco formano la Giunta Comunale, che delibera come organo collegiale.

69) Cav. Rag. Guglielmo Li Greci

    20-1-1945/1-4-1946

    Commissario Prefettizio.

Da qui in poi vengono indicati, accanto al nome del sindaco, tra parentesi, il suo partito di appartenenza e, a destra, i partiti che sostengono l'Amministrazione Comunale da lui presieduta.

70) Sig. Filadelfo Castro (PSIUP)

    1-4-1946/13-5-1946

    Assessore anziano   PSIUP

78) Sig. Filadelfo Castro (PSIUP/PSLI)

    13-5-1946/17-6-1947

    Sindaco   PSIUP/PSLI

79) Prof. Giovanni Pattavina (PCI)

    18-6-1947/5-5-1948

    Sindaco   PCI, PSLI

80) Sig. Filadelfo Castro (PSLI)

    6-5-1948/2-7-1951

    Sindaco   PSLI

81) Dr. Mario Vaccaro

    2-7-1951/7-6-1952

    Commissario Prefettizio.

82) Prof. Giuseppe Ferrauto (PSI)

    8-6-1952/17-6-1956

    Sindaco   PCI, PSI, IND.

83) On. Prof. Otello Marilli (PCI)
    18-6-1956/15-10-1957

    Sindaco   PCI, PSI

Da questa legislatura il Consiglio Comunale passa da 32 a 40 componenti.

85) Rag. Vitale Martello (PCI)
    18-10-1957/12-12-1960

    Sindaco   PCI, PSI

Dal 9-1-1959 al 12-12-1960 le funzioni sindacali sono però svolte dal vicesindaco Luigi Di Pietro (PSI). Dalla successiva legislatura il Consiglio Comunale sarà eletto col sistema proporzionale.

86) Sig. Sebastiano Arena (PCI)
    13-12-1960/21-1-1962

    Sindaco   PCI, PSI, USCS

87) Avv. Mario Ferrauto (PSI)
    22-1-1962/20-11-1962

    Sindaco.   DC, PSI, IND., PSDI

    Il PSDI dà solo l'appoggio esterno.

88) Avv. Alessandro Tribulato (DC)
    21-11-1962/1-12-1963

    Sindaco   DC, USCS,I ND., PSDI

    Il PSDI dà solo l'appoggio esterno.

89) Dr. Vincenzo Pisano

2-12-1963/9-12-1964

Commissario Regionale.

90) On. Prof. <u>Otello Marilli</u> (PCI)

10-12-1964/2-1-1973

Sindaco

Maggioranza più volte modificata:

- (A) PCI, PSI
- (B) PCI, PSI
- (C) PCI, PSIUP, IND.
- (D) PCI, PSIUP, PSI
- (E) PCI, PSI, PSIUP
- (F) PCI, PSI, PSIUP, IND.
- (G) PCI, PSI, PSIUP

91) Prof. <u>Michelangelo Cassarino</u> (PCI)

3-1-1973/3-8-1975

Sindaco   PCI, PSI, PSIUP

92) Cav. <u>Sebastiano Centamore</u> (PSI)

4-8-1975/17-10-1976

Sindaco   DC, PSI, PRI

94) Dr. <u>Francesco Fisicaro</u> (DC)

18-10-1976/10-3-1978

Sindaco   DC, PCI, PSI, PSDI

95) Ing. <u>Andrea Amore</u> (PSDI)

11-3-1978/26-7-1978

Sindaco   DC, PSDI

96) Avv. Vincenzo Bombaci (DC)

27-7-1978/3-1-1979

Sindaco   DC, PSDI

97) Prof. Riccardo Insolia (PCI)

4-1-1979/23-7-1980

Sindaco   DC, PCI, PSDI

97) Avv. Giacomo Capizzi (DC)

24-7-1980/9-6-1982

Sindaco

Due diverse maggioranze:

(A)   DC, PSI, PRI

(B)   DC, PRI, PSDI

Il PSDI dà solo l'appoggio esterno.

98) Giornalista Giovanni Cannone (DC)

10-6-1982/19-2-1984

Sindaco

Due diverse maggioranze:

(A)   DC, PRI, PSDI

(B)   DC, PSI, PRI

99) On. Mario Bosco (PCI)

20-2-1984/10-10-1988

Sindaco

Due diverse maggioranze:

(A)   PCI, PSI, PRI, PSDI

(B)   DC, PCI

100) Dr. Santo Ragazzi (PSI)

11-10-1988/31-7-1989

Sindaco   DC, PCI, PSI, PRI, PSDI

Il PSDI dà solo l'appoggio esterno.

101) Geom. Davide Battiato (DC)

1-8-1989/24-6-1990

Sindaco   DC, PSI, PRI

102) Rag. Giuseppe La Rocca (DC)

25-6-1990/9-12-1991

Sindaco

Due diverse maggioranze:

(A)   DC, MRD, PLI

(B)   DC, PSI, PRI, MRD

103) Sig. Elio Magnano (PDS)

10-12-1991/21-7-1992

Sindaco   PDS, PRI, MRD, PLI, DC, PSI

Solo una parte della DC e un solo consigliere del PSI appoggiarono la giunta Magnano.

104) Prof. Antonino Mazzone (DC)

22-7-1992/15-10-1992

Sindaco   DC, PSI, PRI

Dal 19-10-1992 al 29-10-1992 le funzioni sindacali furono svolte dall'assessore Alfio Mastrogiacomo.

105) Dr. Angelo Politi

29-10-1992/15-2-1993

Commissario Regionale.

106) Dr. Antonino Vella

16-2-1993/13-12-1993

Commissario Straordinario.

A partire dalla successiva legislatura viene applicata la nuova legge elettorale che comporta l'elezione diretta del sindaco e la riduzione a 20 del numero dei componenti il Consiglio Comunale

107) Sig. Salvatore Raiti (PDS/DS)

14-12-1993/3-6-2002

Sindaco

Con diverse maggioranze:

(A)   PDS

(B)   PDS/DS,PPI,SI/SDI, MP, DPL, Verdi

(C)   DS, SDI, MP, DPL, Verdi

(D)   DS, SDI, MP, IND.

(E)   DS, PPI, MP

(F)   DS, PPI, MP, SDI, DEM.

(G)   DS, PPI, MP, DEM.

(H)   DS, Margherita, IdV, IND.

Da ora in Avanti non sono più indicate né il partito di appartenenza del sindaco, né i partiti della sua maggioranza.

108) Dr Francesco Rossitto

    4-6-2002/11-8-2003

    Sindaco

109) Mar. Agostino Guercio

    12-8-2003/25-9- 2003

    Sindaco f.f. (facente funzione)

110) Rag. Antonino Piccione

    26-9-2003/28-6-2004

    Commissario Straordinario

111) On. Dr Sebastiano Neri

    29-6-2004/5-3-2006

    Sindaco

112) Prof.ssa Maria Arisco

    6-3-2006/13-4-2006

    Sindaco f.f. (facente funzione)

113) Dr. Massimo Signorelli

    14-4-2006/27-6-2006

    Commissario Straordinario

114) Geom. Alfio Mangiameli

    28-6-2006/23-6-2016

    Sindaco

115) Dr. Saverio Bosco

    23-6-2016/in carica

    Sindaco

Indice dei nomi

Acerbo, Giacomo..................123
Addamo, Roberto.................249
Agnini, Gregorio.....................30
Albanese, Giovanni..............105
Albertelli, Guido.....................50
Alemagna, Francesco...269, 272
Alessandrini, Ada.................208
Aletta, Giuseppe.............43, 179
Aletta, Vincenzo...........118, 129
Aliano, Francesco 157, 228, 232, 237, 256
Aliano, Giuseppe. 177, 206, 211, 239
Aliano, Paolo............91, 96, 103
Allegrini, Giorgio..................160
Almirante, Giorgio........204, 240
Amato, Alfio...................82, 117
Amato, Giuseppe..............61, 82
Amato, Santi.........................217
Amendola, Giovanni............148
Amodeo, Angelo...................245
Amore, Andrea.....................284
Amore, Gaetano...................175
Anfuso, Filippo.....................240
Angelico, Gesualdo....71 e segg., 75 e segg., 276
Angelico, Sebastiano....240, 256
Antico, Francesco.................198
Anzaldo, Carmelo.........157, 184
Arcidiacono, Alfio................184

Arena, Giovanni...142, 159, 181, 185
Arena, Nello.......132, 142, 155 e seg., 159, 180 e seg., 184 e segg., 191 e seg., 218, 235, 249 e seg., 252, 255, 283
Aricò, Alfio.............................25
Arisco, Maria........................288
Assennato (avv.)...................217
Augello, Francesco...............280
Aurora, Francesco........228, 237
Azzarello, Salvatore.............118
Azzi, Arnoldo........................208
Bacci, Giovanni....................102
Badaloni, Nicola.....................34
Badoglio, Pietro..........167 e seg.
Balabanoff, Angelica..............84
Baracca, Alfio.....227, 229, 237 e seg.
Baratono, Adelchi.................110
Barbato, Nicola.................19, 35
Barresi, Giulio......................147
Basso, Lelio..................177, 208
Battiato, Davide............249, 286
Battiato, Giuseppe...............239
Battisti, Cesare.............74 e seg.
Baudo, Carmelo............215, 224
Bellia, Carmelo......................88
Beneventano, Francesco..47, 49 e seg., 58, 117, 274 e seg.

289

Beneventano, Giuseppe Luigi 23, 36, 38 e seg., 47 e segg., 85, 91 e seg., 127 e seg., 174, 216, 222, 244, 273
Beneventano, Umberto 106, 117
Berio, Maria..........................194
Berretta, Angelo....................161
Bertoni, Giovanbattista..........86
Bianchi, Michele....................173
Bianco, Salvatore............47, 274
Bissolati, Leonida. 24, 54 e segg., 58, 60, 86
Boccadutri, Calogero..160 e seg.
Bombaci, Francesco..............194
Bombaci, Vincenzo......189, 228, 238, 241 e segg., 248, 285
Bonfiglio, Agatino.................137
Bonfiglio, Alfio......................117
Bonfiglio, Francesco Aurelio 126, 277
Bonfiglio, Giuseppe...117, 126 e seg., 271, 277
Bonfiglio, Luigi......................278
Bonfiglio, Mario....................273
Bonfiglio, Tommaso...............48
Bonfiglio, Vincenzo...............273
Bongiovanni, Domenico....198 e seg.
Bonomi, Ivanoe...55 e seg., 106, 109, 169, 182
Bordiga, Amadeo..........101, 111
Bosco, Mario................259, 285
Bosco, Saverio......................288

Boselli, Paolo..........................86
Bova, Antonino.....228, 232, 238
Brancato, Giuseppe..............178
Briganti, Luigi.......................169
Brogna, Giuseppe.................117
Bruni, Gerardo.....................208
Brunno, Giulio......159, 215, 218, 250
Brunno, Giuseppe..................82
Bruno, Giordano...................173
Bruno, Giuseppe 195, 229, 231 e seg., 242, 254
Bruno, Raimondo 47 e seg., 50 e segg., 56 e seg., 59 e segg., 67 e seg., 75, 82, 276
Bugliarello, Alfio...................269
Bugliarello, Giovanni...47 e seg., 58, 60 e seg., 67 e segg., 72 e seg., 76 e seg., 272 e seg., 275
Bugliarello, Luigi 163 e seg., 173, 281
Burgio, Giuseppe........144 e seg.
Busà, Giovanni.....................228
Butera, Salvatore..................248
Cabrini, Angiolo............55 e seg.
Calabrò, Pino........................240
Calamandrei, Piero...............235
Calamaro, Giuseppe..227, 232 e seg., 237, 255
Calandrone, Giacomo...........240
Caldarella, Antonio...............172
Campanozzi, Antonio.............58

Cannone, Alfio.....188, 198, 227, 237
Cannone, Gianni...........249, 285
Cantarella, Francesco.....96, 107
Capizzi, Giacomo..........249, 285
Caponetto, Filadelfo.............194
Caponetto, Francesco..........256
Cappellani, Giuseppe....129, 278
Caracciolo, Alfio...227, 229, 234, 237
Caracciolo, Salvatore.........196 e segg., 214
Carani, Paolo........................249
Cardillo, Angelo........43, 96, 107
Cardillo, Giuseppe................280
Carducci, Giosuè...................173
Carfì, Salvatore.......................89
Carrà Tringali, Francesco......230
Carrà, Filadelfo.....................228
Carrà, Francesco.............96, 103
Cartia, Giovanni......................89
Caruso, Salvatore.......227 e seg.
Casalaina, Ugo......................217
Cassarino, Michelangelo.....259, 284
Castagna, Giovanni.......33 e seg.
Castelli, Giuseppe.........228, 232
Castiglione, Luigi......87, 90, 105, 178
Castro, Filadelfo...60, 67 e segg., 75, 80, 83 e segg., 88 e segg., 95 e segg., 102, 104, 106, 108 e seg., 111, 116 e segg., 130, 132, 151, 177 e segg., 190 e seg., 193 e seg., 196 e segg., 203, 205 e segg., 209 e segg., 217 e seg., 222 e segg., 236, 253, 255, 257, 276 e seg., 282
Catalano, Felice......................91
Catania, Alfio..................96, 103
Cattano, Franco...................221
Cattano, Salvatore.......198, 207, 212, 239
Cavaleri, Sebastiano....96 e seg., 103
Cavallotti, Felice.....................77
Cavazzoni, Stefano.................86
Celza, Ferdinando 156, 177, 194, 198 e seg., 203, 214
Censabella, Paolo.................259
Centamore, Alfio......91, 96, 103, 198
Centamore, Carlo.................239
Centamore, Francesco.....41, 43, 117
Centamore, Giovanni...........108
Centamore, Sebastiano.......194, 211, 227, 239, 256, 259, 284
Cerabona, Francesco............208
Chiaramonte, Vittorio..........244
Chiarenza, Salvatore..............91
Churchill, Winston................177
Ciancio, Giuseppe.................116
Ciancio, Salvatore.................256
Ciano, Costanzo....................173
Cicero, Alfio..........................256

291

Cicero, Carlo......177 e seg., 239, 257
Cicero, Francesco.....90, 95, 105
Cicero, Marcello...................144
Cicero, Sebastiano................175
Cicirata, Francesco 117, 127, 278
Ciciulla, Francesco.......191, 218, 224, 255
Ciotti, Pompeo.......................58
Coco, Alfio............................118
Cocuzza, Lorenzo. 41 e seg., 57 e segg., 62, 89 e seg., 105, 108
Codignola, Tristano...............235
Colletta, Pietro......................173
Commendatore, Francesco...91, 96, 108
Consiglio Marzano, Francesco 269
Consiglio Maxheo, Vincenzo 269 e seg.
Consiglio Sciacca, Vincenzo..118
Consiglio Zappulla, Vincenzo..24 e segg., 29, 31 e segg., 35 e seg., 38 e seg., 47 e segg., 56, 60, 62, 64, 71 e seg., 74 e seg., 78, 82, 194, 209, 213 e seg., 220, 256
Consiglio, Alfio........................49
Consiglio, Erodico.................272
Consiglio, Gaetano.........71, 188
Consiglio, Giuseppe..............122
Consiglio, Luigi.....................117
Consiglio, Rosario 29, 31, 40, 43, 46 e seg., 273 e seg.
Consiglio, Sebastiano.....48, 118, 120, 279
Conti, Alfio...........................129
Conti, Carmelo...194, 197 e seg., 214
Conti, Cirino.........................118
Conti, Concetta....................255
Conti, Filadelfo.............228, 238
Conti, Francesco.........280 e seg.
Conti, Vincenzo....................272
Corbino, Epicarmo................235
Cormaci, Salvatore...............171
Corradetti, Gino...................117
Corso, Alessandro................273
Cosentino, Salvatore (Pippo) 259
Costa, Andrea........................99
Costantino, Francesco............96
Covelli, Alfredo.....................251
Crifò, Alfio.....198, 200, 203, 207
Crimando, Isidoro...........91, 276
Crisci, Rosario........................25
Crisci, Vincenzo.....182, 184, 194
Crispi, Francesco..26, 30, 34, 36, 38 e seg.
Cucchi, Alfredo....................235
Cunsolo, Filadelfo............32, 50
Curcio, Giuseppe.................238
D'Agata, Antonino.......89 e seg., 106, 111
D'Agata, Salvatore...............278

D'Anna, Salvatore. 177, 194, 198 e seg., 214
Dagnino, Giuseppe...............208
De Amicis, Edmondo..............98
De Felice Giuffrida, Giuseppe 19, 21, 24 e seg., 30, 34 e seg., 39, 55, 59, 79
De Felice, Francesco.............269
De Gasperi, Alcide 188, 202, 206
De Geronimo (famiglia)..........40
De Geronimo, Federico...40, 61, 82, 91 e seg.
De Geronimo, Giovanni. 96, 107, 117, 122, 129
De Geronimo, Vincenzo.......269
De Luca, Rosario.........160 e seg.
De Martino, Francesco..........201
De Stefano Paternò, Giuseppe 29
Di Giorgio, Giuseppe............194
Di Giorgio, Paolo..104, 132, 151, 159, 180, 184
Di Giovanni, Edoardo.....41, 56 e segg., 79, 89 e segg., 95, 101, 115, 123, 217, 237
Di Mauro, Cirino...................243
Di Mauro, Filadelfo.......117, 248
Di Mauro, Francesco............198
Di Mauro, Gaetano...............257
Di Mauro, Giuseppe.............239
Di Mauro, Salvatore.............194
Di Pietro, Luigi......239, 256, 283

Di Rudinì, marchese (Antonio Starabba)................38 e segg.
Di Silvestro, Ettore.................88
Di Vita, Peppino................88, 90
Drago, Giacomo.....................88
Dugo, Salvatore...................216
Emanuele, Gaetano...41, 86, 89, 112, 135, 150, 157, 198, 201, 207, 212
Facta, Luigi...................109, 112
Fagone, Giuseppe.................184
Failla, Alfonso......................144
Falcia, Gaetano....................272
Falcia, Sebastiano.................273
Falcone, Francesco......198, 200, 207
Fanfani, Amintore................246
Favara, Luigi........................161
Fazio, Antonio.....................194
Fazzino, Francesco.................91
Ferlito, Vincenzo..................250
Ferrante, Alfio....228 e seg., 237
Ferrarotto, Alfio...................117
Ferrauto, Alfio.....175, 198, 239, 256 e seg.
Ferrauto, Giuseppe......227, 229, 232 e segg., 239, 251, 282
Ferrauto, Mario....................283
Fiammingo, Giuseppe. .89 e seg.
Fici, Paolo............................280
Finocchiaro Aprile, Andrea...187
Finocchiaro Aprile, Emanuele.89 e seg.

Fiore, Umberto..105, 182 e seg., 185, 195
Fioritto, Domenico................110
Fisicaro, Antonino................118
Fisicaro, Francesco. 91, 249, 284
Fisicaro, Matteo..60, 80, 96, 103
Fleres, Marco........................161
Floridia, Alfio........................239
Floridia, Filadelfo..................198
Formica, Nunzio......................82
Formica, Salvatore................192
Fuccio Corbino, Giovanni....269, 271 e seg.
Fuccio Sanzà, Giovanni.........269
Fuccio Sanzà, Pietro.....117, 122, 129
Gaeta, Alfio...198, 200, 215, 221
Gaeta, Filadelfo............228, 256
Galice, Giuseppe..................182
Garibaldi Bosco, Rosario......19 e seg., 30, 35
Garibaldi, Giuseppe.....32 e seg., 99, 150, 186, 269 e seg.
Garinzia, marchesa di...........106
Garrasi, Cirino......178, 191, 218, 224, 227 e seg., 255, 259
Garrasi, Vincenzo.177, 206, 211, 228, 239
Gaudioso, Matteo................236
Geronimo Modica, Salvatore 273
Geronimo, Geronimo...........272
Gervasoni, Virginia...............220

Giacarà, Enrico.............89 e seg.
Giannini, Guglielmo......189, 225
Giansiracusa, Enrico.........88, 90
Gibson, Violet......................148
Giglio, Francesco............48, 275
Giolitti, Antonio...................261
Giolitti, Giovanni......30, 41, 54 e segg., 58 e seg., 63, 104
Giudice, Gaetano.96, 103 e seg., 107, 157
Giudice, Giovanni...........96, 107
Giudice, Giuseppe..................82
Giudice, Maria. 82 e seg., 87, 90, 108 e seg., 147
Giudice, Nino.......................239
Giuga, Salvatore...................256
Giuliano, Fino......................259
Gorgia 127 e seg., 137, 173, 180, 222, 230, 251 e seg., 255
Graffeo, Nino.............160 e seg.
Gramsci, Antonio..................101
Grande, Guido......215, 250, 252
Grandi, Achille.......................86
Grasso, Franco.....................161
Graziani, Rodolfo..........173, 240
Grazzini, Filadelfo.................256
Greco, Egidio.......................253
Grimaldi, Salvatore...............188
Guarany, Gaetano................271
Gueli, Vincenzo..............59, 275
Guercio, Agostino.................288
Guercio, Antonino................234
Guercio, Antonio..................237

Guercio, Sebastiano.............182
Gullo, Fausto................186, 190
Hitler, Adolf..................135, 168
Hugo, Victor...................99, 144
Iachelli, Attilio......................240
Iannitto, Giuseppe................129
Iannitto, Paolo......................273
Ielo, Mario.............................59
Ielo, Severino.....177, 194, 198 e seg., 203, 207
Immolo, Arturo Carlo............168
Incontro, Alfio............272 e seg.
Ingafù, Giuseppe.....................90
Inserra, Giuseppe..................238
Inserra, Salvatore. 48 e seg., 273
Insolera, Rosario...........118, 181
Insolia, Riccardo...........259, 285
Ioele, Alfio.............................96
Ioeli, Alfio............................103
Jaurès, Jean............................99
Kautsky, Karl..........................35
Krusciov, Nikita....................260
Kuliscioff, Anna......................84
La Ferla, Alfio......................118
La Ferla, Fialdelfo................109
La Ferla, Filadelfo................129
La Ferla, Matteo....................50
La Malfa, Ugo......................201
La Pira, Giorgio....................243
La Pira, Giuseppe..168, 188, 242
La Porta, Epifanio.......256 e seg.
La Rocca, Giuseppe.......249, 286

La Rosa, Francesco....188 e seg., 197, 241, 244, 246
Lauro, Achille.......................251
Lazzara, Salvatore.........171, 217
Lazzari, Costantino.....21, 55, 63
Lelli, Adelma................255, 259
Leonardi, Salvatore..............249
Leone, Carmelo.....................91
Leone, Luigi 19, 21, 26, 29 e seg., 41, 56, 79
Leone, Salvatore...48, 50, 60, 82
Leonzio, Giovanni................181
Li Greci, Guglielmo......149, 190, 279 e seg., 282
Libertini...............................91
Libertini, principe................106
Limaccio, Giuseppe.......157, 255
Lo Magro, Gaetano..............246
Lo Presti, Carlo....................257
Lo Presti, Michele................238
Lo Sardo, Francesco. 39, 87, 110, 115
Lombardi, Riccardo..............201
Lombardo, Gaetano.....32 e seg.
Lombardo, Ivan Matteo.......208
Lucetti, Gino........................148
Lupis, Giuseppe...................105
Lussu, Emilio.......................157
Luzzati, Luigi.........................54
Macchi, Luigi....................59, 79
Maci, Filadelfo.............184, 194
Maffi, Fabrizio.....................110
Magnani, Valdo...................235

Magnano San Lio, Alfio....59, 61, 82, 113

Magnano San Lio, Francesco. 48, 272

Magnano San Lio, Giacomo. 129, 279

Magnano San Lio, Matteo 49, 59

Magnano San Lio, Vincenzo 173, 194, 228, 242, 281

Magnano, Andrea..48 e seg., 59, 61, 82, 113, 129, 173, 182, 194, 206

Magnano, Elio...............259, 286

Magno, Antonino....................34

Magrí, Ignazio.......................221

Magrì, Ignazio 96, 98, 103 e seg., 132, 136, 159, 180, 182, 184, 194 e seg., 198, 200, 207, 214 e seg., 219, 222, 249 e seg.

Maiorca, Salvatore................133

Malagodi, Giovanni...............254

Manganaro, Nicolò...............250

Manganaro, Paolo.................129

Mangano, Rosario. 96, 103, 109, 132, 277

Mangiameli, Alfio..................288

Mangiameli, Salvatore..........239

Mangiameli, Sebastiano......228, 256

Manin, Daniele.....................173

Manoli, Salvatore.................240

Manzitto, Giuseppe..............220

Marchesi, Concetto........87, 105

Margherita, regina..................27

Marilli, Otello....248, 251 e seg., 255, 257, 259, 283 e seg.

Marino, Francesco..84 e seg., 90 e seg., 106, 116, 130, 132, 151, 178 e seg., 181 e seg., 186, 190 e seg., 194, 198 e segg., 206, 209, 211, 214, 219 e segg., 223 e seg., 227, 239

Marino, Vincenzo..................129

Martello, Salvatore...............215

Martello, Vitale....215, 255, 259, 283

Martines, Salvatore..............249

Martinez, Francesco 88, 96, 103, 132, 151

Martinez, Giovanni...............118

Marx, Karl.......................99, 205

Maschio, Giovanni............61, 82

Mastrogiacomo, Alfio...........287

Mastrogiacomo, Fortunato. 191, 218, 224, 255, 259

Matarazzo, Filadelfo.....117, 122

Matranga, Francesco...........279

Mattanza, Santo...................157

Matteotti, Giacomo.....112, 125, 148, 174, 178

Mazara, Filadelfo....................40

Mazzara, Filadelfo................274

Mazzeri, Alfio.......................272

Mazzone, Antonino..............286

Mazzone, Nino.....................249

Meli, Eustachio....................269

Mendola, Giuseppe..............249
Messina, Giuseppe.................96
Miceli, Luciano......................144
Michelini, Arturo..................204
Mieville, Roberto..................204
Miglioli, Guido......................110
Milana, Giovanni....................59
Milazzo, Silvio.......162, 223, 246
Minzoni, Giovanni................148
Miuzzo, Filadelfo..................194
Modigliani, Giuseppe Emanuele 101, 109, 112
Molé, Enrico..........................208
Molè, Salvatore.....87 e seg., 90, 106
Moncada, Alfio..175, 228 e seg., 238, 242
Moncada, Federico Guglielmo 227, 229, 237, 239, 256
Moncada, Giuseppe..............259
Moncada, Luigi................43, 129
Moncada, Michele................129
Moncada, Salvatore....117, 122, 243, 248
Montalto, Giacomo...........19, 35
Monti, Giovanni..............47, 274
Morandi, Rodolfo.................253
Morra di Lavriano e della Montà, Roberto..................30
Morso, Francesco...................89
Moscatello, Giuseppe.............89
Moscato, Salvatore.......198, 214
Motta, Silvestro....................151

Muccio, Carlo...................88, 90
Mugno, Carlo........................243
Mussolini, Arnaldo……137, 148, 173, 180
Mussolini, Benito.....64, 87, 112, 122, 124 e seg., 131, 135, 137, 148, 151, 167, 169, 191, 204, 264
Nanfitò, Salvatore........228, 256
Nava, baronessa.....................36
Nenni, Pietro 115, 126, 177, 205, 260 e seg.
Neri, Salvatore......................240
Neri, Sebastiano 195, 225, 228 e seg., 232, 240, 256, 288
Nerone (imperatore)............140
Nicotra, Enzo…243, 246 e segg., 253, 255 e seg.
Nifosi, Giovanni.................88, 90
Nigro, Alfio..............................96
Nigro, Filadelfo……14, 104, 132, 134 e segg., 138, 140, 161, 180 e seg., 184, 186, 194
Nigro, Filaldelfo..........158 e seg.
Nipitella, Alfio........95 e seg., 103
Nipitella, Elena.....194, 198, 214
Nipitella, Francesco.............116
Nipitella, Sebastiano 80, 97, 103, 194, 198
Nitti, Fausto..........................147
Nitti, Francesco Saverio..........86
Nobile, Giuseppe..................117
Noto, Saverio.........................25

Oberdan, Guglielmo...69 e segg.
Oddo, Alfio............................181
Orlando, Vittoria Emanuele....86
Ossino, Filadelfo.....96, 237, 256
Ottimo, Edoardo...........256, 259
Ovazza, Mario......................252
Pace, Biagio.........................204
Paglialunga, Salvatore..........243
Panebianco..........................194
Paolucci, Silvio.....................208
Papa, Raffaele.......................89
Parri, Ferruccio.............201, 235
Pattavina, Giovanni.....159, 172, 176, 180 e segg., 194, 196 e segg., 203 e seg., 207, 209, 211 e seg., 219, 221, 282
Pattavina, Giuseppe..............159
Pavone, Cirino......................172
Pelloux, Luigi Gerolamo.........40
Peluso, Angelo............249 e seg.
Perrotta, Alberto..................117
Perrotta, Benedetto.............270
Perrotta, Guglielmo...............43
Perrotta, Salvatore.......269, 271
Pertini, Sandro..............205, 208
Pescetti, Giuseppe..................55
Petrina, Nicola.......................99
Petter (maggiore).................165
Piave, Nicola.......160 e seg., 163
Piccione, Antonino...............288
Pico, Nino......................57, 101
Pignatello, Sebastiano..........255
Pini, Giorgio.........................204

Pisano, Gaetano.....................33
Pisano, Giovanni....................72
Pisano, Giuseppe..................236
Pisano, Vincenzo..................283
Pistritto, Luciano..................161
Pitruzzello, Salvatore............253
Plunkett, Giacomo..........48, 275
Podrecca, Guido...........55 e seg.
Politi, Angelo.......................287
Politi, Giuseppe..........144 e seg.
Polizzy, Alfredo.....113, 121, 277
Pollara, Saverio......................89
Prampolini, Camillo................30
Puglisi, Giuseppe..........32 e seg.
Pulvirenti, Giuseppe.............198
Pulvirenti, Vincenzo.............159
Pupella, Antonio...................156
Pupillo, Cirino......................168
Pupillo, Filadelfo..104, 215, 217, 227, 239, 256, 259
Pupillo, Filaldelfo.................159
Pupillo, Gaetano....91, 151, 250, 276
Pupillo, Giovanni..215, 217, 227, 229, 233, 237 e seg., 249 e seg.
Pupillo, Michelangelo.155 e seg.
Ragazzi, Paolo......................181
Ragazzi, Santo.....................286
Ragazzi, Vincenzo...25, 195, 256
Raimondi, Arnaldo...............273
Raiti, Alfio..198, 221, 227 e seg., 256

Raiti, Giuseppe........................96
Raiti, Mariano..............57, 60, 82
Raiti, Salvatore.....................287
Ramondetta, Orazio......177, 198
Randone, Pasquale.........48, 275
Rapisardi, Mario.....................98
Reale, Eugenio......................261
Renda, Salvatore..................161
Repaci, Leonida....................208
Rizza, Giulio Cesare..............279
Roccaforte, Cirino. 227, 229, 232
Romano, Bruno Rosario.........26
Romita, Giuseppe. 160, 208, 226
Romualdi, Pino.....................204
Rossa, Luca..........................245
Rossi, Sante....................40, 274
Rossitto, Alfio...............248, 256
Rossitto, Francesco..............288
Rossoni, Edmondo................117
Russo, Barbara.....................168
Russo, Carmelo....................249
Russo, Mario........................129
Ryllo, Francesco..............91, 276
Saccà, Giuseppe....178, 211, 239
Salandra, Antonio..................64
Sampugnaro, Sebastiano.....228, 256
Santapaola, Carmelo...............50
Santapaola, Vincenzo......50, 96, 107
Santocono, Filadelfo. 91, 96, 103 e seg., 151, 159, 194, 249
Sapienza, Giuseppe..........87, 90

Saragat, Giuseppe 112, 202, 205, 253, 261
Savoia, Margherita...............112
Scaletta, Alfio.........................96
Scalia, Giuseppe.............48, 129
Scamporrino, Francesco.........25
Scarfì, Sebastiano. 188, 194, 198 e seg., 207
Scatà, Alfio. .24 e seg., 32 e seg., 50, 117
Scatà, Rosario.................96, 107
Scatà, Sebastiano.....72, 82, 159, 180, 194
Scelba, Mario................235, 242
Schettini, Pasquale...............101
Schirò, Lucio....................88, 90
Schirru, Michele...................148
Sciarrino, Domenico.............269
Scichilone, Giuseppe............276
Secchia, Pietro.....................131
Sereni, Emilio.......................147
Serrati, Giacinto Menotti.....102, 110, 115
Serratore, Alfio....................239
Sferrazzo, Francesco......82, 117, 122
Sferrazzo, Giuseppe.............177
Sgalambro, Alfio. .229, 232, 234, 238, 242, 254, 257 e seg.
Sgalambro, Francesco.........41 e segg., 47 e segg., 56, 60 e segg., 65 e segg., 75, 78, 82, 257

Sgalambro, Gaetano.......59, 117
Sgalambro, Riccardo...............82
Signorelli, Benedetto..............72
Signorelli, Costantino...........279
Signorelli, Francesco.....117, 122
Signorelli, Giuseppe. 40, 43, 46 e seg., 273 e seg.
Signorelli, Massimo..............288
Silone, Ignazio......................226
Siracusano, Alfio..................259
Sorbello, Salvatore......228, 232, 239
Speranza, Cirino.........132, 136 e segg., 140, 159, 161, 180 e segg., 186, 190, 194, 215, 249 e seg.
Stalin, Iosif...........................260
Strano, Mario....215 e seg., 224, 250 e seg., 255
Sturzo, Luigi........35, 78, 86, 126
Taito, Filippo........................278
Tambroni, Fernando.............255
Tedeschi, Corrado..................89
Terracini, Umberto.........84, 202
Terranova, Nannino...............41
Tignino, Michelangelo..........160
Tirrò, Alfio.............................82
Tocco, Guglielmo.................259
Togliatti, Palmiro. 104, 126, 183, 187, 192, 261
Tolstoj, Lev..........................144
Tondo, Enzo........................259
Tornello, Sandro..................206

Tragna, Agostino....................96
Tribulato, Alessandro 189, 228 e seg., 241, 256 e segg., 272, 283
Tribulato, Antonino.......43, 189, 244, 248
Tringali, Francesco..............171
Troina, Angelo.......................88
Turati, Filippo.....21, 30, 55, 76 e seg., 101, 109 e seg., 126
Umberto II...........................201
Vacante................................41
Vacanti, Francesco.................48
Vacanti, Gaetano...................59
Vacanti, Giuseppe................228
Vaccaro, Mario.............226, 282
Vacirca, Vincenzo.39, 41, 88, 90, 105, 111, 147
Vajola, Giovanni.....................90
Valenti, Francesco...............188
Vassalli, Giuliano..................177
Vecchietti, Tullio...................177
Vella, Antonino....................287
Vella, Arturo.................105, 115
Vella, Natale 14, 125 e seg., 132, 137, 144 e seg., 147, 151, 154 e segg., 159 e segg., 165, 180
Ventura, Alfio...............177, 198
Ventura, Sebastiano....177, 198, 207, 212, 239
Verro, Bernardino.......19, 35, 39
Verzotto, Graziano.......243, 247
Vinci, Carmelo..............227, 232

Vinci, Natale............96, 103, 151
Vinci, Sebastiano...................255
Violi, Luigi.............................278
Vitale (tenente)....................148
Vittorini, Elio........................160
Vittorio Emanuele III.....41, 112, 135, 150, 201
Woldron (maggiore).............180
Zacco, Gaetano.......................25
Zagari, Mario........................177
Zammataro, Salvatore. 225, 228, 240
Zanardelli, Giuseppe.........30, 41
Zaniboni, Tito.......................148
Zappalà, Vincenzo................269
Zarbano, Gaetano. 239, 256, 259
Zarbano, Paolo.....140, 192, 239

Nota di edizione

Questo libro

La prima edizione di questo testo è stata pubblicata nella collana Quaderni di storia locale (QSL) a cura delle edizioni Ddisa nel 2002. Si ringraziano le edizioni Ddisa per la collaborazione, che ha permesso questa seconda edizione del testo.

Viene qui indagato e ricostruito, per la prima volta, con documenti d'archivio e inediti, un periodo poco conosciuto della storia di Lentini (1892-1956): quello dei fasci dei Lavoratori, del fascismo e dell'antifascismo, della ripresa democratica. Il testo è arricchito, in appendice, da un elenco dei primi cittadini della Città, dalla spedizione garibaldina al 2018.

L'autore

Ferdinando Leonzio è nato a Lentini (SR) il 2 gennaio 1939.

Laureato in giurisprudenza, ha insegnato per trentadue anni, fino all'anno scolastico 1997/98.

Iscrittosi diciottenne al PSI, vi ha ricoperto varie cariche: segretario del Movimento Giovanile Socialista di Lentini e vicesegretario provinciale della Federazione Giovanile

Socialista Italiana; più volte componente del Comitato Direttivo della sezione di Lentini, anche con l'incarico di segretario amministrativo, di vicesegretario ed infine di segretario politico; componente del Comitato Direttivo della Federazione Provinciale e poi della Commissione Provinciale di Garanzia.

È stato corrispondente da Lentini dell'"Avanti!" e de "L'Ora".

Consigliere comunale per due legislature, dal 1970 al 1980, è stato tre volte assessore comunale nelle Giunte presiedute dall'on. prof. Otello Marilli, dal prof. Michelangelo Cassarino e dal dott. Francesco Fisicaro.

È stato inoltre componente del Comitato Amministrativo dell'Ente Comunale di Assistenza, della Commissione Elettorale Comunale, del Consiglio di Amministrazione della Biblioteca Comunale "Riccardo da Lentini" e del Comitato di Gestione del Comune di Lentini.

Per un certo tempo si è interessato anche di sport, figurando tra i soci fondatori dell'Unione Sportiva Leontina, di cui è stato anche il primo presidente.

Ha pubblicato i seguenti libri:

Una storia socialista
Lentini 1892-1956 : Vicende politiche
Alchimie
Il culto e la memoria
Filadelfo Castro
Intervista ad Enzo Nicotra
Lentini vota
13 storie leontine
L'orgia delle scissioni
Segretari e leader del socialismo italiano
Breve storia della socialdemocrazia slovacca
La scommessa

Donne del socialismo
La diaspora del socialismo italiano
Cento gocce di vita
La diaspora del comunismo italiano

Le edizioni ZeroBook

Le edizioni ZeroBook nascono nel 2003 a fianco delle attività di www.girodivite.it. Il claim è: "un'altra editoria è possibile". ZeroBook è una piccola casa editrice attiva soprattutto (ma non solo) nel campo dell'editoriale digitale e nella libera circolazione dei saperi e delle conoscenze.

Quanti sono interessati, possono contattarci via email: zerobook@girodivite.it

O visitare le pagine su: http://www.girodivite.it/-ZeroBook-.html

Ultimi volumi:

Sotto perlaceo cielo : mito e memoria nell'opera di Francesco Pennisi / di Luca Boggio (ISBN 978-88-6711-129-9)

La diaspora del comunismo italiano / di Ferdinando Leonzio (ISBN 978-88-6711-127-5)

Celluloide : storie personaggi recensioni e curiosità cinematografiche / a cura di Piero Buscemi (ISBN 978-88-6711-123-7)

Cento gocce di vita / di Ferdinando Leonzio (ISBN 978-88-6711-121-3)

Donne del socialismo / di Ferdinando Leonzio (ISBN 978-88-6711-117-6)

Neuroni in fuga / Adriano Todaro (ISBN 978-88-6711-111-4)

Parole rubate / redazione Girodivite-ZeroBook (ISBN 978-88-6711-109-1)

Accanto ad un bicchiere di vino : antologia della poesia da Li Po a Rino Gaetano / a cura di Piero Buscemi (ISBN 978-88-6711-107-7, 978-88-6711-108-4)

Il cronoWeb / a cura di Sergio Failla (ISBN 978-88-6711-097-1)

Col volto reclinato sulla sinistra / di Orazio Leotta (ISBN 978-88-6711-023-0)

L'isola dei cani / di Piero Buscemi (ISBN 978-88-6711-037-7)

Saggistica:

I Sessantotto di Sicilia / Pina La Villa, Sergio Failla (ISBN 978-88-6711-067-4)

Il Sessantotto dei giovani leoni / Sergio Failla (ISBN 978-88-6711-069-8)

Antenati: per una storia delle letterature europee: volume primo: dalle origini al Trecento / di Sandro Letta (ISBN 978-88-6711-101-5)

Antenati: per una storia delle letterature europee: volume secondo: dal Quattrocento all'Ottocento / di Sandro Letta (ISBN 978-88-6711-103-9)

Antenati: per una storia delle letterature europee: volume terzo: dal Novecento al Ventunesimo secolo / di Sandro Letta (ISBN 978-88-6711-105-3)

Il cronoWeb / a cura di Sergio Failla (ISBN 978-88-6711-097-1)

Il prima e il Mentre del Web / di Victor Kusak (ISBN 978-88-6711-098-8)

Col volto reclinato sulla sinistra / di Orazio Leotta (ISBN 978-88-6711-023-0)

Il torto del recensore / di Victor Kusak (ISBN 978-6711-051-3)

Elle come leggere / di Pina La Villa (ISBN 978-88-6711-029-2

Segnali di fumo / di Pina La Villa (ISBN 978-88-6711-035-3)

Musica rebelde / di Victor Kusak (ISBN 978-88-6711-025-4)

Il design negli anni Sessanta / di Barbara Failla

Maledetti toscani / di Sandro Letta (ISBN 978-88-6711-053-7)

Socrate al caffé / di Pina La Villa (ISBN 978-88-6711-027-8)

Le tre persone di Pier Vittorio Tondelli / di Alessandra L. Ximenes (ISBN 978-88-6711-047-6)

Del mondo come presenza / di Maria Carla Cunsolo (ISBN 978-88-6711-017-9)

Stanislavskij: il sistema della verità e della menzogna / di Barbara Failla (ISBN 978-88-6711-021-6)

Quando informazione è partecipazione? / di Lorenzo Misuraca (ISBN 978-88-6711-041-4)

L'isola che naviga: per una storia del web in Sicilia / di Sergio Failla

Lo snodo della rete / di Tano Rizza (ISBN 978-88-6711-033-9)

Comunicazioni sonore / di Tano Rizza (ISBN 978-88-6711-013-1)

Radio Alice, Bologna 1977 / di Lorenzo Misuraca (ISBN 978-88-6711-043-8)

L'intelligenza collettiva di Pierre Lévy / di Tano Rizza (ISBN 978-88-6711-031-5)

I ragazzi sono in giro / a cura di Sergio Failla (ISBN 978-88-6711-011-7)

Proverbi siciliani / a cura di Fabio Pulvirenti (ISBN 978-88-6711-015-5)

Parole rubate / redazione Girodivite-ZeroBook (ISBN 978-88-6711-109-1)

Accanto ad un bicchiere di vino : antologia della poesia da Li Po a Rino Gaetano / a cura di Piero Buscemi (ISBN 978-88-6711-107-7, 978-88-6711-108-4)

Neuroni in fuga / Adriano Todaro (ISBN 978-88-6711-111-4)

Celluloide : storie personaggi recensioni e curiosità cinematografiche / a cura di Piero Buscemi (ISBN 978-88-6711-123-7)

Sotto perlaceo cielo : mito e memoria nell'opera di Francesco Pennisi / di Luca Boggio (ISBN 978-88-6711-129-9)

Per una bibliografia sul Settantasette / Marta F. Di Stefano (ISBN 978-88-6711-131-2)

Iolanda Crimi : un libro, una storia, la Storia / di Pina La Villa (ISBN 978-88-6711-135-0)

Narrativa:

L'isola dei cani / di Piero Buscemi (ISBN 978-88-6711-037-7)

L'anno delle tredici lune / di Sandro Letta (ISBN 978-88-6711-019-3)

Poesia:

Il libro dei piccoli rifiuti molesti / di Victor Kusak (ISBN 978-88-6711-063-6)

L'isola ed altre catastrofi (2000-2010) di Sandro Letta (ISBN 978-88-6711-059-9)

La mancanza dei frigoriferi (1996-1997) / di Sergio Failla (ISBN 978-88-6711-057-5)

Stanze d'uomini e sole (1986-1996) / di Sergio Failla (ISBN 978-88-6711-039-1)

Fragma (1978-1983) / di Sergio Failla (ISBN 978-88-6711-093-3)

Libri fotografici:

I ragni di Praha / di Sergio Failla (ISBN 978-88-6711-049-0)

Transiti / di Victor Kusak (ISBN 978-88-6711-055-1)

Ventimetri / di Victor Kusak (ISBN 978-88-6711-095-7)

Opere di Ferdinando Leonzio:

Una storia socialista : Lentini 1956-2000 / di Ferdinando Leonzio (ISBN 978-88-6711-125-1)

Lentini 1892-1956 : Vicende politiche / di Ferdinando Leonzio (ISBN 978-88-6711-138-1)

Segretari e leader del socialismo italiano / di Ferdinando Leonzio (ISBN 978-88-6711-113-8)

Breve storia della socialdemocrazia slovacca / di Ferdinando Leonzio (ISBN 978-88-6711-115-2)

Donne del socialismo / di Ferdinando Leonzio (ISBN 978-88-6711-117-6)

La diaspora del socialismo italiano / di Ferdinando Leonzio (ISBN 978-88-6711-119-0)

Cento gocce di vita / di Ferdinando Leonzio (ISBN 978-88-6711-121-3)

La diaspora del comunismo italiano / di Ferdinando Leonzio (ISBN 978-88-6711-127-5)

Cataloghi:

ZeroBook: catalogo dei libri e delle idee 2017

ZeroBook: catalogo dei libri e delle idee 2016

ZeroBook: catalogo dei libri e delle idee 2015

ZeroBook: catalogo dei libri e delle idee 2012

Catalogo ZeroBook 2007

Catalogo ZeroBook 2006

Riviste:

Post/teca, antologia del meglio e del peggio del web italiano

ISSN 2282-2437

http://www.girodivite.it/-Post-teca-.html

Girodivite, segnali dalle città invisibili

ISSN 1970-7061

http://www.girodivite.it

https://www.girodivite.it

www.ingramcontent.com/pod-product-compliance
Lightning Source LLC
Chambersburg PA
CBHW071958220426
43662CB00009B/1186